心一堂彭措佛緣叢書•索達吉堪布仁波切譯著文集

般若攝頌--攝功德寶經釋

全知麥彭仁波切 著
索達吉堪布仁波切 譯

Śūnyatā

繁體版前言

自2008年本人將藏文版米滂仁波切的《般若攝頌釋》翻譯為簡體中文後，於學院中開始傳講本論，同時現在也有許多人在學習、親近此一殊勝空性法門。

由本師釋迦牟尼佛親口宣講的《般若攝頌》，今對中國大陸以外地區，發行繁體版米滂仁波切的注釋，以令更多人能夠與《般若攝頌》結緣，了知般若的功德，歡喜受持。

作為三寶所依之一的《般若攝頌》，其所在之處的眾生均可得無窮利益，何況實際聽聞受持。因此對繁體中文的所化眾生，願能帶來和平、吉祥，遠離地水火風的災禍。

書中特附上中藏文對照的頌詞，方便廣大的藏文及中文讀者相互參照、幫助理解，並獲得傳承上師的加持。

望大家善用此一方便，好好學修。

祈願有緣者皆能得受般若波羅蜜多的利益，清淨業障，增上智慧，早證佛果，利益眾生！

索達吉

目　錄

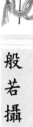

前　言

般若波羅蜜多，是一切佛法寶藏中最無上、最甚深的精髓，它是佛陀真正的法身舍利，三世如來無不依之而成就正等菩提。如經云：「過去未來十方佛，道皆般若非餘者。」

不管你學顯宗還是學密宗、藏傳還是漢傳，只要是大乘佛教，必會對般若的殊勝性略知一二。佛陀曾教誡阿難道：「即使你把我所講的法都忘失了，般若的隻言片語也絕不能忘，當以對如來知恩報恩之心，受持此般若、切莫失毀。這一點理應銘記於心！」鑒於此，宣講般若的經典不可勝數。就拿藏文的來說，《廣般若》有十萬頌，《中般若》有二萬五千頌，《略般若》有八千頌，其他般若諸經還有許許多多；而漢文的《大般若經》，共有六百卷，字數合計達五百餘萬之多。如此巨篇，不要說去翻閱、去誦讀，僅僅聽到它的名字，恐怕很多人也會聞而生畏、望而卻步。因此，佛陀宣講了這部《般若攝頌》，它囊括了般若所有要點，可以說是一切般若的精華所在。

佛經共分有七類，有佛陀親口善說的，有佛陀身、語、意、功德、事業加持所宣的，也有佛陀開許的經典。在浩如煙海的三藏教典中，《般若攝頌》正是佛陀親口所宣。此經的教義十分殊勝，縱然是相好圓滿、金光燦燦的釋迦佛親臨你面前傳授竅訣，也不會有比這更高的法要了；就算是你獲證五眼六通，親至十方如來座下聆聽教法，也不會有較此更深的法門了。故而在藏地，歷來公認的三寶所依，除了佛像、佛塔之外，就是《般若攝頌》經典。許多行者把它作爲每天定誦的功課，畢生當中堅持不懈。我等大恩上師法王如意寶亦是如此，他老人家終生日日必念《般若攝頌》，而且完全能夠通篇背誦。

當然，你若也能做到一生中日誦一遍，那是最好不過的。即便不能這樣，一月或一年誦幾遍，或者偶爾隨口念上幾偈，如此功德也不可思議，久而久之，定會對般若生起不共的信心，得到始所未料的收益，利根者甚至會依此而豁然開悟。

佛陀曾以金剛語斷言，猶如孕婦懷胎足月臨產時，陣痛是即將分娩的徵兆，同樣，有緣者得以聽聞此《般若攝頌》，此乃迅速證得大菩提的象徵。接觸此經不僅僅對自身有利，即便身邊的旁生聽到，也能依此加持獲得人身。從前，有位比丘諷誦《般若攝頌》時，屋簷下一隻燕子聽到念經的聲音，憑藉此般若法音之威力，牠死後投生爲人，剛一出生就會朗朗誦《般若攝頌》。所以，大家一定要盡量與本經結上法緣。

結緣的方式有多種，供養、聽聞、繕寫、讀誦、受持等，均會引生不可估量的利益。退一步說，就算你既不能讀誦，也不能聽聞、思維，更不能實地修持，只是將法本拿到手裡，帶在身邊，不久的將來也能速證佛果。本經亦云：「春季好時樹葉落，枝不久生葉花果，誰手中得此般若，不久獲證佛菩提。」

我本人通過這次因緣，也發願有生之年將此法本在家時供奉於佛堂，出門過夜時隨身攜帶。希望與我同行的善緣者也盡力而爲。

或許有人產生懷疑：「只是帶上法本，就有這麼大的功德嗎？」這是毋庸置疑的。如同身上佩戴寶珠，不知不覺間會遣除病痛等災害一樣，我們只要經常不離這個法本，自然就會攝集善法，免遭任何違緣。經中也說：「怙主行持此般若，何人恭敬而受持，毒刃火水不害彼，魔王魔眷亦無機。」甚至《般若攝頌》所在之處，該地眾生均會得到無窮的利益；如果人在臨命終時，沒有道友守在近前，只要身邊有此法寶，就絕不會墮落。故希望大家對此法本務必要重視。

最後祈願諸位佛友早證般若、速登彼岸！

一切吉祥！

2008年11月19日
索達吉書於喇榮

般若讚

龍樹菩薩 造
索達吉堪布 譯

梵語：札匝巴繞莫達多章
藏語：西繞戒帕如德辛莫多巴
漢語：般若讚

頂禮出有壞般若佛母！

您身皆無過，無過者得見，
無量無分別，般若我禮敬。
無染如虛空，無戲無文字，
誰見無邊您，彼即見如來。
富德聖母您，佛陀眾生師，
有別不可知，如月及月光。
佛法之先行，堅信慈母您，
順利成悲主，無等大至尊。
一次正思維，如理慧觀您，
彼亦定得見，有義之悉地。
現喜他利尊，一切諸勇士，
生育養育者，您是仁慈母。
因佛世間主，悲尊悉汝子，
是故善妙您，眾生之祖母。

無垢波羅蜜，一切悉圓滿，
諸時隨從您，如眾星捧月。
依於所化眾，所有諸如來，
眾理種種名，唯一稱讚您。
猶如諸露珠，值遇太陽光，
反方之辯難，逢汝則滅亡。
您令眾凡愚，聞而生畏懼，
智者得慰藉，現見是寂靜。
誰依怙主您，於汝尚無執，
何況於他者，焉能起貪嗔？
您不從何來，亦非有所去，
故於一切處，智者皆不緣。
如是了知您，思維而修行，
由修得解脫，此是大希奇！
見您則束縛，不見亦束縛，
見您則解脫，不見亦解脫。
奇哉希有母，具名賢良母，
難悟如幻術，亦現亦不現。
佛陀辟支佛，聲聞定依母，
唯您解脫道，如是餘定無。
為利眾有情，而於名言中，
慈悲世怙主，亦說不說汝。

於此誰讚汝，無相無染污，
超越語境母，您終無所依。
如是於世俗，我等語如是，
您雖無所讚，稱讚極涅槃。
由此讚般若，我積諸福善，
願世無有餘，同趨智慧度。

般若讚，阿闍黎聖龍樹造圓滿。
克什米爾班智達特列布巴和羅匝瓦智慧由梵譯藏。

般若攝頌釋科判

般若攝頌釋科判

般若攝頌釋科判

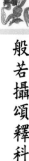

༄། །འཕགས་པ་ཤེས་རབ་ཀྱི་ཕ་རོལ་ཏུ་ཕྱིན་པ་སྡུད་པ་ཚིགས་སུ་བཅད་པ་བཞུགས་སོ། །

聖般若攝頌

索達吉堪布　恭譯

རྒྱ་གར་སྐད་དུ། ཨཱརྱ་པྲཛྙཱ་པཱ་ར་མི་ཏཱ་སཉྩ་ཡ་གཱ་ཐཱ།
梵語：阿雅占嘉巴繞莫達薩匝雅嘎塔

བོད་སྐད་དུ། འཕགས་པ་ཤེས་རབ་ཀྱི་ཕ་རོལ་ཏུ་ཕྱིན་པ་སྡུད་པ་ཚིགས་སུ་བཅད་པ།

藏語：帕巴西繞戒啪如德辛巴都巴策色嘉巴

漢語：聖般若攝頌

འཕགས་པ་འཇམ་དཔལ་ལ་ཕྱག་འཚལ་ལོ།
頂禮聖者文殊師利！

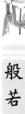

དེ་ནས་ཡང་བཅོམ་ལྡན་འདས་ཀྱིས་འཁོར་བཞི་པོ་དེ་དག་ཡང་དག་པར་རབ་ཏུ་དགའ་བར་མཛད་པའི་ཕྱིར། ཡང་ཤེས་རབ་ཀྱི་ཕ་རོལ་ཏུ་ཕྱིན་པ་འདི་སྟོན་

ཅིང་། དེའི་ཚེ་ཚིགས་སུ་བཅད་པ་འདི་དག་བཀའ་སྩལ་ཏོ། །

爾後世尊爲彼等四衆眷屬皆大歡喜，復說此般若波羅蜜多。爾時，世尊說此等偈曰：

དགའ་དང་གུས་དང་དད་པའི་མཆོག་ནི་ཉེར་བཞག་སྟེ། །
心懷喜敬最勝信，
སྒྲིབ་པ་ཉོན་མོངས་བསལ་ནས་དྲི་མ་ལས་འདས་པ། །
除蓋煩惱而離垢，
འགྲོ་དོན་མདོན་ཞུགས་དེས་པས་ཤེས་རབ་པ་རོལ་ཕྱིན། །
行衆生利寂靜者，
གང་ལ་དཔའ་རྣམས་སྤྱོད་པ་དེ་ནི་མཉན་པར་གྱིས། །
請聽般若勇士行。
འཛམ་བུའི་གླིང་འདིར་ཆུ་ཀླུང་ཇི་སྙེད་ཅིག་འབབ་ཅིང་། །
此贍部洲諸河流，
མེ་ཏོག་འབྲས་ལྡན་སྨན་དང་ནགས་ཚལ་སྐྱེད་བྱེད་པ། །
具花果藥林得生，
མ་དྲོས་གནས་པའི་ཀླུ་དབང་ཀླུ་བདག་རྟེན་གནས་ཏེ། །
悉源住無熱惱海，
དེ་ནི་ཀླུ་ཡི་བདག་པོ་དེ་ཡི་མཐུ་དཔལ་ཡིན། །
龍王龍主威神力。

རྒྱལ་བའི་ཉན་ཐོས་པ་དག་ཇི་སྙེད་ཆོས་སྟོན་དང་། །
如是佛之諸聲聞，
འཆད་དང་རིགས་པ་དག་དང་ལྡན་པར་བརྗོད་པ་དང་། །
說法講法依理詮，
མཆོག་འཕགས་བདེ་བ་བྱེད་དང་དེ་ཡི་འབྲས་ཐོབ་པ། །
獲無上樂得彼果，
དེ་དག་ཀུན་ཀྱང་དེ་བཞིན་གཤེགས་པའི་སྐྱེས་བུའི་མཐུ། །
皆依如來威德力。
ཅི་ཕྱིར་ཞེ་ན་རྒྱལ་བས་ཆོས་ཚུལ་གང་བསྟན་པ། །
何故如來宣法理，
དེ་ལ་མི་མཆོག་སློབ་མར་གྱུར་པས་མངོན་བསླབས་ཤིང་། །
佛陀弟子修學彼，
མངོན་སུམ་བྱས་ནས་བསླབས་པ་ཇི་བཞིན་སྟོན་བྱེད་དེ། །
現前所學如實說，
སངས་རྒྱས་མཐུས་བྱེད་རང་གི་སྟོབས་ཀྱི་མཐུས་མ་ཡིན། །
佛威力致非自力。
གང་ལ་ཤེས་རབ་ཕ་རོལ་ཕྱིན་མཆོག་མི་དམིགས་ཤིང་། །
最勝般若不可得，
བྱང་ཆུབ་སེམས་དཔའ་མི་དམིགས་བྱང་ཆུབ་སེམས་མི་དམིགས། །

菩薩覺心皆不得，

དེ་སྐད་ཐོས་ནས་སྐྲོངས་པ་མེད་ཅིང་མི་སྐྲག་པ། །

聞此無癡不恐懼，

བྱང་ཆུབ་སེམས་དཔའ་དེ་ནི་བདེ་གཤེགས་ཤེས་རབ་སྤྱོད། །

彼菩薩行善逝智。

གཟུགས་མེད་ཚོར་བ་མེད་ཅིང་འདུ་ཤེས་སེམས་པ་མེད། །

色無受無想行無，

དེ་ལ་རྣམ་ཤེས་གནས་ནི་རྡུལ་ཙམ་ཡོད་པ་མིན། །

識處纖塵亦非有，

དེ་ཆོས་ཀུན་ལ་མི་གནས་གནས་པ་མེད་པར་སྤྱོད། །

不住萬法無住行，

ཡོངས་སུ་གཟུང་མེད་བདེ་གཤེགས་རྣམས་ཀྱི་བྱང་ཆུབ་འཐོབ། །

無取獲諸佛菩提。

ཇི་ལྟར་ཀུན་ཏུ་རྒྱུ་བ་ཕྲེང་ཅན་ཤེས་པ་ཡིས། །

如遍行派之具鬘，

དམིགས་མེད་ཕུང་པོ་རྣམ་པར་འཇིག་པ་འབྱུང་བ་ལྟར། །

慧觀無緣滅蘊得，

བྱང་ཆུབ་སེམས་དཔའ་གང་ཞིག་དེ་ལྟར་ཆོས་ཤེས་པ། །

菩薩通曉如此法，

མྱ་ངན་འདས་ལ་མི་རེག་དེ་ནི་ཤེས་རབ་གནས། །

不證涅槃彼住智。

ཡང་འདི་ཤེས་རབ་འདི་ནི་གང་ཡིན་སུ་ཡི་ཡིན། །

此慧爲何屬何者？

གང་ལས་ཡིན་ཞེས་ཆོས་འདི་ཐམས་ཅད་སྟོང་པར་རྟོགས། །

何來思擇法皆空，

ཉེ་བར་བརྟགས་ནས་ཞུམ་པ་མེད་ཅིང་སྐྲག་མེད་པ། །

詳察無沉無畏懼，

བྱང་ཆུབ་སེམས་དཔའ་དེ་ནི་བྱང་ཆུབ་ཉེ་བ་ཡིན། །

彼菩薩即近菩提。

གལ་ཏེ་མི་ཤེས་བཞིན་དུ་གཟུགས་སུ་འདུ་ཤེས་ཤིང་། །

設若不知有色想，

ཚོར་བ་སེམས་པ་རྣམ་ཤེས་ཕུང་པོར་སྤྱོད་བྱེད་ན། །

受行識蘊而行持，

ཕུང་འདི་སྟོང་ཞེས་རྟོག་ནའང་བྱང་ཆུབ་སེམས་དཔའ་ནི། །

思此蘊空而菩薩，

མཚན་མ་ལ་སྤྱོད་སྐྱེ་མེད་གནས་ལ་དད་མ་ཡིན། །

持相非信無生理。

གང་ཞིག་གཟུགས་མིན་ཚོར་མིན་འདུ་ཤེས་སེམས་པ་མིན། །

非色非受非想行，

རྣམ་པར་ཤེས་ལ་མི་སྤྱོད་གནས་པ་མེད་པར་སྤྱོད། །

於識不行無住行，

དེ་ནི་སྤྱོད་ཅེས་བྱ་བར་མི་དམིགས་ཤེས་རབ་བརྟན། །

彼不緣行智慧堅，

སྐྱེ་མེད་བློ་ལྡན་ཏིང་འཛིན་ཞི་བ་མཆོག་ལ་རེག །

具無生智勝寂定。

བྱང་ཆུབ་སེམས་གང་དེ་ལྟར་འདིར་བདག་ཞིར་གནས་པ། །

菩薩於此自寂靜，

དེ་ནི་སྔོན་གྱི་དེ་བཞིན་གཤེགས་པས་ལུང་བསྟན་ཡིན། །

彼是前佛所授記，

བདག་ནི་མཉམ་པར་བཞག་ཅེའམ་ལངས་ཞེས་རློམ་སེམས་མེད། །

彼無我入起定想，

ཅི་ཕྱིར་ཞེ་ན་ཆོས་ཀྱི་རང་བཞིན་ཡོངས་ཤེས་ཕྱིར། །

因徹知法自性故。

དེ་ལྟར་སྤྱོད་ན་བདེ་གཤེགས་རྣམས་ཀྱི་ཤེས་རབ་སྤྱོད། །

若如是行行佛智，

དེས་ནི་སྤྱོད་མེད་སྤྱོད་པ་ཡིན་པར་རབ་ཤེས་ཕྱིར། །

彼知無行真行故，

ཆོས་གང་སྤྱོད་པ་དེ་ཡང་དམིགས་པར་མི་འགྱུར་ཏེ། །

行持何法皆不緣，

འདི་ནི་ཤེས་རབ་ཕ་རོལ་ཕྱིན་མཆོག་སྤྱོད་པ་ཡིན། །

此即行持勝般若。

གང་ཞིག་ཡོད་པ་མ་ཡིན་དེ་ནི་མེད་ཅེས་བྱ། །

何法非有彼稱無，

བྱིས་པ་རྣམས་ཀྱིས་དེར་བརྟགས་ཡོད་དང་མེད་པར་བྱེད། །

凡愚觀其爲有無，

ཡོད་དང་མེད་པ་འདི་གཉིས་མེད་པའི་ཆོས་ཡིན་ཏེ། །

有無此二是無法，

བྱང་ཆུབ་སེམས་དཔའ་གང་གིས་འདི་ཤེས་ངེས་པར་འབྱུང་། །

菩薩知此則定離。

གང་འདིར་ཕུང་པོ་ལྔ་དག་སྒྱུ་མ་འདྲར་ཤེས་ཤིང་། །

此知五蘊如幻術，

སྒྱུ་མ་གཞན་དང་ཕུང་པོ་གཞན་དུ་མི་བྱེད་ལ། །

不執幻蘊各相異，

སྣ་ཚོགས་འདུ་ཤེས་བྲལ་ཞིང་ཉེ་བར་ཞི་སྤྱོད་པ། །

離種種想寂滅行，

འདི་ནི་ཤེས་རབ་ཕ་རོལ་ཕྱིན་མཆོག་སྤྱོད་པ་ཡིན། །

此即行持勝般若。

དགེ་བའི་བཤེས་དང་ལྡན་ཞིང་ལྷག་མཐོང་ལྡན་གྱུར་པ། །

具善知識具勝觀，

རྒྱལ་བ་རྣམས་ཀྱི་ཡུམ་ཐོས་སྐྲག་པར་ཡོང་མི་འགྱུར། །

聞諸佛母全無懼。

གང་ཞིག་སྡིག་པའི་གྲོགས་ལྡན་གཞན་གྱི་དྲིང་འཇོག་པ། །

誰依惡友仰仗他，

དེ་ནི་སྣོད་སོ་མ་བཏང་ཆུས་རེག་ཞིག་པ་བཞིན། །

彼如新罐觸水毀。

ཅི་ཕྱིར་འདི་ནི་བྱང་ཆུབ་སེམས་དཔའ་བྱ་ཞེ་ན། །

何故此者名菩薩？

ཆགས་པ་གཅོད་བྱེད་ཀུན་ལ་ཆགས་པ་ཟད་པར་འདོད། །

能斷貪求盡諸貪，

རྒྱལ་བ་རྣམས་ཀྱི་བྱང་ཆུབ་ཆགས་མེད་གྱུར་ལ་རེག །

無貪獲證佛菩提，

དེས་ན་འདི་ནི་བྱང་ཆུབ་སེམས་དཔའི་མིང་ཐོབ་བོ། །

是故此得菩薩名。

ཅི་ཕྱིར་དེ་ནི་སེམས་དཔའ་ཆེ་ཞེས་བྱ་ཞེ་ན། །

何故彼名大菩薩？

སེམས་ཅན་ཚོགས་རྣམས་མང་པོའི་མཆོག་ཏུ་གྱུར་པ་དང་། །

堪爲有情眾之最，

སེམས་ཅན་ཁམས་ཀྱི་ལྟ་རྣམས་ཆེན་པོ་གཅོད་པ་སྟེ། །

斷眾生界諸重見，

དེ་ཕྱིར་སེམས་དཔའ་ཆེན་པོ་ཞེས་ནི་རབ་བརྗོད་དོ། །

是故得名大菩薩。

གཏོང་བ་ཆེ་དང་བློ་ཆེ་བ་དང་མཐུ་ཆེ་དང་། །

大施大慧及大力，

རྒྱལ་བ་རྣམས་ཀྱི་ཐེག་ཆེན་མཆོག་ལ་ཞུགས་པ་དང་། །

趨入諸佛勝大乘，

གོ་ཆ་ཆེན་པོ་བགོས་ཤིང་བདུད་ཀྱི་སྒྱུ་འདུལ་བ། །

披大鎧甲降魔幻，

དེ་ཡི་ཕྱིར་ན་སེམས་དཔའ་ཆེ་ཞེས་རབ་ཏུ་བརྗོད། །

是故得名大菩薩。

དཔེར་ན་སྒྱུ་མ་མཁན་གྱིས་བཞི་མདོར་སྤྲུལ་བྱས་ཏེ། །

幻師十字街幻變，

སྐྱེ་བོ་ཕལ་ཆེར་མགོ་མང་བྱེ་བ་གཅོད་བྱེད་པའི། །

多士眾首斬千萬，

བསད་བྱ་དེ་དག་ཅི་འདྲ་དེ་ལྟར་བྱང་ཆུབ་སེམས། །

所殺如是菩薩知，

འགྲོ་ཀུན་སྒྱུ་འདྲར་རབ་ཤེས་དེ་ལ་འཇིགས་པ་མེད། །

眾生如化無畏懼。

གཟུགས་དང་འདུ་ཤེས་ཚོར་བ་དང་ནི་སེམས་པ་དང་། །

色想受行以及識，

རྣམ་པར་ཤེས་པ་མ་བཅིངས་མ་གྲོལ་ཡོད་པ་མིན། །

未縛未解本非有，

དེ་ལྟར་བྱང་ཆུབ་ལ་འཇུག་ཞུམ་པའི་སེམས་མེད་པ། །

行持菩提無怯心，

འདི་ནི་གང་ཟག་དམ་པ་རྣམས་ཀྱི་གོ་ཆ་མཆོག །

此是正士勝鎧甲。

ཅི་ཕྱིར་འདི་ནི་བྱང་ཆུབ་ཐེག་ཆེན་བྱ་ཞེ་ན། །

何名菩提之大乘？

དེ་གང་ཞོན་ནས་སེམས་ཅན་ཐམས་ཅད་མྱ་ངན་ཟློ། །

乘之令眾趨涅槃，

ཐེག་པ་འདི་ནི་མཁའ་འདྲ་གཞལ་མེད་ཁང་ཆེན་ཏེ། །

此乘如空無量殿，

དགའ་སྐྱིད་བདེ་བ་མངོན་པར་ཐོབ་བྱེད་ཐེག་པའི་མཆོག །

得喜樂安最勝乘。

གང་ཞིག་ཞོན་ནས་ཕྱོགས་སུ་འགྲོ་བ་དམིགས་སུ་མེད། །

誰乘去所不可得，

མྱ་ངན་འདས་པར་འགྲོ་བར་གསུངས་པ་འགྲོ་མི་དམིགས། །

謂趨涅槃實不得，

དཔེར་ན་མེ་ཤི་དེ་ཡི་འགྲོ་རྒྱུ་མེད་པ་བཞིན། །

譬如火滅無去處，

རྒྱུ་དེས་དེ་ནི་མྱ་ངན་འདས་ཞེས་རབ་ཏུ་བརྗོད། །

因是稱說彼涅槃。

བྱང་ཆུབ་སེམས་དཔའ་སྔོན་གྱི་མཐའ་དང་ཕྱི་མཐའ་དང་། །

菩薩前際與後際，

ད་ལྟར་བྱུང་བར་མི་དམིགས་དུས་གསུམ་དག་པ་སྟེ། །

現在不得三時淨，

གང་དག་དེ་ནི་འདུས་མ་བྱས་ཡིན་སྤྲོས་མེད་དེ། །

彼是無爲無戲論，

འདི་ནི་ཤེས་རབ་ཕ་རོལ་ཕྱིན་མཆོག་སྤྱོད་པ་ཡིན། །

此即行持勝般若。

བྱང་ཆུབ་སེམས་མཁས་རིག་པ་གང་གི་དུས་ཀྱི་ཚེ། །

菩薩通曉證知時，

སྐྱེ་མེད་རྣམ་པར་བསམས་ཏེ་འདི་ལྟར་སྤྱོད་བྱེད་ཅིང་། །

思維無生如此行，

སྙིང་རྗེ་ཆེན་པོ་བསྐྱེད་ཀྱང་སེམས་ཅན་འདུ་ཤེས་མེད། །

起大悲無眾生想，

འདི་ནི་ཤེས་རབ་ཕ་རོལ་ཕྱིན་མཆོག་སྤྱོད་པ་ཡིན། །

此即行持勝般若。

གལ་ཏེ་སེམས་ཅན་འདུ་ཤེས་སྡུག་བསྔལ་འདུ་ཤེས་སྐྱེད། །

若起眾生痛苦想，

འགྲོ་བ་རྣམས་ཀྱི་དོན་བྱ་སྡུག་བསྔལ་སྤང་སྙམ་སྟེ། །

思利眾生除痛苦，

བདག་དང་སེམས་ཅན་ཡོངས་རྟོག་བྱང་ཆུབ་སེམས་དཔའ་སྟེ། །

執我眾生之菩薩，

འདི་ནི་ཤེས་རབ་ཕ་རོལ་ཕྱིན་མཆོག་སྤྱོད་མ་ཡིན། །

此非行持勝般若。

བདག་ཅི་འདྲ་བ་དེ་འདྲར་སེམས་ཅན་ཐམས་ཅད་ཤེས། །

知諸有情與我同，

སེམས་ཅན་ཐམས་ཅད་ཅི་འདྲ་དེ་འདྲར་ཆོས་ཀུན་ཤེས། །

知一切法如眾生，

སྐྱེ་བ་མེད་དང་སྐྱེ་བ་གཉིས་ཀར་མི་རྟོག་པ། །

無生與生不分別，

འདི་ནི་ཤེས་རབ་ཕ་རོལ་ཕྱིན་མཆོག་སྤྱོད་པ་ཡིན། །
此即行持勝般若。
འཇིག་རྟེན་དག་ན་ཆོས་མིང་ཇི་སྙེད་ཡོངས་བརྗོད་པ། །
世說盡其有名法，
ཀུན་ལ་སྐྱེ་བ་དང་ནི་ཡང་དག་འདས་སྤངས་ནས། །
普皆離生真實滅，
ཡེ་ཤེས་འཆི་མེད་དམ་པ་དེ་ལས་གཞན་མེད་ཐོབ། །
唯得無死妙本智，
དེ་ཕྱིར་འདི་ནི་ཤེས་རབ་ཕ་རོལ་ཕྱིན་ཅེས་བྱ། །
故名般若波羅蜜。
བྱང་ཆུབ་སེམས་དཔའ་གང་ཞིག་དོགས་མེད་དེ་ལྟར་སྤྱོད། །
菩薩無慮如此行，
ཤེས་རབ་ལྡན་དེ་མཉམ་ཉིད་གནས་པར་ཤེས་པར་བྱ། །
知具妙慧住等性，
ཆོས་རྣམས་རང་བཞིན་མེད་པར་ཡོངས་སུ་ཤེས་གྱུར་པ། །
徹了諸法無自性，
འདི་ནི་ཤེས་རབ་ཕ་རོལ་ཕྱིན་མཆོག་སྤྱོད་པ་ཡིན། །
此即行持勝般若。

སྐབས་དང་པོའོ། །

第一品終

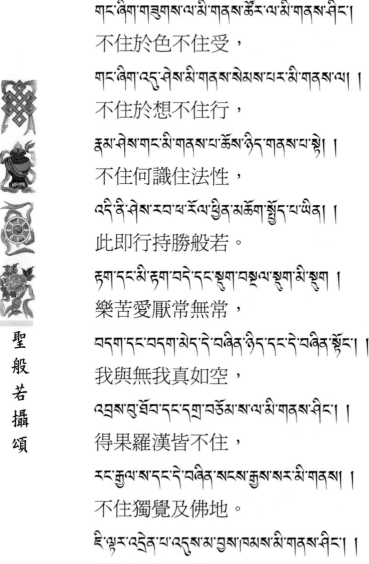

གང་ཞིག་གཟུགས་ལ་མི་གནས་ཚོར་ལ་མི་གནས་ཤིང་།

不住於色不住受，

གང་ཞིག་འདུ་ཤེས་མི་གནས་སེམས་པར་མི་གནས་ལ། །

不住於想不住行，

རྣམ་ཤེས་གང་མི་གནས་པ་ཆོས་ཉིད་གནས་པ་སྟེ། །

不住何識住法性，

འདི་ནི་ཤེས་རབ་ཕ་རོལ་ཕྱིན་མཆོག་སྤྱོད་པ་ཡིན། །

此即行持勝般若。

རྟག་དང་མི་རྟག་བདེ་དང་སྡུག་བསྔལ་སྡུག་མི་སྡུག །

樂苦愛厭常無常，

བདག་དང་བདག་མེད་དེ་བཞིན་ཉིད་དང་དེ་བཞིན་སྟོང་། །

我與無我真如空，

འབྲས་བུ་ཐོབ་དང་དགྲ་བཅོམ་ས་ལ་མི་གནས་ཤིང་། །

得果羅漢皆不住，

རང་རྒྱལ་ས་དང་དེ་བཞིན་སངས་རྒྱས་སར་མི་གནས། །

不住獨覺及佛地。

ཇི་ལྟར་འདྲེན་པ་འདུས་མ་བྱས་ཁམས་མི་གནས་ཤིང་། །

導師不住無爲界，

དེ་བཞིན་འདུས་བྱས་ལ་ཡང་མི་གནས་གནས་མེད་སྤྱོད། །
不住有爲無住行，

དེ་ལྟར་བྱང་ཆུབ་སེམས་དཔའ་གནས་ལ་གནས་མེད་གནས། །
如是菩薩無住住，

གནས་མེད་གནས་ཡིན་འདི་ནི་རྒྱལ་བས་གནས་པར་གསུངས། །
無住即住佛說住。

གང་དག་བདེ་གཤེགས་ཉན་ཐོས་འགྱུར་བར་བྱ་སྙམ་དང་། །
思成善逝之聲聞，

རང་སངས་རྒྱས་དང་དེ་བཞིན་ཆོས་རྒྱལ་འགྱུར་འདོད་པ། །
欲成獨覺成佛陀，

བཟོད་པ་འདི་ལ་མ་བརྟེན་ཐོབ་པར་མི་ནུས་ཏེ། །
不依此忍不能得，

དཔེར་ན་ཕ་རོལ་ཚུ་རོལ་འགྲོ་དོགས་མི་མཐོང་བཞིན། །
如同不見此彼岸。

ཆོས་འཆད་པ་དང་ཉན་དང་བཤད་བྱ་གང་ཡིན་དང་། །
講法聽聞所說法，

འབྲས་བུ་ཐོབ་དང་རྐྱེན་རྒྱལ་དེ་བཞིན་འཇིག་རྟེན་མགོན། །
證果緣覺世怙主，

མཁས་པ་གསལ་བས་ཐོབ་པའི་མྱ་ངན་འདས་གང་ཡིན། །

明智所得之涅槃，

དེ་ཀུན་སྒྱུ་མ་ལྟ་བུར་དེ་བཞིན་གཤེགས་པས་བསྟན། །

此皆如幻如來言。

གང་ཟག་བཞི་པོ་འདི་དག་དེ་ལ་མི་སྐྲག་སྟེ། །

四種行者不畏彼，

རྒྱལ་སྲས་བདེན་ལ་མཁས་དང་ཕྱིར་མི་ལྡོག་པ་དང་། །

知諦佛子不退轉，

དགྲ་བཅོམ་དྲི་མ་བསལ་ཞིང་སོམ་ཉི་སྤངས་པ་དང་།

羅漢除垢斷懷疑，

བཞི་པ་དགེ་བའི་བཤེས་ཀྱིས་ཡོངས་སུ་ཟིན་པའོ། །

四善知識所攝持。

བྱང་ཆུབ་སེམས་དཔའ་མཁས་རིག་དེ་ལྟར་སྤྱོད་པ་ནི། །

明智菩薩如是行，

དགྲ་བཅོམ་ས་ལ་མི་སློབ་རང་རྒྱལ་ས་ལ་མིན། །

不學羅漢緣覺地，

ཐམས་ཅད་མཁྱེན་ཉིད་ཆེད་དུ་སངས་རྒྱས་ཆོས་རྗེས་སློབ། །

爲一切智學佛法，

གང་ཞིག་སློབ་མི་སློབ་ལ་མི་སློབ་དེ་སློབ་ཡིན། །

一無所學即爲學。

གཟུགས་འཕེལ་ཡོངས་སུ་ཉམས་དང་ཡོངས་སུ་གཟུང་ཕྱིར་མིན། །

色增減取故非學，

ཆོས་རྣམས་སྣ་ཚོགས་ཡོངས་སུ་གཟུང་ཕྱིར་མི་སློབ་པར། །

非執種種諸法學，

སློབ་ཅིང་ཐམས་ཅད་མཁྱེན་པ་ཉིད་ཀྱང་ཡོངས་འཛིན་ལ། །

學亦緣取一切智，

ངེས་འབྱུང་གང་ཡིན་འདི་ནི་ཡོན་ཏན་དགའ་བའི་སློབ། །

定生此即喜德學。

གཟུགས་ནི་ཤེས་རབ་མ་ཡིན་གཟུགས་ལ་ཤེས་རབ་མེད། །

色非智慧色無智，

རྣམ་ཤེས་འདུ་ཤེས་ཚོར་དང་སེམས་པ་འདི་དག་ནི། །

識想受行皆非智，

ཤེས་རབ་མ་ཡིན་འདི་དག་ལ་ཡང་ཤེས་རབ་མེད། །

此等中亦無有智，

འདི་ནི་ནམ་མཁའི་ཁམས་དང་མཚུངས་ཏེ་ཐ་དད་མེད། །

此同虛空無異體。

དམིགས་པ་རྣམས་ཀྱི་རང་བཞིན་དེ་ནི་ཕ་མཐའ་མེད། །

所緣自性無有邊，

སེམས་ཅན་རང་བཞིན་གང་ཡིན་དེ་ཡང་ཕ་མཐའ་མེད། །

有情自性亦無邊，

ནམ་མཁའི་ཁམས་ཀྱི་རང་བཞིན་དེ་ཡང་ཕ་མཐའ་མེད། །

虛空界性亦無邊，

འཇིག་རྟེན་མཁྱེན་པའི་ཤེས་རབ་དེ་ཡང་ཕ་མཐའ་མེད། །

世間解智亦無邊。

འདུ་ཤེས་ཚུ་རོལ་ཡིན་ཞེས་འདྲེན་པས་ཡོངས་སུ་བསྒྲགས། །

導師說想是此岸，

འདུ་ཤེས་རྣམ་པར་བཤིག་ནས་སྤྱོང་བ་ཕ་རོལ་འགྲོ། །

破想而斷趨彼岸，

གང་དག་འདུ་ཤེས་བྲལ་བ་འདི་ནི་རྗེས་ཐོབ་པ། །

離想得此到彼岸，

དེ་དག་ཕ་རོལ་ཕྱིན་ནས་སྟོན་པའི་བཀའ་ལ་གནས། །

彼等安住佛經意。

གལ་ཏེ་སྟོན་པས་ཀྱང་ནི་གངྒཱའི་བྱེ་སྙེད་ཀྱི། །

設佛恆河沙數劫，

བསྐལ་པར་བཞུགས་ཏེ་སེམས་ཅན་ཞེས་སྒྲ་ཡོངས་བསྒྲགས་ཀྱང༎

住世普傳眾生音，

གཟོད་ནས་དག་པས་སེམས་ཅན་སྐྱེ་བར་ག་ལ་འགྱུར། །

本淨有情豈能生？

འདི་ནི་ཤེས་རབ་ཕ་རོལ་ཕྱིན་མཆོག་སྤྱོད་པ་ཡིན། །
此即行持勝般若。
གང་ཚེ་ང་ནི་ཕ་རོལ་ཕྱིན་པའི་མཆོག་འདི་དང་། །
如來此述某一時，
མཐུན་པར་སླ་སྒྲུར་དེ་ཚེ་སྔོན་གྱི་སྐྱེས་མཆོག་གིས། །
我隨說勝波羅蜜，
མ་འོངས་པ་ཡི་དུས་ན་སངས་རྒྱས་འགྱུར་རོ་ཞེས། །
爾時先佛授記我，
ང་ལུང་བསྟན་པར་གྱུར་ཅེས་རྒྱལ་བ་དེ་སྐད་གསུངས། །
未來之時得成佛。
ཤེས་རབ་ཕ་རོལ་ཕྱིན་པ་གང་ལ་མགོན་སྤྱོད་པ། །
怙主行持此般若，
འདི་ནི་གང་ཞིག་གུས་བྱས་འཛིན་དང་ཆུབ་བྱེད་པ། །
何人恭敬而受持，
དེ་ལ་དུག་དང་མཚོན་དང་མེ་དང་ཆུས་མི་ཚུགས། །
毒刃火水不害彼，
བདུད་དང་བདུད་ཀྱི་ཕྱོགས་ཀྱིས་གླགས་ཀྱང་རྙེད་མི་འགྱུར། །
魔王魔眷亦無機。
ལ་ལས་བདེ་གཤེགས་ཡོངས་སུ་མྱ་ངན་འདས་པ་ཡི། །

有者於佛滅度已，

མཆོད་རྟེན་རིན་ཆེན་བདུན་ལས་བྱས་ཤིང་མཆོད་བྱེད་ལ། །

建七寶塔供養之，

བདེ་བར་གཤེགས་པའི་མཆོད་རྟེན་དེ་དག་གངྒཱ་ཡི། །

佛塔數等恆河沙，

བྱེ་མ་སྙེད་ཀྱིས་བྱེ་བ་ཕྲག་སྟོང་ཞིང་བཀང་སྟེ། །

遍滿佛土千俱胝。

ཡོངས་སུ་བརྟག་བཟུང་ཞིང་རྣམས་བྱེ་བ་མཐའ་ཡས་ན། །

設若無邊俱胝剎，

སེམས་ཅན་ཇི་སྙེད་འཁོད་པ་དེ་དག་ཐམས་ཅད་ཀྱིས། །

盡其所住眾有情，

ལས་གཞན་མི་བྱེད་ལྷ་ཡི་མེ་ཏོག་སྤོས་རབ་དང་། །

唯以天花香塗香，

བྱུག་པས་དུས་གསུམ་བསྐལ་པའམ་དེ་བས་ལྷག་མཆོད་ལ། །

三時劫或過彼供。

གང་ཞིག་གང་ལས་རྣམ་འདྲེན་སྟོབས་བཅུ་འབྱུང་འགྱུར་བ། །

於生導師之十力，

བདེ་བར་གཤེགས་ཀྱི་ཡུམ་འདི་གླེགས་བམ་ལ་བྲིས་ཏེ། །

佛母經函誰繕寫，

འཆང་ཞིང་མེ་ཏོག་བྱུག་པས་བསྟི་སྟང་བྱེད་གྱུར་ན། །

繫帶供奉花塗香，

མཆོད་རྟེན་བྱས་མཆོད་བསོད་ནམས་དེས་ནི་ཆར་མི་ཕོད། །

造塔供養福不及。

རྒྱལ་བའི་ཤེས་རབ་ཕ་རོལ་ཕྱིན་འདི་རིག་སྔགས་ཆེ། །

佛此般若大明咒，

སེམས་ཅན་ཁམས་མང་མྱ་ངན་སྡུག་བསྔལ་ཆོས་ཞི་བྱེད། །

能滅有情衆憂苦。

གང་དག་འདས་དང་གང་དག་ཕྱོགས་བཅུའི་འཇིག་རྟེན་མགོན། །

過去十方世間怙，

རིག་སྔགས་འདི་བསླབས་སྨན་པའི་རྒྱལ་པོ་བླ་མེད་འགྱུར། །

學此明咒成藥王。

གང་དག་ཕན་དང་སྙིང་བརྩེར་བཅས་པས་སྤྱད་སྤྱོད་པ། །

行利心懷慈悲行，

རིག་སྔགས་འདི་ལ་བསླབས་ནས་མཁས་པ་བྱང་ཆུབ་རེག །

學此明咒智證覺。

འདུས་བྱས་བདེ་དང་འདུས་མ་བྱས་བདེ་གང་ཡིན་པ། །

當知有為無為樂，

བདེ་བ་དེ་ཀུན་འདི་ལས་བྱུང་བར་རིག་པར་བྱ། །

一切安樂由此生。

ས་བོན་བཏབ་ནས་ས་ལ་གནས་ཏེ་འབྱུང་འགྱུར་བ། །

種播於地將出生，

ཚོགས་པ་རྙེད་ནས་རྣམ་མང་གཟུགས་དག་རྣམ་པར་སྐྱེ། །

得以聚合生眾色。

ཕ་རོལ་ཕྱིན་ལྔ་བྱང་ཆུབ་ཡོན་ཏན་ཇི་སྙེད་པ། །

五度菩提諸功德，

དེ་དག་ཀུན་ཀྱང་ཤེས་རབ་ཕ་རོལ་ཕྱིན་ལས་སྐྱེ། །

此等皆由般若生。

འཁོར་ལོས་བསྒྱུར་རྒྱལ་ལམ་གང་ནས་ནི་རྟག་འགྲོ་བ། །

輪王常由何道行，

ལམ་དེ་ཉིད་ནས་རིན་ཆེན་བདུན་དང་དཔུང་ཚོགས་ཀུན། །

七寶四兵經彼道，

གང་ནས་རྒྱལ་བའི་ཤེས་རབ་ཕ་རོལ་ཕྱིན་འདི་འགྲོ། །

如來般若從何行，

དེ་ཉིད་ནས་ནི་ཡོན་ཏན་ཆོས་ཀུན་འགྲོ་བར་འགྱུར། །

諸功德法隨彼行。

རྒྱལ་བས་བརྒྱ་བྱིན་དྲི་བ་ཡོངས་དྲིས་ལན་གསོལ་པ། །

帝釋提問請佛答，

གལ་ཏེ་གངྒཱའི་བྱེ་སྙེད་སངས་རྒྱས་ཞིང་གྱུར་ལ། །
設若恆河沙佛剎，
དེ་ཀུན་རྒྱལ་བའི་རིང་བསྲེལ་བྱུར་བུར་གཏམས་གྱུར་ཀྱང་། །
盈滿如來之舍利，
བདག་ནི་ཤེས་རབ་ཕ་རོལ་ཕྱིན་པ་འདི་ཉིད་ལེན། །
然我取受此般若。
ཅི་སླད་ཅེ་ན་སྐུ་གདུང་མི་གུས་བདག་མ་ལགས། །
我非不敬舍利子，
འོན་ཀྱང་ཤེས་རབ་ཡོངས་སུ་བསྒོམ་པས་མཆོད་པར་བགྱི། །
般若熏修成應供，
དཔེར་ན་རྒྱལ་པོ་བརྟེན་མི་རིམ་གྲོ་ཐོབ་པ་ལྟར། །
如依王人受敬重，
སངས་རྒྱས་རིང་བསྲེལ་ཤེས་རབ་ཕ་རོལ་ཕྱིན་ལ་བརྟེན། །
佛陀舍利依般若。
ནོར་བུ་རིན་ཆེན་ཡོན་ཏན་ཀུན་ལྡན་རིན་ཐང་མེད། །
具德無價摩尼珠，
གབ་ཚེ་གང་དུ་སྟུལ་བ་དེ་ནི་ཕྱག་བགྱི་འོས། །
置於何篋應禮敬，
དེ་ཕྱུང་གྱུར་ཀྱང་གབ་ཚེ་ལ་ནི་དགའ་བགྱིད་དེ། །

取出亦於篋愛重，

ཡོན་ཏན་དེ་དག་ནོར་བུ་རིན་ཆེན་དེ་ཡི་ལགས། །

彼等功德即寶珠。

དེ་བཞིན་ཤེས་རབ་ཕ་རོལ་ཕྱིན་མཆོག་ཡོན་ཏན་གྱིས། །

如是依勝般若德，

རྒྱལ་བ་མྱ་ངན་འདས་ཀྱང་རིང་བསྲེལ་མཆོད་པ་བརྙེས། །

佛滅舍利得供養，

དེ་ལྟས་གང་ཞིག་རྒྱལ་བའི་ཡོན་ཏན་འཛིན་འཚལ་དེས། །

由此誰欲持佛德，

ཤེས་རབ་ཕ་རོལ་ཕྱིན་བླང་འདི་ནི་ཐར་པ་ལགས། །

應取般若此解脫。

སྦྱིན་པ་སྦྱིན་པའི་སྔོན་དུ་འགྲོ་བ་ཤེས་རབ་སྟེ། །

布施前行即智慧，

ཚུལ་ཁྲིམས་བཟོད་པ་བརྩོན་འགྲུས་བསམ་གཏན་དེ་བཞིན་ནོ། །

戒忍精進禪亦爾，

དགེ་ཆོས་ཆུད་མི་གཟན་ཕྱིར་ཡོངས་སུ་འཛིན་པ་ཡིན། །

爲善不損故攝持，

འདི་ནི་ཆོས་རྣམས་ཐམས་ཅད་ཚུལ་གཅིག་སྟོན་པར་བྱེད། །

此示諸法唯一理。

དཔེར་ན་འཛམ་བུའི་གླིང་ན་ཤིང་རྣམས་བྱེ་བ་སྟོང་། །

如贍洲樹千俱胝，

རྣམ་པ་སྣ་ཚོགས་རྣམ་པ་དུ་མ་གཟུགས་མང་བ། །

不同種種多形色，

གྲིབ་མར་གྱུར་པའི་གྲངས་སུ་བརྗོད་པ་མ་གཏོགས་པར། །

唯說樹影之一名，

གྲིབ་མ་སྣ་ཚོགས་མེད་ཅིང་བྱེ་བྲག་ཡོད་མ་ཡིན། །

影無種種無差別。

དེ་བཞིན་རྒྱལ་བའི་ཕ་རོལ་ཕྱིན་ལྔ་འདི་དག་ཀྱང་། །

佛陀此五波羅蜜，

ཤེས་རབ་ཕ་རོལ་ཕྱིན་པའི་མིང་ཉིད་འཐོབ་པར་འགྱུར། །

亦得般若之名稱，

ཐམས་ཅད་མཁྱེན་པ་ཉིད་ཕྱིར་ཡོངས་སུ་བསྔོས་བྱས་ན། །

爲遍知果普迴向，

བྱང་ཆུབ་ཅེས་བྱ་དྲུག་པོ་འདི་ཀུན་རོ་གཅིག་འགྱུར། །

六度一味歸菩提。

བྱང་ཆུབ་སེམས་དཔའ་གལ་ཏེ་རབ་ཏུ་མི་ཤེས་བཞིན། །

菩薩若本未盡知，

གཟུགས་དང་འདུ་ཤེས་ཚོར་དང་སེམས་པ་རྣམ་པར་ཤེས། །

宣說色想受行識，

མི་རྟག་ཡོངས་སུ་སྟོན་པ་བཙོས་ལ་སྤྱོད་པ་སྟེ། །

無常行持假般若，

མཁས་པ་ནམ་ཡང་ཆོས་རྣམས་འཇིག་པར་མི་བྱེད་དོ། །

智者永不壞諸法。

གང་ལ་གཟུགས་མིན་ཚོར་མིན་འདུ་ཤེས་མི་དམིགས་ཤིང་། །

非色非受不緣想，

རྣམ་པར་ཤེས་པ་མ་ཡིན་སེམས་པ་མི་དམིགས་ལ། །

不緣行識盡了知，

ཆོས་ཀུན་སྐྱེ་མེད་སྟོང་པའི་ཚུལ་དུ་རབ་ཤེས་པ། །

萬法無生空性理，

འདི་ནི་ཤེས་རབ་ཕ་རོལ་ཕྱིན་མཆོག་སྤྱོད་པ་ཡིན། །

此即行持勝般若。

ལ་ལས་གང྄ཱའི་ཀླུང་གི་བྱེ་སྙེད་ཞིང་རྣམས་ན། །

有化恆河沙數剎，

སེམས་ཅན་ཇི་སྙེད་འཁོད་ཀུན་དགྲ་བཅོམ་ཉིད་བཀོལ་བས། །

眾生皆證羅漢果，

གང་གིས་ཤེས་རབ་ཕ་རོལ་ཕྱིན་འདི་ཡིག་བྲིས་ཏེ། །

書此般若經函贈，

སེམས་ཅན་མཆོག་ལ་གླེགས་བྱིན་བསོད་ནམས་ཁྱད་པར་འཕགས།།
最上有情福更勝。
ཅི་ཕྱིར་ཞེ་ན་སླུ་མཆོག་དེ་དག་འདིར་བསླབས་ནས། །
因說第一修學此，
ཆོས་རྣམས་མཐའ་དག་སྟོང་པ་ཉིད་དུ་འདིར་སྟོན་བྱེད། །
能宣諸法此空性，
དེ་ཐོས་ཉན་ཐོས་མྱུར་དུ་རྣམ་པར་གྲོལ་ལ་རེག །
聞彼聲聞速解脫，
རང་རྒྱལ་བྱང་ཆུབ་དང་ནི་སངས་རྒྱས་བྱང་ཆུབ་རེག །
證得獨覺佛菩提。
མྱུ་གུ་མེད་པར་འཇིག་རྟེན་སྡོང་འབྱུང་ཡོང་མེད་ན། །
無芽世上不生樹，
དེ་ལ་ཡལ་འདབ་མེ་ཏོག་འབྲས་བུ་ག་ལ་འབྱུང་། །
枝葉花果豈能出？
བྱང་ཆུབ་སེམས་མེད་རྒྱལ་འབྱུང་འཇིག་རྟེན་ཡོང་མེད་ན། །
無菩提心世無佛，
འབྲས་བུ་བརྒྱ་བྱིན་ཚངས་པ་ཉན་ཐོས་ག་ལ་འབྱུང་། །
焉生帝梵聲聞果？
ཉི་མའི་དཀྱིལ་འཁོར་གང་ཚེ་འོད་ཀྱི་དྲ་བ་འཕྱེད། །

何時日輪光芒照，

དེ་ཚེ་སེམས་ཅན་ལས་བྱེད་བརྩོན་པ་དེ་བཞིན་དུ། །

爾時眾生勤行事，

མཁས་པ་ཤེས་ཕྱིར་འཇིག་རྟེན་བྱང་ཆུབ་སེམས་བྱུང་ན། །

智爲慧生菩提心，

ཡེ་ཤེས་ཀྱིས་ནི་སེམས་ཅན་ཡོན་ཏན་ཆོས་དང་ལྡན། །

依智眾具功德法。

དཔེར་ན་མ་དྲོས་མཚོ་ལ་ཀླུ་བདག་མེད་གྱུར་ན། །

如無熱海無龍王，

འཛམ་བུའི་གླིང་འདིར་ཆུ་ཀླུང་འབབ་པར་ག་ལ་འགྱུར། །

此贍洲河豈能流？

ཆུ་ཀླུང་མེད་ན་མེ་ཏོག་འབྲས་བུ་འབྱུང་མི་འགྱུར། །

無河不生花及果，

རྒྱ་མཚོ་ལ་ཡང་རིན་ཆེན་གཟུགས་མང་མེད་པར་འགྱུར། །

亦無大海眾寶色。

དེ་བཞིན་འདིར་ཡང་བྱང་ཆུབ་སེམས་མེད་བདེ་གཤེགས་ཀྱི། །

無菩提心善逝智，

ཡེ་ཤེས་འཇིག་རྟེན་འདི་དག་ཀུན་ཏུ་ག་ལ་འབྱུང་། །

一切世間豈能生？

ཡེ་ཤེས་མེད་ན་ཡོན་ཏན་འཕེལ་མེད་བྱང་ཆུབ་མེད། །

無智無德無菩提，

རྒྱ་མཚོ་འདྲ་བའི་སངས་རྒྱས་ཆོས་ཀྱང་མེད་པར་འགྱུར། །

如海佛法亦成無。

འཇིག་རྟེན་འདི་ན་སྣང་བྱེད་སྲོག་ཆགས་ཇི་སྙེད་པ། །

此世能明諸含識，

ཀུན་གྱིས་སྣང་བར་བྱ་ཕྱིར་འོད་རྣམས་ཕྱུང་བ་བས། །

爲照亮故放光芒，

ཉི་མའི་དཀྱིལ་འཁོར་འོད་ཟེར་གཅིག་ཕྱུང་ཆེས་མཆོག་སྟེ། །

日輪一光最至上，

སྣང་བྱེད་ཚོགས་ཀྱི་འོད་རྣམས་ཀུན་གྱི་ཆར་མི་ཕོད། །

能明群光皆不及。

ཉན་ཐོས་ཚོགས་རྣམས་ཇི་སྙེད་སྦྱིན་དང་ཚུལ་ཁྲིམས་དང་། །

所有聲聞施持戒，

བསྒོམ་དང་རབ་ཏུ་ལྡན་པའི་བསོད་ནམས་ཚོགས་བསྐྱེད་པའང་། །

修行所生福德資，

བྱང་ཆུབ་སེམས་དཔའི་རྗེས་སུ་ཡི་རང་སེམས་གཅིག་ལ། །

菩薩一念隨喜心，

ཉན་ཐོས་ཚོགས་ཀྱི་བསོད་ནམས་ཕུང་པོས་ཆར་མི་ཕོད། །

聲聞眾福不可比。

འདས་དུས་སྟོན་གྱི་སངས་རྒྱས་བྱེ་བ་ཁྲག་ཁྲིག་གང་། །

先佛俱胝那由他，

ཞིང་མང་མཐའ་ཡས་བྱེ་སྟོང་དག་ན་གང་བཞུགས་དང་། །

住千俱胝無邊剎，

གང་ཡང་མྱ་ངན་འདས་པའི་འཇིག་རྟེན་མགོན་པོ་རྣམས། །

離憂世間諸怙主，

སྡུག་བསྔལ་ཟད་པར་བྱ་ཕྱིར་རིན་ཆེན་ཆོས་སྟོན་པ། །

為滅痛苦示寶法。

དང་པོར་བྱང་ཆུབ་མཆོག་ཏུ་སེམས་བསྐྱེད་བསྐྱེད་པ་ནས། །

初發殊勝菩提心，

རྣམ་པར་འདྲེན་པ་རྣམས་ཀྱི་དམ་ཆོས་ཟད་ཀྱི་དུས། །

至諸導師妙法盡，

དེ་བར་རྒྱལ་བ་དེ་དག་བསོད་ནམས་གང་ཡིན་པ། །

期間如來諸福德，

ཕ་རོལ་ཕྱིན་དང་ལྡན་དང་སངས་རྒྱས་ཆོས་གང་དང་། །

具波羅蜜佛陀法，

གང་ཡང་སངས་རྒྱས་སྲས་རྣམས་དང་ནི་ཉན་ཐོས་དང་།

佛子聲聞學無學，

སླྒོབ་དང་མི་སླྒོབ་དགེ་བ་ཟག་བཅས་ཟག་མེད་པ། །

有漏無漏之善法，

བསྡུས་ནས་བྱང་ཆུབ་སེམས་དཔའ་རྗེས་སུ་ཡི་རང་ཞིང་། །

菩薩集已作隨喜，

འགྲོ་བའི་དོན་རྒྱུ་བྱང་ཆུབ་ཕྱིར་ནི་ཐམས་ཅད་བསྔོ། །

利生迴向大菩提。

ཡོངས་བསྔོ་གལ་ཏེ་སེམས་སུ་འདུ་ཤེས་འབྱུང་འགྱུར་ཞིང་། །

迴向設若心起想，

བྱང་ཆུབ་འདུ་ཤེས་ཡོངས་བསྔོ་སེམས་ཅན་འདུ་ཤེས་ན། །

覺想迴向眾生想，

འདུ་ཤེས་ཕྱིར་ན་ལྟ་གནས་སེམས་ནི་གསུམ་ལ་ཆགས། །

想故住見心著三，

དམིགས་པ་ཡོད་པས་ཡོངས་སུ་བསྔོས་པར་རུང་མ་ཡིན། །

有緣非入普迴向。

གལ་ཏེ་འདི་ལྟར་ཆོས་འདི་འགགས་ཤིང་ཟད་པ་དང་། །

如是此法即滅盡，

གང་དུ་ཡོངས་སུ་བསྔོ་བ་དེ་ཡང་ཟད་པ་དང་། །

迴向之處彼亦盡，

ཆོས་ཀྱིས་ཆོས་ལ་ནམ་ཡང་མི་བསྔོ་ཤེས་གྱུར་ན། །

知不以法迴向法，

དེ་ལྟར་རབ་ཏུ་ཤེས་པས་ཡོངས་སུ་བསྔོས་པ་ཡིན། །

徹知此理乃迴向。

གལ་ཏེ་མཚན་མར་བྱེད་ན་དེ་ནི་བསྔོ་མ་ཡིན། །

執相彼非真迴向，

ཅི་སྟེ་མཚན་མ་མེད་ན་བྱང་ཆུབ་བསྔོ་བ་ཡིན། །

無相菩提真迴向，

ཇི་ལྟར་དུག་དང་འདྲེས་པའི་ཁ་ཟས་བཟང་ཟ་བ། །

如吃雜毒上等食，

དཀར་པོའི་ཆོས་ལ་དམིགས་པའང་དེ་འདྲར་རྒྱལ་བས་གསུངས། །

佛說緣白法亦爾，

དེ་ལྟས་འདི་ལྟར་ཡོངས་སུ་བསྔོ་བ་བསླབ་བྱ་སྟེ། །

故當如是學迴向，

ཇི་ལྟར་རྒྱལ་བ་དེ་དག་དགེ་བ་དེ་མཁྱེན་པའི། །

依佛洞悉善行相，

རྣམ་པ་གང་ཡིན་འབྱུང་གང་མཚན་ཉིད་གང་ཡིན་ལ། །

如此出生如此相，

རྗེས་སུ་ཡི་རང་དེ་ལྟ་དེ་ལྟར་ཡོངས་སུ་བསྔོ། །

隨喜如此普迴向。

དེ་ལྟར་བསོད་ནམས་བྱང་ཆུབ་ཡོངས་སུ་བསྔོ་བྱེད་ན། །

福德迴向大菩提，

དུག་མེད་སངས་རྒྱས་མི་སྤྱོད་རྒྱལ་བས་གསུངས་པ་སྨྲ། །

無毒成佛依佛說，

དེ་ལྟར་ཡོངས་བསྔོ་དཔའ་བོ་འཇིག་རྟེན་དམིགས་ཅན་གྱི། །

如是迴向之勇士，

བྱང་ཆུབ་སེམས་དཔའ་དེ་སྙེད་ཐམས་ཅད་ཟིལ་གྱིས་གནོན། །

勝世有緣諸菩薩。

དམུས་ལོང་དམིགས་བུ་མེད་པ་བྱེ་བ་ཁྲག་ཁྲིག་རྣམས། །

無導天盲千萬億，

ལམ་ཡང་མི་ཤེས་གྲོང་ཁྱེར་འཇུག་པར་ག་ལ་འགྱུར། །

不曉道豈入城市？

ཤེས་རབ་མེད་ན་མིག་མེད་ཕ་རོལ་ཕྱིན་ལྔ་འདི། །

無慧無目此五度，

དམིགས་བུ་མེད་པས་བྱང་ཆུབ་རེག་པར་ནུས་མ་ཡིན། །

無導不能證菩提。

གང་ཚེ་ཤེས་རབ་ཀྱིས་ནི་རབ་ཏུ་ཟིན་གྱུར་པ། །

何時以慧盡攝持，

དེ་ཚེ་མིག་རྙེད་གྱུར་ཅིང་འདི་ཡི་མིང་འཐོབ་བོ། །

爾時得目獲此名，

དཔེར་ན་རི་མོའི་ལས་ནི་ཡོངས་ཟིན་མིག་མེད་པ། །

如畫竣工無眼目，

ཇི་སྲིད་མིག་མ་བྲིས་པར་རྫན་པ་མི་ཐོབ་བཞིན། །

未點睛前不得資。

གང་ཚེ་འདུས་བྱས་འདུས་མ་བྱས་དང་དཀར་ནག་ཆོས། །

有為無為黑白法，

ཤེས་རབ་རྣམ་པར་བཤིག་ནས་རྡུལ་ཙམ་མི་དམིགས་ཚེ། །

慧破塵許不得時，

འཇིག་རྟེན་དག་ན་ཤེས་རབ་ཕ་རོལ་ཕྱིན་གྲངས་འགྲོ། །

世間入於般若列，

ནམ་མཁའ་གང་ལའང་ཅུང་ཟད་མི་གནས་དེ་དང་འདྲ། །

猶如虛空毫不住。

གལ་ཏེ་བདག་ནི་རྒྱལ་བའི་ཤེས་རབ་སྤྱོད་བྱ་ཞིང་། །

設思我行如來智，

སེམས་ཅན་སྡུག་བསྔལ་རེག་པ་ཁྲག་ཁྲིག་མང་དགྲོལ་སེམས། །

解眾那由他多苦，

སེམས་ཅན་འདུ་ཤེས་ཡོངས་རྟོག་བྱང་ཆུབ་སེམས་དཔའ་སྟེ། །

計眾生想之菩薩，

འདི་ནི་ཤེས་རབ་ཕ་རོལ་ཕྱིན་མཆོག་སྤྱོད་མ་ཡིན། །
此非行持勝般若。
བྱང་ཆུབ་སེམས་དཔའ་གང་ཞིག་སྔོན་ཆད་སྤྱོད་པའི་ཚེ། །
菩薩先前行持時，
ཕ་རོལ་ཕྱིན་འདིར་སྤྱོད་པ་མཁས་པ་སོམ་ཉི་མེད། །
行此般若無疑知，
ཐོས་མ་ཐག་ཏུ་དེ་ནི་སྟོན་པའི་འདུ་ཤེས་སྐྱེད། །
聞即彼起本師想，
དེས་ནི་བྱང་ཆུབ་ཞི་བ་མྱུར་དུ་རྟོགས་པར་འགྱུར། །
依此速證寂菩提。
སྔོན་སྤྱོད་ཚེ་ན་སངས་རྒྱས་ཁྲག་ཁྲིག་བཀུར་བྱས་ཀྱང་། །
昔行時事無量佛，
རྒྱལ་བའི་ཤེས་རབ་ཕ་རོལ་ཕྱིན་ལ་མ་དད་ན། །
然若未信佛般若，
ཐོས་ནས་བློ་ཆུང་དེ་ཡིས་འདི་ནི་སྤོང་བྱེད་དེ། །
聞已慧淺彼棄此，
སྤངས་ནས་སྐྱབས་མེད་གྱུར་པ་དེ་ནི་མནར་མེད་འགྲོ། །
捨無救護墮無間。
དེ་ལྟ་བས་ན་གལ་ཏེ་སངས་རྒྱས་ཡེ་ཤེས་མཆོག །

故欲證佛最勝智，

རིག་པར་འདོད་ན་རྒྱལ་བའི་ཡུམ་འདིར་དད་པར་གྱིས། །

於此佛母當起信，

དཔེར་ན་ཚོང་པ་རིན་ཆེན་གླིང་དུ་སོང་ནས་ནི། །

猶如商人至寶洲，

ཟོང་ཟད་སླར་ལོག་ལྷ་བུར་གྱུར་ན་མི་རུང་ངོ་། །

蕩財返回非應理。

གཟུགས་ཀྱི་དག་པ་འབྲས་བུ་དག་པར་རིག་པར་བྱ། །

當知色淨果清淨，

འབྲས་བུ་གཟུགས་དག་ཐམས་ཅད་མཁྱེན་ཉིད་དག་པར་འགྱུར། །

果色清淨遍知淨，

ཐམས་ཅད་མཁྱེན་ཉིད་འབྲས་བུ་དག་དང་གཟུགས་དག་པ། །

遍知果淨色清淨，

ནམ་མཁའི་ཁམས་དང་མཚུངས་ཏེ་དབྱེར་མེད་བཅད་དུ་མེད། །

如虛空界不分割。

སྐབས་གཉིས་པའོ། །

第二品終

དཔའ་བོ་གང་སྤྱོད་ཤེས་རབ་ཕ་རོལ་ཕྱིན་པ་ཡིས། །

勇士所行依般若，

ཁམས་གསུམ་ཡང་དག་འདས་ལ་རྣམ་པར་གྲོལ་བའང་མིན། །
真超三界非解脫，

ཉོན་མོངས་བསལ་བར་གྱུར་ཀྱང་སྐྱེ་བ་སྟོན་པར་བྱེད། །
雖除煩惱示投生，

ག་དང་ན་དང་འཆི་བ་མེད་ཀྱང་འཆི་འཕོ་སྟོན། །
無老病死示死歿。

འགྲོ་བ་འདི་དག་མིང་དང་གཟུགས་ཀྱི་འདམ་ལ་ཆགས། །
眾生身陷名色泥，

རླུང་གི་འཁོར་ལོ་ལྟ་བུའི་འཁོར་བའི་འཁོར་ལོར་འཁྱམས། །
漂似風輪生死中，

འགྲོ་བ་འཁྲུལ་པ་རི་དྭགས་རྒྱར་ཚུད་འདྲར་ཤེས་ནས། །
知迷眾如獸入網，

ཤེས་རབ་ལྡན་པ་མཁའ་ལ་བྱ་བཞིན་རྣམ་པར་རྒྱུ། །
智者如禽遊虛空。

སྤྱོད་པ་ཡོངས་དག་གང་ཞིག་གཟུགས་ལ་མི་སྤྱོད་ཅིང་། །
行清淨者不行色，

རྣམ་ཤེས་འདུ་ཤེས་ཚོར་བ་སེམས་པར་མི་སྤྱོད་ན། །
不行識想受及行，

དེ་ལྟར་སྤྱོད་པ་ཆགས་པ་ཐམས་ཅད་ཡོངས་སྤོང་ཞིང་། །

如是而行斷諸貪，

ཆགས་ལས་རྣམ་གྲོལ་བདེ་གཤེགས་རྣམས་ཀྱི་ཤེས་རབ་སྤྱོད། །

行解脫貪諸佛智。

དེ་ལྟར་སྤྱོད་པའི་བྱང་ཆུབ་སེམས་དཔའ་མཁས་གསལ་བ། །

明智菩薩如是行，

ཆགས་པ་བཅད་ནས་འགྲོ་ལ་ཆགས་པ་མེད་པར་འགྲོ། །

斷貪趨向無貪執，

ཉི་མ་སྒྲ་གཅན་གཟའ་བྲལ་ལྷང་ངེར་འདུག་པ་དང་། །

如離羅睺日昭住，

མེ་བཏང་རྩྭ་དང་ཤིང་དང་ནགས་ཚལ་སྲེག་པ་བཞིན། །

失火焚燒草木林。

ཆོས་རྣམས་ཐམས་ཅད་རང་བཞིན་དག་ཅིང་ཡོངས་དག་པར། །

諸法自性淨普淨，

བྱང་ཆུབ་སེམས་དཔའ་ཤེས་རབ་ཕ་རོལ་ཕྱིན་ལྟ་ན། །

菩薩慧觀般若時，

བྱེད་པ་པོ་ཡང་མི་དམིགས་ཆོས་ཀུན་མི་དམིགས་ཏེ། །

不緣行者一切法，

འདི་ནི་ཤེས་རབ་ཕ་རོལ་ཕྱིན་མཆོག་སྤྱོད་པ་ཡིན། །

此即行持勝般若。

སྐབས་གསུམ་པའོ། །

第三品終

རྒྱལ་བ་ལ་ནི་ལྷ་རྒྱལ་བརྒྱ་བྱིན་གྱིས་ཞུས་པ། །

天王帝釋問佛尊，

བྱང་ཆུབ་སེམས་དཔའ་ཤེས་རབ་སྤྱོད་པ་ཇི་ལྟར་བརྩོན། །

菩薩如何勤行智？

ཕུང་པོ་ཁམས་ལ་རྡུལ་ཙམ་བརྩོན་པར་མི་བྱེད་ཅིང་། །

蘊界塵許不勤行，

ཕུང་པོར་མི་བརྩོན་དེ་ནི་བྱང་ཆུབ་སེམས་དཔའ་བརྩོན། །

不勤於蘊菩薩勤。

གང་ཞིག་ཆོས་འདི་སྒྱུལ་དང་སྒྱུ་མ་འདྲར་ཐོས་ནས། །

誰聞此法如幻化，

སོམ་ཉི་མེད་ཅིང་སློབ་ལ་ཕྱིར་ཞིང་སྦྱོར་བྱེད་པ། །

無疑學復行加行，

སེམས་ཅན་དེ་ནི་རིང་ནས་ཐེག་ཆེན་ཞུགས་རིག་བྱ། །

知彼久遠入大乘，

སངས་རྒྱས་བྱེ་བ་ཁྲག་ཁྲིག་མང་ལ་ལྷག་བྱས་ཡིན། །

事佛俱胝那由他。

དགོན་པའི་ལམ་ནི་དཔག་ཚད་མང་པོར་ཞུགས་པའི་མིས། །

入多由旬荒道人，

གནག་རྫི་མཚམས་ཀྱི་ནགས་ཚལ་ཕྱུན་སུམ་ཚོགས་མཐོང་ནས། །

見牧牛人交界林，

འདི་དག་གྲོང་དང་གྲོང་ཁྱེར་ཉེ་བའི་རྟགས་སྙམ་སྟེ། །

思乃臨近村城兆，

དབུགས་ཕྱིན་རྙེད་པར་གྱུར་ཅིང་ཆོམ་རྐུན་འཇིགས་པ་མེད། །

得安慰無盜匪懼。

དེ་བཞིན་བྱང་ཆུབ་ཡོངས་སུ་ཚོལ་ཚེ་རྒྱལ་རྣམས་ཀྱི། །

如是尋覓菩提時，

ཤེས་རབ་ཕ་རོལ་ཕྱིན་འདི་མཉན་པ་གང་ཐོབ་པ། །

得聞諸佛此般若，

དེ་ནི་དབུགས་ཕྱིན་ཐོབ་པར་གྱུར་ཅིང་འཇིགས་མེད་དེ། །

彼得慰藉無畏懼，

དགྲ་བཅོམ་ས་ལ་མ་ཡིན་རྐྱེན་རྟོག་ས་ལ་མིན། །

非羅漢果緣覺地。

མི་ཞིག་རྒྱ་མཚོའི་ཆུ་ནི་ལྟ་ཕྱིར་འགྲོ་བ་ཡིས། །

如人爲觀海水往，

གལ་ཏེ་ཤིང་དང་ནགས་ཚལ་རི་མཐོང་ད་དུང་རིང་། །

見樹林山仍遙遠，

ཅི་སྲིད་རྟགས་མ་མཐོང་ན་རྒྱ་མཚོ་ཆེན་པོ་ནི། །
不見彼等遙遠相，
ཉེ་བར་གྱུར་ཏོ་སྙམ་སྟེ་དེ་ལ་སོམ་ཉི་མེད། །
思近大海無懷疑。
དེ་ལྟར་བྱང་ཆུབ་དམ་པར་རབ་ཞུགས་རྒྱལ་བ་ཡི། །
當知已入妙菩提，
ཤེས་རབ་ཕ་རོལ་ཕྱིན་པ་འདི་ཉན་རིག་པར་བྱ། །
聽聞如來此般若，
རྣམ་པར་འདྲེན་པས་མངོན་སུམ་ལུང་བསྟན་མ་གྱུར་ཀྱང་། །
縱未得佛親授記，
སངས་རྒྱས་བྱང་ཆུབ་རིང་པོར་མི་ཐོགས་བདག་རེག་འགྱུར། །
不久自證佛菩提。
དཔྱིད་དུས་བཟང་ལ་སྡོང་པོ་ལོ་མ་ལྷགས་གྱུར་ན། །
春季好時樹葉落，
ཡལ་གས་རིང་པོར་མི་ཐོགས་ལོ་འབྲས་མེ་ཏོག་བསྐྲུན། །
枝不久生葉花果，
ཤེས་རབ་ཕ་རོལ་ཕྱིན་འདི་སུ་ཡི་ལག་ཐོབ་པ། །
誰手中得此般若，
རིང་པོར་མི་ཐོགས་འདྲེན་པ་རྣམས་ཀྱི་བྱང་ཆུབ་ཐོབ། །

不久獲證佛菩提。

དཔེར་ན་བུད་མེད་སྦྲུམ་གང་སྡུག་བསྔལ་ཉེན་གྱུར་ན། །

猶如孕婦受苦逼，

དེ་ནི་དེ་ཡི་བཙའ་བའི་དུས་ལ་བབ་ཅེས་བྱ། །

彼謂已至分娩時，

དེ་བཞིན་བྱང་ཆུབ་སེམས་དཔའ་རྒྱལ་བའི་ཤེས་རབ་ཉན། །

菩薩聽聞如來智，

དགའ་དང་འདུན་པ་བསྐྱེད་པ་མྱུར་དུ་བྱང་ཆུབ་རེག །

生喜求疾證菩提。

ཤེས་རབ་ཕ་རོལ་ཕྱིན་མཆོག་སྤྱོད་ཚེ་རྣལ་འབྱོར་པ། །

行勝般若瑜伽者，

གཟུགས་ཀྱི་འཕེལ་བ་དང་ནི་ཡོངས་སུ་འགྲིབ་མི་མཐོང་། །

不見色之增與減，

གང་ཞིག་ཆོས་དང་ཆོས་མིན་ཆོས་དབྱིངས་མི་མཐོང་ཞིང་། །

不見非法法法界，

མྱ་ངན་འདས་ལ་མི་རེག་དེ་ནི་ཤེས་རབ་གནས། །

不證涅槃彼住智。

གང་ཞིག་འདིར་སྤྱོད་སངས་རྒྱས་ཆོས་རྣམས་མི་རྟོག་སྟེ། །

行此不計佛諸法，

སྟོབས་དང་རྫུ་འཕྲུལ་རྐང་པ་བྱང་ཆུབ་ཞི་མི་རྟོག །

五力神足寂菩提，

རྣམ་པར་མི་རྟོག་རྟོག་བྲལ་བྱིན་གྱིས་རླབས་ཀྱིས་སྤྱོད། །

遠離分別依加持，

འདི་ནི་ཤེས་རབ་ཕ་རོལ་ཕྱིན་མཆོག་སྤྱོད་པ་ཡིན། །

行此即行勝般若。

སྒྲ་བའི་ཟླ་བ་སངས་རྒྱས་ལ་ནི་རབ་འབྱོར་ཞུས། །

須菩提問說月佛，

ཡོན་ཏན་དགའ་བ་རྣམས་ཀྱི་བར་དུ་གཅོད་གང་ལགས། །

何爲喜功德者障？

སྟོན་པས་བཀའ་སྩལ་བར་དུ་གཅོད་པར་འགྱུར་མང་སྟེ། །

佛言成爲障礙多，

དེ་ལས་རེ་ཞིག་ཙུང་ཟད་ཙམ་ཞིག་ཡོངས་སུ་བརྗོད། །

從中稍略普宣說。

རྒྱལ་བའི་ཤེས་རབ་ཕ་རོལ་ཕྱིན་འདི་ཡིག་འདྲི་ཚེ། །

繕寫佛此般若時，

སྤོབས་པ་ཐ་དད་རྣམ་པ་དུ་མ་འབྱུང་འགྱུར་ཞིང་། །

不同辯才紛湧現，

འགྲོ་བའི་དོན་མ་བྱས་པར་གློག་བཞིན་མྱུར་དུ་ཡང་། །

未利眾生似閃電，

ཡོངས་སུ་ཉམས་པར་འགྱུར་བ་འདི་ནི་བདུད་ཀྱི་ལས། །

疾速退失是魔業。

འདི་བཤད་ཚེ་ན་ཁ་ཅིག་སོམ་ཉི་ཟ་འགྱུར་ཏེ། །

講此之際有生疑，

འདྲེན་པས་འདིར་ནི་བདག་གི་མིང་ཡང་ཡོངས་མ་བརྗོད། །

導師於此未言及，

རིགས་དང་ས་དང་རུས་ཀྱང་ཡོངས་སུ་མ་བརྗོད་ཅེས། །

我名種族地姓氏，

དེ་ནི་ཉན་པར་མི་འགྱུར་སྤོང་འགྱུར་བདུད་ཀྱི་ལས། །

不聞棄此是魔業。

དེ་ལྟར་མི་ཤེས་དེ་དག་རྩ་བ་བོར་ནས་ནི། །

不明此理捨根本，

སྡོངས་པས་ཡལ་ག་དག་དང་འདབ་མ་འཚོལ་བར་འགྱུར། །

愚昧不解尋枝葉。

གླང་པོ་རྙེད་ཀྱང་གླང་པོའི་རྗེས་ནི་འཚོལ་བ་ལྟར། །

如得象復尋象跡，

ཤེས་རབ་ཕ་རོལ་ཕྱིན་ཐོས་མདོ་ཚོལ་དེ་བཞིན་ནོ། །

聽聞般若尋經同。

聖
般
若
攝
頌

དཔེར་ན་ལ་ལས་རོ་བརྒྱ་ལྡན་པའི་ཟས་རྙེད་ལ། །
如人獲具百味食，
ཟས་མཆོག་རྙེད་ནས་ཟས་ངན་འཚོལ་བར་བྱེད་པ་ལྟར། །
得妙食尋菲薄食，
བྱང་ཆུབ་སེམས་དཔའ་ཕ་རོལ་ཕྱིན་པ་འདི་རྙེད་ནས། །
菩薩得此波羅蜜，
དགྲ་བཅོམ་ས་ཡིས་བྱང་ཆུབ་འཚོལ་བྱེད་དེ་བཞིན་ནོ། །
羅漢果尋菩提同。
བསྟི་སྟང་འདོད་པར་འགྱུར་ཞིང་རྙེད་པ་འདོད་འགྱུར་དང་། །
貪求恭敬圖利養，
ལྟ་དང་བཅས་པའི་སེམས་ཀྱིས་ཁྱིམ་འདྲིས་བྱེད་ལྡན་ཞིང་། །
以有見心熟俗家，
ཆོས་བཏང་ནས་ནི་ཆོས་མིན་བྱ་བ་སྤྱོད་འགྱུར་བ། །
捨法而行非法事，
ལམ་བོར་ལམ་གོལ་འགྲོ་བ་འདི་ནི་བདུད་ཀྱི་ལས། །
棄道入歧是魔業。
གང་དག་དེ་ཡི་ཚེ་ན་འདུན་ཅིང་དད་གྱུར་ནས། །
爾時希求起信已，
ཆོས་ཀྱི་དམ་པ་འདི་ནི་ཉན་དུ་སོང་བ་ལས། །

去聽聞此微妙法，

དེ་དག་གིས་ནི་ཆོས་སྨྲ་བྱ་བར་ལྡན་རིག་ནས། །

知說法師依瑣事，

དགའ་བ་མེད་ཅིང་ཡིད་མི་བདེ་བར་གྱུར་ནས་འགྲོ། །

不喜不悅而離去。

དེ་ཡི་ཚེ་ན་བདུད་ཀྱི་ལས་འདི་འབྱུང་བར་འགྱུར། །

是時出現此魔業，

དེ་ཚེ་གང་དག་གིས་ནི་དགེ་སློང་མང་དཀྲུགས་ནས། །

彼時擾亂眾比丘，

ཤེས་རབ་ཕ་རོལ་ཕྱིན་འདི་འཛིན་པར་མི་འགྱུར་བའི། །

不令受持此般若，

བར་དུ་གཅོད་པ་རྣམ་མང་གཞན་ཡང་འབྱུང་བར་འགྱུར། །

餘多違緣亦屢現。

རིན་ཆེན་རིན་ཐང་མེད་པ་རྙེད་འགྱུར་གང་དག་ཡིན། །

有人已得無價寶，

དེ་དག་དཀོན་ལ་དུས་རྣམས་རྟག་ཏུ་འཚེ་བའང་མང་། །

希有恆時害亦多，

དེ་བཞིན་རྒྱལ་བའི་ཤེས་རབ་ཕ་རོལ་ཕྱིན་པ་མཆོག །

如是如來勝般若，

རིན་ཆེན་ཆོས་ཀྱང་དཀོན་ལ་རྟག་ཏུ་འཚེ་བའང་མང་། །

法寶難得害亦多。

ཐེག་པ་གསར་དུ་ཞུགས་པའི་སེམས་ཅན་བློ་ཆུང་བ། །

新入乘之淺慧者，

གང་ཞིག་དཀོན་པའི་རིན་ཆེན་འདི་ནི་མ་རྙེད་པ། །

未得希有此珍寶，

དེ་ལ་བར་ཆད་བྱ་ཕྱིར་བདུད་ནི་སྤྲོ་བར་འགྱུར། །

爲造違緣惡魔喜。

ཕྱོགས་བཅུའི་སངས་རྒྱས་དེ་དག་ཡོངས་སུ་འཛིན་ལ་སྤྱོར། །

十方佛陀行攝持。

མ་ཞིག་ན་བར་གྱུར་ལ་བུ་ནི་མང་ཡོད་པ། །

如患病母有多子，

དེ་ཀུན་ཡིད་མི་བདེ་ཞིང་དེ་ལ་རིམ་གྲོ་བྱེད། །

悉皆傷心服侍彼，

དེ་བཞིན་ཕྱོགས་བཅུའི་འཇིག་རྟེན་ཁམས་ཀྱི་སངས་རྒྱས་ཀྱང་། །

如是十方世界佛，

ཡུམ་གྱུར་ཤེས་རབ་དམ་པ་འདི་ལ་དགོངས་པ་མཛད། །

亦念佛母微妙智。

གང་དག་འདས་དང་ཕྱོགས་བཅུའི་འཇིག་རྟེན་མགོན་གང་དང་། །

過去十方及未來，

མ་འོངས་དུས་ན་འབྱུང་འགྱུར་དེ་དག་འདི་ལས་འབྱུང་། །

世間怙主由此生，

འཇིག་རྟེན་སྟོན་པ་རྒྱལ་བ་རྣམས་ཀྱི་སྐྱེད་བྱེད་ཡུམ། །

示世諸佛能生母，

སེམས་ཅན་གཞན་གྱི་སེམས་ཀྱི་སྤྱོད་པ་སྟོན་པར་བྱེད། །

示餘有情之心行。

འཇིག་རྟེན་དེ་བཞིན་ཉིད་དང་དགྲ་བཅོམ་དེ་བཞིན་ཉིད། །

世間羅漢之真如，

རང་རྒྱལ་དེ་བཞིན་ཉིད་དང་རྒྱལ་སྲས་དེ་བཞིན་ཉིད། །

緣覺佛子之真如，

གཅིག་པ་ཉིད་དེ་དངོས་བྲལ་གཞན་མིན་དེ་བཞིན་ཉིད། །

離實非他一真如，

ཤེས་རབ་ཕ་རོལ་ཕྱིན་པ་དེ་བཞིན་གཤེགས་པས་མཁྱེན། །

如來徹知智慧度。

མཁས་པ་འཇིག་རྟེན་གནས་སམ་མྱ་ངན་འདས་ཀྱང་རུང་། །

遍知住世或涅槃，

ཆོས་ཉིད་སྐྱོན་མེད་ཆོས་རྣམས་སྟོང་པ་འདི་གནས་ཏེ། །

無過法性法空住，

聖般若攝頌

བྱང་ཆུབ་སེམས་དཔས་དེ་བཞིན་ཉིད་འདི་རྗེས་སུ་རྟོགས། །

菩薩隨證此真如，

དེ་ཕྱིར་དེ་བཞིན་གཤེགས་ཞེས་སངས་རྒྱས་མཚན་གསོལ་ཏོ། །

故於佛賜如來名。

ཤེས་རབ་ཕ་རོལ་ཕྱིན་པ་དགའ་ཚལ་ལ་བརྟེན་པ། །

依於般若歡喜園，

སྟོབས་བཅུ་རྣམ་འདྲེན་རྣམས་ཀྱི་སྤྱོད་ཡུལ་འདི་ཡིན་ཏེ། །

十力導師此行境，

སེམས་ཅན་སྡུག་བསྔལ་ངན་སོང་གསུམ་ལས་ཡོངས་འདོན་ཀྱང་། །

盡除眾苦三惡趣，

དེ་དག་ནམ་ཡང་སེམས་ཅན་འདུ་ཤེས་འགྱུར་བ་མེད། །

彼等永無眾生想。

དཔེར་ན་སེང་གེ་རི་སུལ་བརྟེན་ནས་འཇིགས་མེད་པར། །

如獅棲山無畏懼，

རི་དྭགས་ཕྲ་མོ་མང་སྐྲག་བྱེད་ཅིང་སྒྲ་སྒྲོགས་ལྟར། །

震懾群獸發吼聲，

མི་ཡི་སེང་གེ་ཤེས་རབ་ཕ་རོལ་ཕྱིན་བརྟེན་ནས། །

人中獅子依般若，

མུ་སྟེགས་ཅན་མང་སྐྲག་ཕྱིར་འཇིག་རྟེན་སྒྲ་ཡང་སྒྲོགས། །

懾眾外道發吼聲。

དཔེར་ན་ནམ་མཁར་གནས་པའི་ཉི་མའི་འོད་ཟེར་ནི། །

譬如空中之陽光，

ས་འདི་སྐེམ་པར་བྱེད་ཅིང་གཟུགས་ཀྱང་རབ་ཏུ་སྟོན། །

晒乾大地顯色相，

དེ་བཞིན་ཆོས་རྒྱལ་ཤེས་རབ་ཕ་རོལ་ཕྱིན་བརྟེན་ནས། །

如是法王依般若，

སྲིད་པའི་ཆུ་ཀླུང་སྐེམས་ཤིང་ཆོས་ཀྱང་རབ་ཏུ་སྟོན། །

有海乾涸說諸法。

གཟུགས་རྣམས་མི་མཐོང་ཚོར་བ་དག་ཀྱང་མི་མཐོང་ཞིང་། །

諸色及受不可見，

འདུ་ཤེས་མཐོང་བ་མེད་ལ་སེམས་པ་མི་མཐོང་ཞིང་། །

想無所見行不見，

གང་ལ་རྣམ་པར་ཤེས་དང་སེམས་ཡིད་མཐོང་མེད་པ། །

識心及意無所見，

འདི་ནི་ཆོས་མཐོང་ཡིན་ཞེས་དེ་བཞིན་གཤེགས་པས་བསྟན། །

此名見法如來言。

ནམ་མཁའ་མཐོང་ཞེས་སེམས་ཅན་ཚིག་ཏུ་རབ་བརྗོད་པ། །

有情聲稱見虛空，

ནམ་མཁའ་ཇི་ལྟར་མཐོང་ཞེས་དོན་འདི་བརྟག་པར་གྱིས། །

虛空豈見觀此義，

དེ་ལྟར་ཆོས་མཐོང་བ་ཡང་དེ་བཞིན་གཤེགས་པས་བསྟན། །

佛說見法亦復然，

མཐོང་བ་དཔེ་གཞན་གྱིས་ནི་བསྙད་པར་ནུས་མ་ཡིན། །

見以他喻不能詮。

གང་གིས་དེ་ལྟར་མཐོང་བ་དེ་ཡིས་ཆོས་ཀུན་མཐོང་། །

誰如是見見諸法，

རྒྱལ་པོ་བཏང་སྙོམས་འདུག་ཅིང་བློན་པོ་ཀུན་བྱེད་ལྟར། །

如王捨住臣普行，

སངས་རྒྱས་མཛད་དང་ཉན་ཐོས་ཆོས་རྣམས་ཇི་སྙེད་པ། །

佛行聲聞所有法，

དེ་དག་ཐམས་ཅད་ཤེས་རབ་ཕ་རོལ་ཕྱིན་པ་བྱེད། །

悉皆依於般若行。

རྒྱལ་པོ་གྲོང་དུ་མི་འགྲོ་ཡུལ་འཁོར་མི་འགྲོ་བར། །

如王不往城國邑，

རང་གི་ཡུལ་ནས་འདུ་བ་ཐམས་ཅད་སྡུད་པ་ལྟར། །

居自宮攝諸財物，

བྱང་ཆུབ་སེམས་དཔའ་ཆོས་ཉིད་གང་དུའང་མི་འགྲོ་ལ། །

菩薩法性無所去，

སངས་རྒྱས་ས་ཡི་ཡོན་ཏན་གང་ཡིན་ཐམས་ཅད་སྡུད། །

攝集佛地諸功德。

གང་ལ་བདེ་གཤེགས་བྱང་ཆུབ་སེམས་དཔའ་དད་བརྟན་ཡོད། །

於佛菩薩有堅信，

ཤེས་རབ་ཕ་རོལ་ཕྱིན་པ་མཆོག་ལ་བསམ་སྦྱོར་བ། །

意樂行持勝般若，

ཉན་ཐོས་རང་རྒྱལ་ས་གཉིས་ཤིན་ཏུ་འདས་བྱས་ནས། །

盡越聲聞獨覺地，

ཞིལ་གྱིས་མི་ནོན་རྒྱལ་བའི་བྱང་ཆུབ་མྱུར་དུ་འཐོབ། །

速得無遮佛菩提。

དཔེར་ན་རྒྱ་མཚོར་འཛུག་པའི་གྲུ་ནི་ཆག་གྱུར་ལ། །

猶入海者船破毀，

མི་གང་རོ་འམ་རྩྭ་འམ་ཤིང་ནི་མི་འཛིན་པ། །

何人未持屍草木，

ཆུ་དབུས་འཛིག་པར་འགྱུར་ཏེ་ངོགས་སུ་ཕྱིན་མི་འགྱུར། །

葬身水中不抵岸，

གང་ཞིག་འཛིན་པ་རྒྱ་མཚོའི་ཕ་རོལ་ཕྱིན་པར་འགྱུར། །

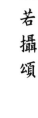

若人握物至海岸。

དེ་ལྟར་དད་ལྡན་དང་བ་ཐོབ་པ་གང་ཞིག་ནི། །
如是具信得淨心，
ཤེས་རབ་ཕ་རོལ་ཕྱིན་ཡུམ་རྗེས་སུ་མི་འཇུག་མིན། །
不隨般若非證覺，
སྐྱེ་ རྒ་འཆི་དང་མྱ་ངན་ཐ་རླབས་འཁྲུགས་པ་ཡིས། །
生老死憂波濤洶，
འཁོར་བའི་རྒྱ་མཚོ་དེར་ནི་རྟག་ཏུ་འཁོར་འགྱུར་བ། །
輪迴海中恆流轉。
གང་དེ་ཤེས་རབ་མཆོག་གིས་ཡོངས་སུ་ཟིན་པ་ན། །
若以殊勝慧攝持，
དངོས་པོའི་རང་བཞིན་མཁས་ཤིང་དོན་དམ་སྟོན་པར་བྱེད། །
通法自性說勝義，
དེ་དག་ཐབས་ཀྱི་ཡོན་ཏན་ཤེས་རབ་ཡོངས་ཟིན་ན། །
方便功德以慧攝，
མཆོག་ཏུ་རྨད་བྱུང་བདེ་གཤེགས་བྱང་ཆུབ་མྱུར་དུ་རེག །
速證最妙佛菩提。
དཔེར་ན་ལ་ལས་རྫ་སོ་མ་བཏང་ཆུ་སྐྱེད་ན། །
如人新罐盛裝水，
ཉམ་ཆུང་ཕྱིར་ན་མྱུར་དུ་འཇིག་པར་རིག་པར་བྱ། །

知不牢固故速毀，

སོ་བཏང་བུམ་པར་ཆུ་སྣོད་ལམ་དུ་འཇིག་པ་ཡི། །

窯燒瓶中盛裝水，

འཇིགས་པ་མེད་ཅིང་བདེ་བར་ཁྱིམ་དུ་ཕྱིན་པར་འགྱུར། །

途無壞懼安返家。

དེ་བཞིན་བྱང་ཆུབ་སེམས་དཔའ་དད་པ་མང་གྱུར་ཀྱང་། །

如是菩薩信雖足，

ཤེས་རབ་རྣམ་པར་ཉམས་ན་མྱུར་དུ་མ་རུངས་འགྱུར། །

然失智慧疾退墮，

དད་པས་ཤེས་རབ་དེ་ནི་ཡོངས་སུ་ཟིན་གྱུར་ན། །

若信心以慧攝持，

ས་གཉིས་ཤིན་ཏུ་འདས་ཏེ་བྱང་ཆུབ་མཆོག་ཐོབ་འགྱུར། །

越二地獲大菩提。

དཔེར་ན་བཙོས་ལེགས་མ་བྱས་གྲུ་ནི་རྒྱ་མཚོའི་ནང་། །

如未精造船入海，

ནོར་དང་བཅས་ཤིང་ཚོང་པར་བཅས་ཏེ་འཇིག་པར་འགྱུར། །

財寶商人俱毀壞，

གྲུ་དེ་ལེགས་པར་བཙོས་ལེགས་བྱས་དང་ལྡན་གྱུར་ན། །

彼船精心而細造，

མི་འཇིག་ནོར་དང་བཅས་པ་ངོགས་སུ་ཕྱིན་པར་འགྱུར། །

無損載寶達岸邊。

དེ་ལྟར་བྱང་ཆུབ་སེམས་དཔའ་དད་པས་ཡོངས་བསྒོས་ཀྱང་། །

如是菩薩縱熏信，

ཤེས་རབ་མེད་ན་བྱང་ཆུབ་ལས་ནི་མྱུར་ཉམས་འགྱུར། །

若無智速退菩提，

དེ་ཉིད་ཤེས་རབ་ཕ་རོལ་ཕྱིན་པ་མཆོག་ལྡན་ན། །

若具殊勝智慧度，

མ་རྨས་མ་ཉམས་རྒྱལ་བའི་བྱང་ཆུབ་རེག་པར་འགྱུར། །

不染失證佛菩提。

ལོ་བརྒྱ་ཉི་ཤུ་ལོན་ཏེ་རྒས་ཤིང་སྡུག་བསྔལ་མི། །

一百廿歲老苦人，

ལངས་ཀྱང་བདག་ཉིད་འགྲོ་བར་ནུས་པ་མ་ཡིན་ཏེ། །

雖立獨自不能行，

དེ་ནི་གཡས་གཡོན་གཉིས་ནས་མི་ཡིས་བརྟེན་བྱས་ནས། །

若左右人作依附，

འགྱེལ་བའི་འཇིགས་པ་མེད་ཅིང་བདེ་བླག་འགྲོ་བར་འགྱུར། །

無跌倒怖順利行。

དེ་བཞིན་བྱང་ཆུབ་སེམས་དཔའ་ཤེས་རབ་སྟོབས་ཆུང་བ། །

如是菩薩智力微，

རབ་ཏུ་ཞུགས་པར་གྱུར་ཀྱང་བར་དུ་ཉམས་པར་འགྱུར། །

彼已趣入復退失，

དེ་ཉིད་ཐབས་དང་ཤེས་རབ་མཆོག་གིས་ཡོངས་ཟིན་ན། །

以勝方便慧攝持，

མི་ཉམས་དེ་བཞིན་གཤེགས་ཀྱི་བྱང་ཆུབ་རེག་པར་འགྱུར། །

不退證得佛菩提。

བྱང་ཆུབ་སེམས་དཔའ་དང་པོའི་ལས་ཀྱི་སར་གནས་གང་། །

住初學位之菩薩，

ལྷག་པའི་བསམ་པས་སངས་རྒྱས་བྱང་ཆུབ་མཆོག་ཞུགས་པ། །

勝意樂入大菩提，

སློབ་མ་བཟང་པོ་བླ་མར་གུས་ལྡན་དེ་དག་གིས། །

賢善弟子敬上師，

བླ་མ་མཁས་པ་རྣམས་ལ་རྟག་ཏུ་བསྟེན་པར་བྱ། །

恆依諸位智者師。

ཅི་ཕྱིར་ཞེ་ན་མཁས་པའི་ཡོན་ཏན་དེ་ལས་འབྱུང་། །

因智功德源於彼，

དེ་དག་ཤེས་རབ་ཕ་རོལ་ཕྱིན་པ་རྗེས་སུ་སྟོན། །

隨說般若波羅蜜，

སངས་རྒྱས་ཆོས་རྣམས་དགེ་བའི་བཤེས་ལ་བརྟེན་ཏོ་ཞེས། །

佛諸法依善知識，

ཡོན་ཏན་ཀུན་གྱི་མཆོག་མངའ་རྒྱལ་བས་དེ་སྐད་གསུང་། །

具勝功德如來語。

སྦྱིན་དང་ཚུལ་ཁྲིམས་བཟོད་དང་དེ་བཞིན་བརྩོན་འགྲུས་དང་། །

布施持戒忍精進，

བསམ་གཏན་ཤེས་རབ་བྱང་ཆུབ་ཡོངས་སུ་བསྔོ་བར་གྱིས། །

定慧迴向大菩提，

བྱང་ཆུབ་ཕུང་པོར་ཞེན་ནས་མཆོག་འཛིན་མ་བྱེད་ཅེས། །

菩提莫執蘊見取，

དང་པོའི་ལས་ཅན་དེ་ལ་དེ་སྐད་བསྟན་པར་བྱ། །

初學者前示此理。

དེ་ལྟར་སྤྱོད་པ་ལེགས་མཚོ་སྨྲ་བའི་ཟླ་བ་རྣམས། །

此行善海說法月，

འགྲོ་བའི་སྐྱབས་དང་དཔུང་གཉེན་དང་ནི་གནས་ཡིན་ཏེ། །

眾生皈處友軍所，

རྟེན་དང་བློ་དང་གླིང་དང་ཡོངས་འདྲེན་དོན་འདོད་པ། །

依慧洲導欲利者，

གསལ་བྱེད་སྒྲོན་མ་ཆོས་མཆོག་སྨྲ་བ་མི་འཁྲུགས་ཡིན། །

日燈說勝法不亂。

གྲགས་ཆེན་ལྡན་རྣམས་བྱ་དཀའ་གོ་ཆ་གྱོན་བྱེད་དེ། །

具大名披難行鎧，

ཕུང་པོ་ཁམས་དང་སྐྱེ་མཆེད་རྣམས་ཀྱི་གོ་ཆ་མིན། །

非蘊界處之盔甲，

ཐེག་གསུམ་འདུ་ཤེས་བྲལ་ཞིང་ཡོངས་སུ་གཟུང་བ་མེད། །

離三乘想無執取，

མི་ལྡོག་གཡོ་བ་མེད་ཅིང་མི་འཁྲུགས་ཆོས་ཅན་ཡིན། །

不退不動不亂法。

དེ་དག་འདི་འདྲའི་ཆོས་དང་ལྡན་ཞིང་སྤྲོས་པ་མེད། །

彼具此法無戲論，

ཐེ་ཚོམ་སོམ་ཉི་ཡིད་གཉིས་བྲལ་ཞིང་དོན་དང་ལྡན།

遠離疑慮具實義，

ཤེས་རབ་ཕ་རོལ་ཕྱིན་པ་ཐོས་ནས་མི་ནུར་བ། །

聽聞般若不退卻，

གཞན་གྱི་དྲིང་མི་འཛོག་ཅིང་མི་ལྡོག་རིག་པར་བྱ། །

不依他轉不退還。

འདྲེན་པ་རྣམས་ཀྱི་ཆོས་འདི་ཟབ་སྟེ་མཐོང་བར་དཀའ། །

諸佛此法深難見，

སུས་ཀྱང་རྟོགས་པ་མེད་ཅིང་ཐོབ་པར་འགྱུར་མེད་པ། །
誰亦無悟無獲得，
དེ་ཕྱིར་ཕན་མཛད་བརྩེར་ལྡན་བྱང་ཆུབ་བརྙེས་ནས་འདི། །
行利慈者證菩提，
སེམས་ཅན་ཚོགས་སུས་ཤེས་སྙམ་ཐུགས་ཁྲེལ་ཆུང་བར་མཛད། །
思眾誰知不欲言。
སེམས་ཅན་རྣམས་ནི་གནས་ལ་དགའ་ཞིང་ཡུལ་རྣམས་འདོད། །
眾生喜處求諸境，
འཛིན་ལ་གནས་ཤིང་མི་མཁས་བླུན་རྨོངས་མུན་པ་བཞིན། །
住執不通愚如暗，
ཐོབ་པར་བྱ་བའི་ཆོས་ནི་གནས་མེད་འཛིན་མེད་དེ། །
所得之法無住執，
དེས་ན་འཇིག་རྟེན་དག་དང་རྩོད་པ་འབྱུང་བ་ཡིན། །
故與世間起爭議。
ནམ་མཁའི་ཁམས་ནི་ཤར་གྱི་ཕྱོགས་དང་ལྷོ་ཕྱོགས་དང་། །
虛空界於東南方，
དེ་བཞིན་ནུབ་ཀྱི་ཕྱོགས་དང་བྱང་ཕྱོགས་ཕ་མཐའ་ཡས། །
西方北方無邊際，
སྟེང་དང་འོག་དང་ཕྱོགས་བཅུ་ཇི་སྙེད་རྣམས་ནའང་ཡོད། །

上下十方盡其有，

ཐ་དད་གྱུར་པ་མེད་ཅིང་བྱེ་བྲག་གྱུར་པ་མེད། །

不成別體無差異。

འདས་པའི་དེ་བཞིན་ཉིད་གང་མ་བྱོན་དེ་བཞིན་ཉིད། །

過去未來之真如，

ད་ལྟར་དེ་བཞིན་ཉིད་གང་དགྲ་བཅོམ་དེ་བཞིན་ཉིད། །

現在羅漢之真如，

ཆོས་ཀུན་དེ་བཞིན་ཉིད་གང་རྒྱལ་བའི་དེ་བཞིན་ཉིད། །

諸法真如佛真如，

ཆོས་ཀྱི་དེ་བཞིན་ཉིད་འདི་ཐམས་ཅད་བྱེ་བྲག་མེད། །

法之真如皆無別。

བདེ་གཤེགས་བྱང་ཆུབ་ཐ་དད་ཆོས་དང་བྲལ་གྱུར་པ། །

善逝菩提離異法，

འདི་ནི་བྱང་ཆུབ་སེམས་དཔའ་གང་ཞིག་ཐོབ་འདོད་པ། །

任何菩薩欲得此，

ཐབས་དང་ལྡན་པས་ཤེས་རབ་ཕ་རོལ་ཕྱིན་ལ་སྤྱོར། །

具方便行智慧度，

འདྲེན་པའི་ཤེས་རབ་མེད་ན་ཐོབ་པར་འགྱུར་མ་ཡིན། །

無導師慧不可得。

བྱ་ཞིག་ལུས་ཆེ་དཔག་ཚད་བརྒྱ་རྩ་ལྔ་བཅུ་བར། །
鳥身一百五由旬，
སྒྲུར་ལ་འདབ་གཤོག་ཟད་དེ་ཉམས་རྩལ་ཡོད་མིན་ན། །
羽翼折斷無本領，
དེ་ཡིས་སུམ་ཅུ་རྩ་གསུམ་གནས་ནས་འཛམ་གླིང་འདིར། །
彼由忉利天自墜，
བདག་ཉིད་མཆོངས་ན་དེར་ནི་ཉམས་ཉེས་འགྱུར་བ་ཡིན། །
至此贍洲必遭損。
རྒྱལ་བ་རྣམས་ཀྱི་ཕ་རོལ་ཕྱིན་པ་ལྔ་འདི་ཡང་། །
俱胝那由他劫行，
བསྐལ་པ་བྱེ་བ་ཁྲག་ཁྲིག་མང་པོར་བསྒྲུབས་བྱས་ཤིང་། །
諸佛此五波羅蜜，
སྨོན་ལམ་མཐའ་ཡས་རྒྱ་ཆེན་འཇིག་རྟེན་རྟག་བསྟེན་ཀྱང་། །
無邊大願世恆依，
ཐབས་མེད་ཤེས་རབ་བྲལ་བ་ཉན་ཐོས་ཉིད་དུ་ལྟུང་། །
無方便慧墮聲聞。
སངས་རྒྱས་ཐེག་པ་འདི་ལ་ངེས་པར་འབྱུང་འདོད་གང་། །
樂此佛乘定生者，
འགྲོ་བ་ཀུན་ལ་སེམས་སྙོམས་ཕ་མའི་འདུ་ཤེས་དང་། །

眾生平等父母想，

ཕན་པའི་སེམས་དང་བྱམས་པའི་ཡིད་ཀྱིས་བརྟུལ་བྱ་ཞིང་། །

利心慈意勇精進，

ཐ་བ་མེད་ཅིང་དྲང་ལ་ཚིག་འཇམ་སྨྲ་བར་བྱ། །

無嗔正直說柔語。

འཇིག་རྟེན་མགོན་ལ་གནས་བརྟན་རབ་འབྱོར་ཡོངས་ཞུས་པ། །

須菩提問世尊言：

ཡོན་ཏན་རྒྱ་མཚོ་ཉོན་མོངས་མ་མཆིས་རྟགས་བསྟན་གསོལ། །

功德海無煩惱相，

མཐུ་ཆེ་བ་དག་ཇི་ལྟར་སླར་ལྡོག་མི་འགྱུར་བ། །

大力如何不退轉？

དེ་ལྟར་ཡོན་ཏན་ཕྱོགས་ཙམ་རྒྱལ་བས་ལུང་བསྟན་གསོལ། །

功德少分請佛宣。

ཐ་དད་འདུ་ཤེས་བྲལ་ཞིང་རིགས་པ་ལྡན་ཚིག་སྨྲ། །

離異體想具理語，

དགེ་སྦྱོང་དག་དང་བྲམ་ཟེ་གཞན་ལ་རྟེན་མི་བྱེད། །

沙門梵志餘不依，

མཁས་པས་དུས་རྣམས་རྟག་ཏུ་ངན་སོང་གསུམ་པོ་སྤངས། །

依智恆時斷三途，

དེ་དག་དགེ་བཅུའི་ལས་ཀྱི་ལམ་ལ་མངོན་པར་བརྩོན། །

十善業道極精進。

ཟང་ཟིང་མེད་པར་འགྲོ་ལ་ཆོས་ནི་རྗེས་སུ་སྟོན། །

無染爲眾隨說法，

ཆོས་ལ་གཅིག་ཏུ་དགའ་ཞིང་རྟག་ཏུ་ཚིག་འཇམ་ལྡན། །

專喜正法常雅言，

འགྲོ་འཆག་ཉལ་དང་འདུག་པར་ཤེས་བཞིན་རབ་ཏུ་ལྡན། །

行住坐臥具正知，

གཉའ་ཤིང་གང་ཙམ་བལྟ་ཞིང་འགྲོ་ལ་སེམས་འཁྲུལ་མེད། །

視軛木許無心亂。

གཙང་སྦྱས་གཙང་མའི་གོས་འཆང་གསུམ་པོ་དབེན་ཞིང་དག །

淨行潔衣三遠離，

རྙེད་འདོད་མ་ཡིན་ཕྲུ་མཆོག་རྟག་ཏུ་ཆོས་འདོད་པ། །

非圖利尊恆求法，

བདུད་ཀྱི་གཡུལ་ལས་འདས་ཤིང་གཞན་གྱིས་དྲིང་མི་འཇོག །

超越魔境不隨他，

བསམ་གཏན་བཞི་ལ་བསམ་གཏན་བསམ་གཏན་དེར་མི་གནས། །

四禪靜慮不住禪。

གྲགས་པ་འདོད་པ་མ་ཡིན་ཁྲོ་བས་སེམས་དཀྲིས་མེད། །

非求名譽無嗔恚，

ཁྱིམ་པར་གྱུར་ཀྱང་རྟག་ཏུ་དངོས་པོ་ཀུན་མ་ཆགས། །

在家亦恆不貪物，

འཚོ་བའི་ཕྱིར་ནི་ཡ་ངས་ལོངས་སྤྱོད་ཚོལ་མི་བྱེད། །

不為維生慘尋財，

དྲག་ཤུལ་སྤྱོད་སྔགས་མི་བྱེད་བུད་མེད་སྦྱོར་སྔགས་མིན། །

不行誅業不雙運。

འདོད་པའི་ལས་ཅན་ཕོ་མོར་འགྱུར་ཞེས་སྟོན་མི་བྱེད། །

不記欲界轉男女，

རབ་ཏུ་དབེན་པའི་ཤེས་རབ་ཕ་རོལ་ཕྱིན་མཆོག་བརྩོན། །

極靜精進勝般若，

འཐབ་དང་རྩོད་དང་བྲལ་ཞིང་བྱམས་པའི་སེམས་ཀྱང་བརྟན། །

離爭慈心亦堅固，

ཀུན་མཁྱེན་འདོད་ཅིང་བསྟན་ལ་རྟག་ཏུ་གཞོལ་སེམས་ལྡན། །

求遍知心恆向法。

མཐའ་འཁོབ་ཀླ་ཀློ་སྐྱེ་བོའི་ཡུལ་མཐའ་རྣམ་པར་སྤངས། །

離野人境諸邊地，

རང་གི་ས་ལ་དོགས་མེད་རྟག་ཏུ་རི་རབ་འདྲ། །

自地無疑如須彌，

ཆོས་ཕྱིར་སྲོག་ཀྱང་འདོར་ཞིང་རྣལ་འབྱོར་རབ་ཏུ་བརྩོན། །
爲法捨命勤瑜伽，
མི་ལྡོག་རྟགས་ནི་འདི་དག་ཡིན་པར་ཤེས་པར་བྱ། །
當知此是不退相。
གཟུགས་དང་ཚོར་དང་འདུ་ཤེས་སེམས་པ་རྣམ་ཤེས་རྣམས། །
色受想行識甚深，
ཟབ་སྟེ་རང་བཞིན་མཚན་མ་མེད་ཅིང་རབ་ཞི་བ། །
自性無相極寂滅，
དཔེར་ན་མདའ་ཡིས་རྒྱ་མཚོའི་གཏིང་ཐུག་འཚོལ་བ་ལྟར། །
如以箭測大海深，
ཤེས་རབ་ཀྱིས་ནི་བརྟགས་ན་ཕུང་པོའི་གཏིང་མི་རྙེད། །
以慧觀察不得蘊。
བྱང་ཆུབ་སེམས་དཔའ་གང་ཞིག་དེ་ལྟར་ཟབ་གྱུར་ཅིང་། །
菩薩於此甚深法，
ཐེག་པ་དོན་དམ་ཆགས་མེད་གང་ལ་ཕུང་པོ་དང་། །
乘之勝義無貪執，
ཁམས་དང་སྐྱེ་མཆེད་ཡོད་མིན་ཆོས་འདི་རྟོགས་པ་དེའི། །
證蘊界處無此法，
བསོད་ནམས་ཡང་དག་གྲུབ་པ་དེ་ལས་ཅི་ཞིག་ཡོད། །

何有較真成福勝？

དཔེར་ན་འདོད་ཆགས་ཆོས་ལ་སྤྱོད་པའི་སྐྱེས་བུ་ཞིག །

如行愛染之人士，

བུད་མེད་དུས་བཏབ་དེ་དང་མ་ཕྲད་དེ་ཡི་ནི། །

與女約會未遇彼，

ཉིན་གཅིག་སེམས་ཀྱི་རྣམ་རྟོག་སྤྱོད་པ་ཇི་སྙེད་པ། །

一日盡其行思念，

དེ་སྙེད་བསྐལ་པར་བྱང་ཆུབ་སེམས་དཔས་ཐོབ་པར་འགྱུར། །

菩薩能得彼數劫。

བྱང་ཆུབ་སེམས་དཔའ་གང་ཞིག་བསྐལ་པ་མང་བྱེ་སྟོང་དུ། །

菩薩千俱胝劫施，

དགྲ་བཅོམ་རང་རྒྱལ་སྦྱིན་བྱེད་ཚུལ་ཁྲིམས་སྲུང་བྱེད་ཀྱང་། །

羅漢獨覺守護戒，

གང་གིས་ཤེས་རབ་ཕ་རོལ་ཕྱིན་མཆོག་ལྡན་པའི་ཆོས། །

誰說具勝般若法，

བརྗོད་པའི་ལེགས་ལ་སྦྱིན་དང་ཚུལ་ཁྲིམས་ཆར་མི་ཕོད། །

善妙施戒不可比。

བྱང་ཆུབ་སེམས་དཔའ་གང་ཞིག་ཤེས་རབ་མཆོག་བསྒོམས་ཏེ། །

菩薩修行勝般若，

དེ་ལས་ལངས་ནས་གོས་པ་མེད་པའི་ཆོས་བརྗོད་ཅིང་། །

起定宣說無染法，

དེ་ཡང་འགྲོ་བའི་དོན་དུ་བྱང་ཆུབ་རྒྱུར་བསྔོ་ན། །

利生迴向菩提因，

དགེ་བ་དེ་དང་མཉམ་པ་འཇིག་རྟེན་གསུམ་ན་མེད། །

三世間無等彼善。

བསོད་ནམས་དེ་ཡང་གསོག་དང་དེ་བཞིན་སྟོང་པ་དང་། །

了知此福不實空，

གསོབ་དང་ཡ་མ་བརླ་དང་སྙིང་པོ་མེད་ཤེས་པར། །

虛無不真無實質，

དེ་ལྟར་བདེ་གཤེགས་རྣམས་ཀྱི་ཤེས་རབ་སྤྱོད་སྤྱོད་ན། །

如是行持佛智行，

སྤྱོད་ཚེ་བསོད་ནམས་དཔག་ཏུ་མེད་པ་ཡོངས་སུ་འཛིན། །

行時引攝無量福。

སངས་རྒྱས་ཀྱིས་བཤད་རབ་ཏུ་སྤྲུར་ཞིང་རབ་བསྟན་པའི། །

知佛略廣詳盡說，

ཆོས་འདི་ཐམས་ཅད་བརྗོད་པ་ཙམ་དུ་ཟད་ཤེས་ན། །

此一切法唯說已，

བསྐལ་པ་བྱེ་བ་ཁྲག་ཁྲིག་མང་པོར་བརྗོད་བྱས་ཀྱང་། །

俱胝那由他多劫，

ཆོས་ཀྱི་དབྱིངས་ལ་ཟད་པ་མེད་ཅིང་འཕེལ་བ་མེད།

縱說法界無增減。

རྒྱལ་བ་རྣམས་ཀྱི་ཕ་རོལ་ཕྱིན་ཅེས་བྱ་བ་གང་།

所謂諸佛波羅蜜，

ཆོས་དེ་རྣམས་ཀྱང་མིང་ཙམ་དུ་ནི་ཡོངས་སུ་བསྒྲགས། །

諸法唯名普宣稱，

ཡོངས་བསྔོ་རློམ་སེམས་མེད་པའི་བྱང་ཆུབ་སེམས་དཔའ་ནི། །

菩薩迴向心無執，

ཉམས་པ་མེད་ཅིང་སངས་རྒྱས་བྱང་ཆུབ་མཆོག་རིག་འགྱུར། །

無失證佛勝菩提。

འབྲུ་མར་སྡོང་པོ་འབར་བ་ཕྲད་པ་དང་པོ་ཡིས། །

如油酥火相遇時，

སྡོང་པོ་ཚིག་མིན་དེ་མེད་པར་ཡང་དེ་མི་ཚིག །

非初焚油無不焚，

མི་ལྟོ་ཕྲད་པ་ཐ་མས་སྡོང་པོ་ཚིག་མིན་ལ། །

非觸火焰末焚油，

མི་ལྟོ་ཐ་མ་མེད་པར་སྡོང་པོ་ཚིག་མིན་ལྟར། །

無末火焰不焚油。

དང་པོའི་སེམས་ཀྱིས་བྱང་ཆུབ་མཆོག་རེག་མ་ཡིན་ལ། །
非初心證勝菩提，
དེ་མེད་པར་ཡང་དེ་ལ་རེག་པར་ནུས་མ་ཡིན། །
無其不能證得彼，
ཐ་མའི་སེམས་ཀྱིས་བྱང་ཆུབ་ཞི་བ་ཐོབ་མིན་ལ། །
非末心得寂菩提，
དེ་མེད་པར་ཡང་དེ་འཐོབ་ནུས་པ་མ་ཡིན་ནོ། །
無其不能獲得彼。
ས་བོན་ལས་ནི་སྡོང་སྒྲ་མེ་ཏོག་འབྲས་བུ་འབྱུང་། །
如由種生芽花果，
དེ་ཡང་འགགས་ལ་ཤིང་ཡང་མེད་པ་དེ་མིན་ལྟར། །
彼滅樹木非不存，
དེ་བཞིན་དང་པོའི་སེམས་ཀྱང་བྱང་ཆུབ་རྒྱུ་ཡིན་ཏེ། །
初心亦是菩提因，
དེ་ཡང་འགགས་ལ་བྱང་ཆུབ་མེད་པ་དེ་མ་ཡིན། །
彼滅菩提非不存。
ས་བོན་རྟེན་ནས་འབྲུ་དང་ས་ལུ་ལ་སོགས་འབྱུང་། །
有種生出穀稻等，
དེ་ཡི་འབྲས་བུ་དེ་ལ་ཡོད་མིན་མེད་པའང་མིན། །

彼果非有亦非無，

རྒྱལ་བ་རྣམས་ཀྱི་བྱང་ཆུབ་འདི་ནི་འབྱུང་བར་འགྱུར། །

諸佛之此菩提生，

དངོས་པོའི་རང་བཞིན་བྲལ་བས་སྒྱུ་མ་འབྱུང་བར་འགྱུར། །

離有實性虛幻生。

ཆུ་ཡི་ཐིགས་པས་བུམ་པ་དང་པོ་ཐ་མའི་བར། །

水滴滿瓶始末間，

རིམ་གྱིས་ཉུང་ངུ་ཉུང་ངུས་དེ་ཡོངས་འགེངས་པ་ལྟར། །

涓涓必漸盈彼器，

དེ་བཞིན་དང་པོའི་སེམས་ཀྱང་བྱང་ཆུབ་མཆོག་རྒྱུ་སྟེ། །

初心亦勝菩提因，

རིམ་གྱིས་དཀར་པོའི་ཡོན་ཏན་རྫོགས་པའི་སངས་རྒྱས་འགྱུར། །

漸圓白法終成佛。

སྟོང་པ་མཚན་མེད་སྨོན་པ་མེད་པར་ཆོས་སྤྱོད་ཅིང་། །

行空無相無願法，

མྱ་ངན་འདས་ལ་མི་རེག་མཚན་མར་མི་སྤྱོད་པ། །

不證涅槃不持相，

དཔེར་ན་མཉན་པ་མཁས་པ་ཕར་འགྲོ་ཚུར་འགྲོ་ཡང་། །

猶如舟子善往來，

མཐའ་གཉིས་མི་གནས་རྒྱ་མཚོར་གནས་པ་མེད་པ་བཞིན། །

不住兩岸不住海。

དེ་ལྟར་སྤྱོད་པའི་བྱང་ཆུབ་སེམས་དཔའ་འདི་སྙམ་བདག །

如是行持之菩薩，

སྟོབས་བཅུས་ལུང་བསྟན་བྱང་ཆུབ་རེག་འགྱུར་སྙོམ་སེམས་མེད། །

無佛記證菩提想，

འདི་ལ་ཅི་ཡང་མེད་ཅེས་བྱང་ཆུབ་སྐྲག་པ་མེད། །

此無菩提無畏懼，

དེ་ལྟར་སྤྱོད་པ་བདེ་གཤེགས་ཤེས་རབ་སྤྱོད་པ་ཡིན། །

此行即行善逝智。

འཇིག་རྟེན་དགོན་པའི་ལམ་དང་མུ་གེ་ནད་བཅས་པར། །

世間荒途飢饉疾，

མཐོང་ནས་སྐྲག་པ་མེད་ཅིང་དེ་ནས་གོ་གྱོན་ཏེ། །

見而不懼披鎧甲，

ཕྱི་མའི་མུ་མཐའ་རྟག་ཏུ་བརྩོན་ཞིང་རབ་ཤེས་ནས། །

後際恆勤盡了知，

ཡོངས་སུ་སྐྱོ་བའི་ཡིད་ནི་རྡུལ་ཙམ་སྐྱེད་མི་བྱེད། །

塵許不生厭倦意。

བྱང་ཆུབ་སེམས་དཔའ་རྒྱལ་བའི་ཤེས་རབ་སྤྱོད་བྱེད་ལ། །

菩薩行持如來智，

ཕུང་པོ་འདི་དག་གདོད་ནས་སྟོང་ཞིང་སྐྱེ་མེད་ཤེས། །

知蘊本空且無生，

མཉམ་པར་མ་བཞག་སེམས་ཅན་ཁམས་ལ་སྙིང་རྗེ་འཇུག །

未入定悲入有情，

བར་སྐབས་དེར་ཡང་སངས་རྒྱས་ཆོས་ལས་ཡོངས་མི་ཉམས། །

期間佛法不退失。

དཔེར་ན་སྐྱེས་བུ་མཁས་པ་ཡོན་ཏན་ཀུན་ལྡན་ཞིང་། །

如有善巧諸德人，

སྟོབས་ལྡན་མི་ཐུབ་བརྩོན་བྱས་སྒྱུ་རྩལ་ཆོག་ཤེས། །

具力知技勤難事，

འཕོང་དང་བཟོ་གནས་མང་པོའི་ཕ་རོལ་ཕྱིན་གྱུར་ཅིང་། །

投拋工巧臻究竟，

སྒྱུ་མ་སྒྲུབ་ཤེས་འགྲོ་དོན་རབ་ཏུ་འདོད་པ་ཞིག །

知成幻術欲利生。

ཕ་དང་མ་དང་ཆུང་མར་བཅས་པ་ཡོངས་བསྐུས་ནས། །

偕同父母及妻子，

དགྲ་བྱེད་མང་བ་དགོན་པའི་ལམ་དུ་ཕྱིན་པ་དང་། །

行至眾怨荒野路，

དེ་ཡིས་དཔའ་ཞིང་བརྟུལ་ཡོད་སྐྱེས་བུ་མང་སྤྲུལ་ཏེ། །

彼化勇敢眾多士，

བདེ་བར་སོང་ཞིང་སླར་ཡང་ཁྱིམ་དུ་འོང་བ་ལྟར། །

安穩行程還家園。

དེ་བཞིན་དེ་ཚེ་བྱང་ཆུབ་སེམས་དཔའ་མཁས་པ་ཡང་།

爾時善巧之菩薩，

སེམས་ཅན་ཁམས་རྣམས་ཀུན་ཏུ་སྙིང་རྗེ་ཆེ་བསྐྱེད་ཅིང་། །

於眾生界生大悲，

བདུད་བཞི་དག་དང་ས་གཉིས་ལས་ཀྱང་རབ་འདས་ནས། །

盡越四魔及二地，

ཏིང་འཛིན་མཆོག་ལ་གནས་ཤིང་བྱང་ཆུབ་རེག་མི་བྱེད། །

住勝等持不證覺。

མཁའ་ལ་རླུང་བརྟེན་དེ་ལ་ཆུ་ཡི་ཕུང་པོ་བརྟེན། །

風依虛空水依彼，

དེ་ལ་ས་ཆེན་འདི་བརྟེན་དེ་ལ་འགྲོ་བ་བརྟེན། །

大地依彼生依地，

སེམས་ཅན་ལས་ལ་སྤྱོད་པའི་རྒྱུ་ནི་དེ་འདྲ་སྟེ། །

有情造業因即此，

ནམ་མཁའ་གང་ལ་གནས་ཡིན་དོན་འདི་བསམ་པར་གྱིས། །

虛空何住思此義。

དེ་བཞིན་བྱང་ཆུབ་སེམས་དཔའ་སྟོང་པ་ཉིད་གནས་པ། །

如是菩薩住空性，

འགྲོ་ལ་སེམས་ཅན་ཤེས་པའི་སྨོན་ལམ་རྟེན་ཅན་གྱིས། །

知有情願作所依，

བྱ་བ་རྣམ་པ་སྣ་ཚོགས་དུ་མ་སྟོན་བྱེད་ཅིང་། །

展現眾多種種事，

མྱ་ངན་འདས་ལ་མི་རེག་སྟོང་པར་གནས་པ་མེད། །

不證涅槃不住空。

གང་གི་ཚེ་ན་བྱང་ཆུབ་སེམས་དཔའ་མཁས་གསལ་བ། །

何時菩薩明而知，

སྟོང་པ་ཞི་བའི་ཏིང་འཛིན་དམ་པ་འདི་སྤྱོད་པ། །

行此空寂妙等持，

བར་སྐབས་དེར་ནི་མཚན་མ་རབ་ཏུ་སྒོམ་མི་བྱེད། །

其間全然不修相，

མཚན་མ་མེད་པར་གནས་ཤིང་ཞི་ལ་རབ་ཞི་སྤྱོད། །

住無相寂最寂行。

བར་སྣང་འཕུར་བའི་བྱ་ལ་གནས་ཡོད་མ་ཡིན་ཏེ། །

如飛虛空鳥無處，

དེ་ན་གནས་པ་མ་ཡིན་ས་ལ་ལྷུང་མི་འགྱུར། །
非住於彼不墮地，
དེ་ལྟར་བྱང་ཆུབ་སེམས་དཔའ་རྣམ་ཐར་སྒོར་སྤྱོད་པ། །
菩薩行持解脫門，
མྱ་ངན་འདས་ལ་མི་རེག་མཚན་མར་སྤྱོད་མ་ཡིན།
不證涅槃不持相。
དཔེར་ན་འཕོང་བསླབས་སྐྱེས་བུས་གནམ་དུ་མདའ་འཕངས་ཏེ། །
如學箭法空射箭，
མདའ་གཞན་དག་ནི་ཕྱི་བཞིན་རྒྱུད་མར་ལྟོང་བཏགས་ནས། །
餘箭隨後不間斷，
སྔ་མའི་མདའ་དེ་ས་ལ་ལྷུང་བའི་སྐབས་མི་རྙེད། །
前箭不得落地機，
མི་དེ་འདོད་ན་མདའ་དེ་ས་ལ་ལྷུང་བར་འགྱུར། །
彼人想時箭墜地。
དེ་ལྟར་ཤེས་རབ་ཕ་རོལ་ཕྱིན་པ་མཆོག་སྤྱོད་པ། །
如是行持勝般若，
ཤེས་རབ་ཐབས་སྟོབས་རྫུ་འཕྲུལ་གྱིས་ནི་རྣམ་སྤྱོད་པ། །
智方便力神變行，
དེ་དག་དགེ་བའི་རྩ་བ་ཇི་སྲིད་མ་རྫོགས་པར། །

彼等善根未圓滿，

དེ་སྲིད་སྟོང་ཉིད་དམ་པ་དེ་ནི་ཐོབ་མི་བྱེད། །

期間不得妙空性。

དཔེར་ན་དགེ་སློང་རྫུ་འཕྲུལ་སྟོབས་མཆོག་ལྡན་པ་ཞིག །

如比丘具神變力，

ནམ་མཁར་གནས་ཏེ་ཅིག་ཅར་ཆོ་འཕྲུལ་རྣམ་པར་འཕྲུལ། །

住空頓時顯神奇，

འགྲོ་དང་འཆག་པ་དང་ནི་ཉལ་དང་འདུག་པ་སྟོན། །

行住坐臥四威儀，

དེ་ནི་སྐྱོ་བ་མེད་ཅིང་དེ་ལ་དུབ་པ་མེད། །

彼無厭煩無疲倦。

དེ་བཞིན་བྱང་ཆུབ་སེམས་དཔའ་མཁས་པ་སྟོང་གནས་ཤིང་། །

聰睿菩薩住空性，

ཡེ་ཤེས་རྫུ་འཕྲུལ་ཕ་རོལ་སོན་ལ་གནས་པ་མེད། །

智神變竟無有住，

འགྲོ་བ་དག་ལ་བྱ་བ་རྣམ་པ་མཐའ་ཡས་སྟོན། །

爲眾生現無邊事，

བསྐལ་པ་བྱེ་བར་སྐྱོ་བ་མེད་ཅིང་དུབ་པ་མེད། །

俱胝劫間無疲厭。

དཔེར་ན་མི་འགའ་གཡང་ས་ཆེན་པོར་འཇུག་བྱེད་ཅིང་། །

如人處於大懸崖，

ལག་པ་གཉིས་ཀས་གདུགས་གཉིས་འཛིན་ཅིང་ནམ་མཁའ་ལ། །

雙手撐傘空中躍，

མཆོང་བར་བྱེད་ཅིང་གཡང་ས་ཆེན་པོར་ལུས་བོར་ནས། །

身體下落不墜入，

ལྟུང་བར་མི་འགྱུར་ཇི་སྲིད་དེར་ནི་འགྲོ་བར་འགྱུར། །

大深淵底直行進。

དེ་བཞིན་བྱང་ཆུབ་སེམས་དཔའ་མཁས་པ་སྙིང་རྗེར་གནས། །

具有智悲之菩薩，

ཐབས་དང་ཤེས་རབ་གཉིས་ཀྱི་གདུགས་ནི་ཡོངས་བཟུང་སྟེ། །

手握方便智慧傘，

ཆོས་རྣམས་སྟོང་པ་མཚན་མེད་སྨོན་པ་མེད་རྟོགས་ཅིང་། །

悟法空性無相願，

མྱ་ངན་འདས་ལ་རེག་པ་མེད་ལ་ཆོས་ཀྱང་མཐོང་། །

不證涅槃法亦見。

དཔེར་ན་རིན་ཆེན་འདོད་པ་རིན་ཆེན་གླིང་སོང་སྟེ། །

如欲珍寶赴寶洲，

རིན་ཆེན་རྙེད་ནས་ཕྱིར་ཡང་ཁྱིམ་དུ་འོང་འགྱུར་བ། །

已得珍寶返家中，

དེར་ནི་དེད་དཔོན་འབའ་ཞིག་བདེ་བར་འཚོ་བྱེད་ཅིང་། །

商主非獨以安生，

གཉེན་བཤེས་ཚོགས་ཡིད་མི་བདེར་འཇོག་པ་མིན་པ་ལྟར། །

令親友眾不悅意。

དེ་བཞིན་བྱང་ཆུབ་སེམས་དཔའ་སྟོང་ཉིད་རིན་ཆེན་གྱི། །

菩薩詣至空寶洲，

གླིང་དུ་སོང་སྟེ་བསམ་གཏན་དབང་པོ་སྟོབས་ཐོབ་པ། །

獲得禪定根及力，

མྱ་ངན་འདས་ལ་རེག་པ་འབའ་ཞིག་མངོན་དགའ་ཞིང་། །

不喜獨自證涅槃，

སེམས་ཅན་སྡུག་བསྔལ་ཡིད་དུ་འཇོག་པར་འགྱུར་མ་ཡིན། །

而令眾生心憂苦。

དཔེར་ན་དོན་གཉེར་ཚོང་པ་རྒྱུས་ཤེས་བྱ་བའི་ཕྱིར། །

如求利商熟知故，

བར་གྱི་གྲོང་ཁྱེར་གྲོང་རྡལ་གྲོང་གང་ཡིན་པར་འགྲོ །

中經都市城邑村，

དེར་ཡང་མི་གནས་རིན་ཆེན་གླིང་དུའང་མི་གནས་ལ། །

不住彼處及寶洲，

རིག་པ་ཁྱིམ་དུ་མི་གནས་ལམ་ལ་མཁས་པར་འགྱུར། །

知不住家通路途。

དེ་བཞིན་བྱང་ཆུབ་སེམས་དཔའ་གལ་གསལ་ཏེ་ཉན་ཐོས་དང་།

明了菩薩則通曉，

རང་རྒྱལ་རྣམས་ཀྱི་ཤེས་པ་རྣམ་གྲོལ་ཀུན་ལ་མཁས། །

聲聞獨覺智解脫，

དེ་ལ་མི་གནས་སངས་རྒྱས་ཡེ་ཤེས་གནས་མ་ཡིན། །

不住於彼及佛智，

འདུས་མ་བྱས་ལ་མི་གནས་ལམ་གྱི་ཚུལ་ཤེས་ཡིན། །

不住無爲解道理。

གང་ཚེ་འགྲོ་ལ་བྱམས་པ་རྗེས་སུ་འབྲེལ་བྱས་ནས། །

何時慈心結緣眾，

ཉིད་འཛིན་སྟོང་པ་མཚན་མེད་སྨོན་པ་མེད་སྤྱོད་པ། །

行空無相願等持，

དེ་ནི་མྱ་ངན་འདས་པ་ཐོབ་པར་འགྱུར་ཞེ་འམ། །

彼者既不獲涅槃，

འདུས་བྱས་ཡིན་པར་གདགས་ནུས་དེ་ནི་གནས་མེད་དོ། །

亦不可立有爲處。

དཔེར་ན་སྒྲུལ་པའི་མི་ལུས་མི་སྣང་མ་ཡིན་ཞིང་། །

如化人身非不現，
དེ་ནི་མིང་གིས་ཀྱང་ནི་གདགས་པར་ནུས་པ་ལྟར། །
彼以名稱亦能立，
དེ་བཞིན་བྱང་ཆུབ་སེམས་དཔའ་རྣམ་ཐར་སྒོར་སྤྱོད་པ། །
行解脫門之菩薩，
དེ་ནི་མིང་གིས་ཀྱང་ནི་གདགས་པར་ནུས་པ་ཡིན། །
彼以名稱亦能立。
གལ་ཏེ་སྤྱོད་པ་དང་ནི་དབང་པོ་ཡོངས་དྲིས་ལ། །
若問行爲以及根，
བྱང་ཆུབ་སེམས་དཔའ་སྟོང་པ་མཚན་མ་མེད་པའི་ཆོས། །
菩薩不說空無相，
ཡོངས་སུ་མི་སྟོན་ཕྱིར་མི་ལྡོག་པ་ས་ཡི་ཆོས།
不講不退轉地法，
མི་འཆད་དེ་ནི་ལུང་མ་བསྟན་པ་ཡིན་རིག་བྱ། །
知彼尚未得授記。

སྐབས་བཞི་པའོ། །
第四品終

དགྲ་བཅོམ་ས་དང་རྐྱེན་གྱི་སངས་རྒྱས་ཡེ་ཤེས་དང་། །
羅漢地及緣覺智，

ཁམས་གསུམ་དག་ན་རྨི་ལམ་ན་ཡང་མི་འདོད་ཅིང་། །

三界夢中亦不希，

སངས་རྒྱས་རྣམས་མཐོང་འགྲོ་ལ་ཆོས་ཀྱང་སྟོན་བྱེད་པ། །

見佛亦爲衆說法，

དེ་ནི་མི་ལྡོག་ལུང་བསྟན་ཡིན་པར་རིག་པར་བྱ། །

知彼得不退轉記。

རྨི་ལམ་ན་ནི་སེམས་ཅན་ངན་སོང་གསུམ་གནས་མཐོང་། །

夢見有情三惡趣，

སྐད་ཅིག་དེ་ལ་ངན་སོང་རྒྱུན་གཅོད་སྨོན་ལམ་འདེབས། །

刹那發願斷惡趣，

བདེན་པའི་བྱིན་གྱི་རླབས་ཀྱིས་མེ་ཡི་ཕུང་པོ་ཞི། །

諦實加持熄烈火，

དེ་ནི་མི་ལྡོག་ལུང་བསྟན་ཡིན་པར་རིག་པར་བྱ། །

知彼得不退轉記。

མི་ཡི་འཇིག་རྟེན་འབྱུང་པོའི་གདོན་དང་ནད་མང་བ། །

人間鬼魅疾病多，

ཕན་དང་སྙིང་བརྩེར་ལྡན་པའི་བདེན་པའི་བྱིན་གྱིས་ཞི། །

利悲諦實加持息，

འོན་ཀྱང་རློམ་སེམས་མེད་ཅིང་ང་རྒྱལ་སྐྱེ་མེད་པ། །

而無執心不生慢，

དེ་ནི་མི་ལྡོག་ལུང་བསྟན་ཡིན་པར་རིག་པར་བྱ། །

知彼得不退轉記。

ཅི་སྟེ་དེ་ནི་བདེན་པའི་བྱིན་རླབས་སྣ་ཚོགས་དག །

自在種種諦加持，

འབྱོར་པས་བདག་ལུང་བསྟན་སྙམ་རློམ་སེམས་འབྱུང་བ་འམ། །

我得授記起慢心，

གལ་ཏེ་བྱང་ཆུབ་སེམས་དཔའ་གཞན་གྱིས་ལུང་བསྟན་རློམ། །

執餘菩薩予授記，

རློམ་སེམས་གནས་པ་དེ་ནི་བློ་ཆུང་ཤེས་པར་བྱ། །

當知住慢智淺薄。

མིང་གི་གཞི་ལས་བདུད་ནི་ཉེ་བར་འོངས་གྱུར་ནས། །

名因生魔至近前，

འདི་སྐད་སྨྲས་ཏེ་འདི་ནི་ཁྱོད་དང་ཕ་མ་དང་། །

說此即汝及父母，

ཁྱོད་ཀྱི་བདུན་མེས་རྒྱུད་ཀྱི་བར་གྱི་མིང་ཡིན་ཞིང་། །

汝祖七代之間名，

གང་ཚེ་ཁྱོད་ནི་སངས་རྒྱས་འགྱུར་བའི་མིང་འདི་ཡིན། །

汝成佛號乃是此。

སྦྱངས་སྦྱོམ་རྣལ་འབྱོར་ལྡན་པ་ཅི་འདྲ་འབྱུང་འགྱུར་ལ། །

頭陀戒行如何得，

ཁྱོད་སྔོན་ཡོན་ཏན་ཚུལ་ཡང་འདི་འདྲའོ་ཞེས་བརྗོད་དེ། །

汝昔功德亦如是，

དེ་སྐད་གང་ཐོས་རློམ་སེམས་བྱང་ཆུབ་སེམས་དཔའ་ནི། །

聞此驕慢之菩薩，

བདུད་ཀྱིས་ཡོངས་སུ་བསླང་ཞིང་བློ་ཆུང་རིག་པར་བྱ། །

當知著魔智淺薄。

རབ་ཏུ་དབེན་པའི་གྲོང་དང་གྲོང་ཁྱེར་རི་སུལ་དང་། །

依於極靜村落城，

དགོན་པ་དབེན་པའི་ནགས་ཁྲོད་རབ་ཏུ་སྟེན་བྱེད་ཅིང་། །

深山靜林阿蘭若，

བདག་བསྟོད་གཞན་ལ་སྨོད་པའི་བྱང་ཆུབ་སེམས་དཔའ་ནི། །

自讚毀他之菩薩，

བདུད་ཀྱིས་ཡོངས་སུ་བསླང་ཞིང་བློ་ཆུང་རིག་པར་བྱ། །

當知著魔智淺薄。

རྟག་ཏུ་གྲོང་དང་ཡུལ་འཁོར་གྲོང་རྡལ་གནས་བྱེད་ཅིང་། །

常居村落都城邑，

སེམས་ཅན་སྨིན་བྱེད་བྱང་ཆུབ་བརྩོན་པ་མ་གཏོགས་པ། །

成熟有情勤菩提，

དེ་ནི་དགྲ་བཅོམ་རང་རྒྱལ་འདོད་པ་གཞར་མི་བསྐྱེད། །

不求羅漢獨覺地，

འདི་ནི་བདེ་བར་གཤེགས་པའི་སྲས་ཀྱི་དབེན་པར་གསུངས། །

此謂佛子之寂靜。

གང་ཞིག་དཔག་ཚད་ལྔ་བརྒྱ་ཡོད་པའི་རི་ཡི་སྲུལ། །

五百由旬之深山，

སྦྲུལ་གྱིས་གང་བར་ལོ་མང་བྱེ་བར་གནས་བྱེད་ཀྱང་། །

布滿蛇處住多年，

དབེན་པ་འདི་མི་ཤེས་པའི་བྱང་ཆུབ་སེམས་དཔའ་དེ། །

不知寂靜之菩薩，

ལྷག་པའི་ང་རྒྱལ་སྙེད་ནས་འདྲེ་བར་གནས་པ་ཡིན། །

得增上慢雜而居。

བྱང་ཆུབ་སེམས་དཔའ་འགྲོ་བའི་དོན་བརྩོན་བསམ་གཏན་དང་། །

菩薩勤利眾生得，

སྟོབས་དང་དབང་པོ་རྣམ་ཐར་ཏིང་འཛིན་ཐོབ་དེ་ལ། །

禪力解脫根等持。

འདི་ནི་དགོན་དབེན་སྤྱོད་པ་མིན་སྙམ་བརྙས་བྱེད་པ། །

輕思此非行寂靜，

དེ་ནི་བདུད་ཀྱི་སྤྱོད་ཡུལ་གནས་ཞེས་རྒྱལ་བས་གསུངས། །

佛說彼住魔行境。

གང་ཞིག་གྲོང་དམ་འོན་ཏེ་དགོན་པར་གནས་ཀྱང་རུང་། །

於住村落或靜處，

ཐེག་པ་གཉིས་ཀྱི་སེམས་བྲལ་བྱང་ཆུབ་མཆོག་ངེས་ན། །

離二乘心定大覺，

འདི་ནི་འགྲོ་དོན་བཞུགས་པ་རྣམས་ཀྱི་དབེན་པ་སྟེ། །

利生寂靜之菩薩，

བྱང་ཆུབ་སེམས་དཔའ་རྟོད་སློམས་དེ་ནི་བདག་ཉིད་ཉམས། །

妄念揣度壞自己。

དེ་ལྟ་བས་ན་བྱང་ཆུབ་དམ་པ་ཚོལ་བ་ཡི། །

故勇意尋妙菩提，

བསམ་པ་དྲག་ལྡན་མཁས་པས་ང་རྒྱལ་ངེས་བཅོམ་སྟེ། །

善巧必定摧我慢，

ནད་པའི་ཚོགས་ཀྱིས་གསོ་ཕྱིར་སྨན་པ་བསྟེན་པ་ལྟར། །

如患爲愈依良醫，

གཡེལ་བ་མེད་པར་དགེ་བའི་བཤེས་གཉེན་བསྟེན་པར་བྱ། །

無懈怠依善知識。

སངས་རྒྱས་བྱང་ཆུབ་མཆོག་ཞུགས་བྱང་ཆུབ་སེམས་དཔའ་དག །

菩薩入佛大菩提，

པ་རོལ་ཕྱིན་དང་བཅས་ཏེ་དགེ་བའི་བཤེས་སུ་བསྟེན། །

具波羅蜜依善師，

དེ་དག་རྗེས་སུ་སྟོན་བྱེད་འདི་ནི་བསྒྲུབ་པའི་ས། །

隨彼等說修行地，

རྒྱུ་རྣམ་གཉིས་ཀྱིས་སངས་རྒྱས་བྱང་ཆུབ་མྱུར་དུ་རྟོགས། །

二因速證佛菩提。

རྒྱལ་བ་འདས་དང་མ་བྱོན་ཕྱོགས་བཅུ་གང་བཞུགས་པ། །

過去未來十方佛，

ཀུན་ལམ་པ་རོལ་ཕྱིན་པ་འདི་ཡིན་གཞན་མ་ཡིན། །

道皆般若非餘者，

པ་རོལ་ཕྱིན་འདི་བྱང་ཆུབ་མཆོག་ལ་ཞུགས་རྣམས་ཀྱི། །

此度是入大菩提，

གསལ་དང་སྒྲོན་དང་སྣང་དང་སྟོན་མཆོག་ཡིན་ཞེས་བཤད། །

光燈日輪勝導師。

ཇི་ལྟར་ཤེས་རབ་པ་རོལ་ཕྱིན་པ་མཚན་ཉིད་སྟོང་། །

猶如般若法相空，

ཆོས་འདི་ཐམས་ཅད་མཚན་ཉིད་དེ་དང་འདྲར་ཤེས་ཤིང་། །

知諸法相與彼同，

ཆོས་རྣམས་སྟོང་ཞིང་མཚན་མ་མེད་པར་རབ་ཤེས་ན། །

盡曉萬法空無相，

དེ་ལྟར་སྤྱོད་པ་བདེ་གཤེགས་ཤེས་རབ་སྤྱོད་པ་ཡིན། །

此行即行善逝智。

སེམས་ཅན་ཡོངས་སུ་ལྟོག་པས་ཟས་ལ་འདོད་བྱེད་ཅིང་། །

眾生妄執欲求食，

འཁོར་བར་ཆགས་པའི་ཡིད་དང་ལྡན་རྣམས་རྟག་ཏུ་འཁོར། །

貪輪迴意恆流轉，

བདག་དང་བདག་གི་ཆོས་གཉིས་ཡང་དག་མིན་སྟོང་སྟེ། །

我我所法非真空，

བྱིས་པ་བདག་ཉིད་ཀྱིས་ནི་མཁའ་ལ་མདུད་པ་བོར། །

凡愚虛空打疙瘩。

དཔེར་ན་དོགས་པའི་འདུ་ཤེས་ཀྱིས་ནི་དུག་ལངས་པ། །

如顧慮想引發毒，

དུག་དེ་ཁོང་དུ་སོང་བ་མེད་ཀྱང་བརྒྱལ་བར་འགྱུར། །

毒未入內而昏迷，

དེ་བཞིན་བྱིས་པ་བདག་དང་བདག་གིར་ཁས་ལེན་པ། །

凡愚執我許我所，

བདག་དེར་འདུ་ཤེས་ཡང་དག་མིན་རྟོག་སྐྱེ་ཞིང་འཆི། །

我想非真念生死。

ཇི་ལྟར་འཛིན་པ་དེ་ལྟར་ཀུན་ནས་ཉོན་མོངས་བསྟན། །

如是執著說染污，

བདག་དང་བདག་གིར་མི་དམིགས་རྣམ་པར་བྱང་བར་གསུངས། །

無我我所說清淨，

འདི་ལ་གང་ཡང་ཉོན་མོངས་རྣམ་དག་འགྱུར་མེད་པར། །

此無成爲染與淨，

བྱང་ཆུབ་སེམས་དཔས་ཤེས་རབ་ཕ་རོལ་ཕྱིན་པ་རྟོགས། །

菩薩證悟智慧度。

འཛམ་བུའི་གླིང་ན་སེམས་ཅན་ཇི་སྙེད་མ་ལུས་པ། །

贍洲盡其有衆生，

དེ་དག་ཐམས་ཅད་བྱང་ཆུབ་མཆོག་ཏུ་སེམས་བསྐྱེད་ནས། །

無餘發勝菩提心，

ལོ་སྟོང་བྱེ་བ་མང་པོར་སྦྱིན་པ་བྱིན་བྱས་ལ། །

俱胝千年作布施，

ཀུན་ཀྱང་འགྲོ་བའི་དོན་ཕྱིར་བྱང་ཆུབ་རྒྱུར་བསྔོ་ཡང་། །

利生迴向菩提因。

གང་ཞིག་ཤེས་རབ་ཕ་རོལ་ཕྱིན་ལ་མངོན་བརྩོན་པ། །

何人精進於般若，

ཐ་ན་ཉི་མ་གཅིག་ཅིག་རྗེས་སུ་མཐུན་བྱེད་ན། །

甚至一日隨同行，

དེ་ལ་སྦྱིན་པའི་ཕུང་པོས་བསོད་ནམས་ཆར་མི་ཕོད། །

布施福蘊不及彼，

དེ་ཕྱིར་གཡེལ་མེད་རྟག་ཏུ་ཤེས་རབ་འཇུག་པར་བྱ།

故當不懈恆入智。

ཤེས་རབ་ཕ་རོལ་ཕྱིན་མཆོག་སྤྱོད་པའི་རྣལ་འབྱོར་པ། །

行勝般若瑜伽者，

སྙིང་རྗེ་ཆེན་པོ་བསྐྱེད་ཅིང་སེམས་ཅན་འདུ་ཤེས་མེད། །

起大悲無眾生想，

དེ་ཚེ་མཁས་པ་འགྲོ་བ་ཀུན་གྱི་སྦྱིན་གནས་འགྱུར། །

時智者成眾應供，

རྟག་ཏུ་ཡུལ་འཁོར་བསོད་སྙོམས་དོན་ཡོད་ཡོངས་སུ་སྤྱོད། །

恆行乞食具實義。

བྱང་ཆུབ་སེམས་དཔའ་གང་འདིར་ཡུན་རིང་འབྲེལ་བ་ཡི། །

菩薩爲度長結緣，

ལྷ་མི་ངན་སོང་གསུམ་གྱི་སེམས་ཅན་དགྲོལ་བའི་ཕྱིར། །

人天三途之眾生，

ལམ་ཡང་ཕ་རོལ་སེམས་ཅན་ཁམས་ལ་སྟོན་འདོད་པས། །

大道彼岸欲示眾，

ཉིན་མཚན་ཤེས་རབ་ཕ་རོལ་ཕྱིན་ལ་བརྩོན་པར་བྱ། །

晝夜精進行般若。

མི་ཞིག་སྔོན་ཆད་མ་རྙེད་པ་ཡི་རིན་ཆེན་མཆོག །

人昔未得之至寶，

དུས་གཞན་ཞིག་ན་རྙེད་པར་གྱུར་ཏེ་དགའ་བ་ལས། །

別時已獲心歡喜，

རྙེད་མ་ཐག་ཏུ་བག་མེད་གྱུར་ཏེ་སྟོར་ན་ནི། །

得即不慎已遺失，

སྟོར་བས་རིན་ཆེན་མངོན་འདོད་རྟག་ཏུ་སྡུག་བསྔལ་ལོ། །

失而求寶恆憂苦。

དེ་ལྟར་བྱང་ཆུབ་མཆོག་ཞུགས་རིན་ཆེན་ལྟ་བུ་ཡི། །

如是趨入大菩提，

ཤེས་རབ་ཕ་རོལ་ཕྱིན་ལ་རྣལ་འབྱོར་དོར་མི་བྱ། །

如寶般若行莫棄，

རིན་ཆེན་རྙེད་ནས་བླངས་ཏེ་རབ་ཏུ་བརྩོན་དཀྲིས་ནས། །

如獲寶取勤纏裹，

མྱུར་དུ་འགྲོ་བར་བྱེད་པ་ཞི་བར་འགྱུར་བ་བཞིན། །

疾速而行消憂苦。

ཉི་མ་སྤྲིན་དང་བྲལ་བའི་འོད་ཟེར་དྲ་བ་ཅན། །

如離雲日光燦燦，

མུན་ནག་འཐིབས་པོའི་མུན་པ་ཐམས་ཅད་འཇོམས་འཆར་བ། །

驅散所有重重暗，

སྲིན་བུ་མེ་ཁྱེར་སྲོག་ཆགས་འབྱུང་པོ་ཐམས་ཅད་དང་། །

映蔽一切螢火蟲，

སྐར་མའི་ཚོགས་དང་ཟླ་བའི་འོད་ཀུན་ཟིལ་གྱིས་གནོན། །

含生群星明月光。

དེ་བཞིན་བྱང་ཆུབ་སེམས་དཔའ་ཤེས་རབ་ཕ་རོལ་ཕྱིན། །

行勝般若之菩薩，

མཆོག་སྤྱོད་སྟོང་པ་དང་ནི་མཚན་མ་མེད་སྤྱོད་པ། །

善行空性及無相，

མཁས་པས་ལྟ་བའི་འཐིབས་པོ་བཅོམ་ནས་འགྲོ་ཀུན་དང་། །

摧見濃暗勝眾生，

དགྲ་བཅོམ་རང་རྒྱལ་བྱང་ཆུབ་སེམས་མང་ཟིལ་གྱིས་གནོན། །

羅漢獨覺多菩薩。

དཔེར་ན་རྒྱལ་པོའི་བུ་ཞིག་ནོར་གཏོང་དོན་འདོད་པ། །

王子施財欲實義，

ཀུན་གྱི་གཙོ་བོར་གྱུར་ཏེ་མངོན་པར་འགྲོ་བྱ་འོས། །

成眾尊主樂親近，

འདི་ནི་ད་ལྟ་ན་ཡང་སེམས་ཅན་མང་དགའ་བྱེད། །

此今尚令群生悅，

ཐབས་ཐོབ་གྱུར་ཏེ་རྒྱལ་སྲིད་གནས་ན་སྨོས་ཅི་དགོས། །

得勢在位何須說？

དེ་ལྟར་ཤེས་རབ་སྤྱོད་མཁས་བྱང་ཆུབ་སེམས་དཔའ་ཡང་། །

如是巧行智菩薩，

བདུད་རྩི་སྦྱིན་པར་བྱེད་ཅིང་ལྷ་དང་མི་རྣམས་དགའ། །

施甘露令人天喜，

འདི་ནི་དེ་ལྟ་ན་ཡང་སེམས་ཅན་མང་ཕན་བརྩོན། །

此今尚勤利群生，

ཆོས་ཀྱི་རྒྱལ་པོར་གནས་པར་གྱུར་ན་སྨོས་ཅི་དགོས། །

住法王位何須說？

དེ་ཡི་ཚེ་ན་བདུད་ནི་ཟུག་རྔུ་ལྡན་པར་འགྱུར། །

爾時惡魔懷刺痛，

མྱ་ངན་ཉམ་ཐག་སྡུག་བསྔལ་ཡིད་མི་བདེ་ཉམ་ཆུང་། །

憂淒苦惱氣焰消，

ཇི་ལྟར་བྱང་ཆུབ་སེམས་དཔའ་འདི་ཡིད་ནུར་འགྱུར་ཞེས། །

何能退此菩薩意？

འཇིགས་པ་བསྟན་ཕྱིར་ཕྱོགས་རྣམས་སྲེག་ཅིང་སྐར་མདའ་གཏོང་།།
威逼諸方燒隕石。

གང་ཚེ་མཁས་པ་དེ་དག་བསམ་པ་རབ་ལྡན་ཞིང་། །
智者具有勇猛心，

ཉིན་མཚན་ཤེས་རབ་ཕ་རོལ་ཕྱིན་པ་མཆོག་དོན་ལྟ། །
晝夜觀勝般若義，

དེ་ཚེ་ལུས་སེམས་དག་ནི་མཁའ་འགྲོ་བྱ་ལྟར་རྒྱུ། །
如鳥飛空身心淨，

ནག་པོའི་རྒྱ་ལག་རྣམས་ཀྱིས་གླགས་རྙེད་ག་ལ་འགྱུར། །
魔眾豈能有機乘？

གང་ཚེ་བྱང་ཆུབ་སེམས་དཔའ་འཐབ་དང་རྩོད་གྱུར་ཅིང་། །
何時菩薩起鬥爭，

ཕན་ཚུན་མི་མཐུན་ཁྲོས་པའི་སེམས་དང་ལྡན་གྱུར་པ། །
相互不和具嗔心，

དེ་ཚེ་བདུད་ནི་མཆོག་ཏུ་དགའ་ཞིང་ཉམས་བདེར་འགྱུར། །
時魔最悅心舒暢，

དེ་གཉིས་རྒྱལ་བའི་ཡེ་ཤེས་ལས་ནི་རིང་འགྱུར་སྙམ། །
思彼二者遠佛智。

དེ་གཉིས་རིང་དུ་འགྱུར་ཞིང་ཤ་ཟ་འདྲ་བར་འགྱུར། །

彼二將遠如羅剎，

གཉིས་ཀ་རང་གི་དམ་བཅས་ཉམས་པར་བྱེད་པར་འགྱུར། །

二者失毀自誓言，

སྡང་ཞིང་བཟོད་དང་བྲལ་ལ་བྱང་ཆུབ་ག་ལ་ཡོད། །

嗔恨離忍豈證覺？

དེ་ཚེ་བདུད་རྣམས་སྤྲོགས་དང་བཅས་ཏེ་དགའ་བར་འགྱུར། །

彼時諸魔皆歡喜。

ལུང་བསྟན་མ་ཐོབ་བྱང་ཆུབ་སེམས་དཔའ་གང་ཞིག་གིས། །

未得授記之菩薩，

ལུང་བསྟན་ཐོབ་ལ་སེམས་ཁྲོས་རྩོད་པ་རྩོམ་བྱེད་ན། །

嗔得授記起爭論，

ཐ་བ་སྐྱོན་ལྡན་སེམས་ཀྱི་སྐད་ཅིག་ཇི་སྙེད་པ། །

盡嗔具過心剎那，

དེ་སྙེད་བསྐལ་པར་གཞི་ནས་གོ་ཆ་བགོ་དགོས་སོ། །

需彼數劫重披甲。

སངས་རྒྱས་བཟོད་པའི་ཕ་རོལ་ཕྱིན་པས་བྱང་ཆུབ་རེག །

佛依忍度證菩提，

སེམས་འདི་བཟང་བ་མིན་སྙམ་དྲན་པ་སྐྱེད་བྱེད་ཅིང་། །

思嗔非妙起正念，

སོ་སོར་འཆགས་པར་བྱེད་ཅིང་ཕྱིས་ཀྱང་སྡོམ་བྱེད་ལ། །

發露懺悔亦戒後，

དགའ་བར་མི་བྱེད་དེ་ནི་སངས་རྒྱས་ཆོས་འདིར་སློབ། །

不喜彼學此佛法。

གང་ཞིག་སློབ་ཚེ་བསླབ་པ་གང་ཡང་ཁས་མི་ལེན། །

何者學時不許學，

སློབ་པ་པོ་དང་བསླབ་པའི་ཆོས་རྣམས་མི་དམིགས་ཤིང་། །

不緣學者所學法，

བསླབ་དང་བསླབ་པ་མ་ཡིན་འདི་གཉིས་མི་རྟོག་པ། །

是學非學不分別，

དེ་ལྟར་གང་སློབ་དེ་ནི་སངས་རྒྱས་ཆོས་འདིར་སློབ། །

彼學即學此佛法。

བྱང་ཆུབ་སེམས་དཔའ་གང་ཞིག་དེ་ལྟའི་བསླབ་འདི་ཤེས། །

菩薩了知如此學，

དེ་ནི་གཞར་ཡང་བསླབ་ཉམས་ཚུལ་ཁྲིམས་འཆལ་མི་འགྱུར། །

永不失學不破戒，

དེ་ནི་སངས་རྒྱས་ཆོས་བརྙེས་བྱ་ཕྱིར་འདི་ལ་སློབ། །

為得佛法修學此，

དེ་ནི་བསླབ་ལྷག་བསླབ་ལ་མཁས་ཏེ་དམིགས་པ་མེད། །

善學勝學無緣執。

མཁས་པ་འོད་བྱེད་རྣམས་ཀྱི་ཤེས་རབ་དེ་ལྟར་སློབ། །

智者學修發光慧，

དགེ་བ་མ་ཡིན་སེམས་གཅིག་ཙམ་ཡང་སྐྱེད་མི་བྱེད། །

不善一念亦不生，

ཉི་མ་མཁའ་ལ་འགྲོ་བའི་ཟེར་གྱིས་ཟིལ་གནོན་པའི། །

如日行空光輝映，

མདུན་གྱི་བར་སྣང་ལ་ནི་མུན་པ་མི་གནས་བཞིན། །

前方虛空暗不存。

ཤེས་རབ་ཕ་རོལ་ཕྱིན་ལ་བསླབ་པ་བྱས་རྣམས་ཀྱི། །

修學般若波羅蜜，

ཕ་རོལ་ཕྱིན་པ་ཐམས་ཅད་འདིར་ནི་འདུས་པར་འགྱུར། །

諸波羅蜜皆歸此，

འཇིག་ཚོགས་ལྟ་བར་ལྟ་བ་དྲུག་ཅུ་གཉིས་འདུས་ལྟར། །

壞聚見攝六十二，

དེ་བཞིན་ཕ་རོལ་ཕྱིན་པ་འདི་དག་འདུས་པར་གསུངས། །

如是攝集此等度。

དཔེར་ན་སྲོག་གི་དབང་པོ་འགགས་ན་དབང་པོ་གཞན། །

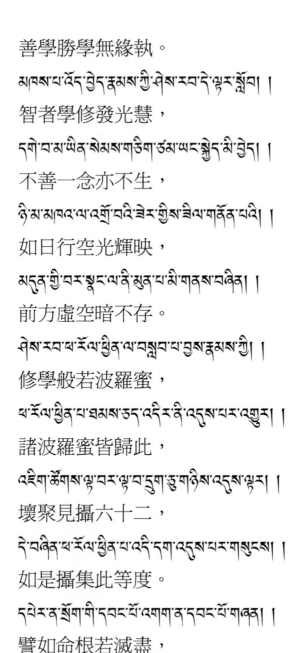

譬如命根若滅盡，

གང་དག་ཇི་སྙེད་ཡོད་པ་ཐམས་ཅད་འགག་པར་འགྱུར། །

所有餘根皆滅盡，

དེ་ལྟར་ཤེས་རབ་སྤྱོད་པ་མཁས་པ་མཆོག་རྣམས་ཀྱི། །

如是行慧大智者，

ཕ་རོལ་ཕྱིན་པ་ཐམས་ཅད་འདིར་ནི་འདུས་པར་གསུངས། །

諸波羅蜜皆集此。

བྱང་ཆུབ་སེམས་མཁས་ཉན་ཐོས་ཡོན་ཏན་གང་དག་དང་། །

善巧菩薩能修學，

དེ་བཞིན་རང་རྒྱལ་ཡོན་ཏན་ཀུན་ལ་སློབ་བྱེད་ཅིང་། །

聲聞獨覺諸功德，

དེ་དག་དེ་ལ་མི་གནས་འདོད་པ་མི་སྐྱེད་དེ། །

不住於彼不希求，

འདི་ནི་བདག་གིས་བསླབ་བྱ་ཡིན་སྙམ་དེ་ཕྱིར་སློབ། །

思此我所學故學。

མི་ལྡོག་བྱང་ཆུབ་མཆོག་ལ་རབ་ཏུ་ཞུགས་པ་ཡི། །

於不退入大菩提，

སེམས་བསྐྱེད་པ་ལ་བསམ་པ་ཐག་པས་ཡི་རང་བ། །

發心誠意作隨喜，

སྟོང་གསུམ་རི་རབ་སྲང་ལ་གཞལ་བས་ཚད་གཟུང་རུང་། །

三千須彌秤可量，

རྗེས་སུ་ཡི་རང་དགེ་བ་དེ་ནི་དེ་ལྟ་མིན། །

隨喜彼善非如是。

དགེ་བ་དོན་གཉེར་ཕན་འདོད་སེམས་ཅན་ཇི་སྙེད་པ། །

求善欲利諸眾生，

ཀུན་གྱི་བསོད་ནམས་ཕུང་པོ་ལ་ཡང་ཡི་རང་འགྱུར། །

一切福蘊皆隨喜，

དེ་ཕྱིར་དེ་དག་རྒྱལ་བའི་ཡོན་ཏན་ཐོབ་གྱུར་ནས། །

故獲如來功德已，

སྡུག་བསྔལ་ཟད་པར་བྱ་ཕྱིར་འཇིག་རྟེན་ཆོས་སྦྱིན་བྱེད། །

爲盡苦於世法施。

བྱང་ཆུབ་སེམས་དཔའ་གང་ཞིག་མི་རྟོག་ཆོས་རྣམས་ཀུན། །

菩薩無念而徹知，

སྟོང་དང་མཚན་མ་མེད་དང་སྤྲོས་མེད་ཡོངས་ཤེས་པ། །

法空無相無戲論，

དེ་ནི་ཤེས་རབ་གཉིས་ཀྱིས་བྱང་ཆུབ་ཚོལ་མི་བྱེད། །

不以二慧尋菩提，

རྣལ་འབྱོར་པ་དེ་ཤེས་རབ་ཕ་རོལ་ཕྱིན་མཆོག་བརྟེན། །

瑜伽者勤勝般若。

ནམ་མཁའི་ཁམས་དེ་དང་ནི་ནམ་མཁའ་དེར་འགལ་བ། །

虛空界與彼違一，

ཡོད་པ་མ་ཡིན་གང་གིས་ཀྱང་ནི་དེ་མ་ཐོབ། །

非有何亦不得彼，

དེ་བཞིན་ཤེས་རབ་སྤྱོད་མཁས་བྱང་ཆུབ་སེམས་དཔའ་ཡང་། །

善行智慧之菩薩，

ནམ་མཁའ་ལྟ་བུ་ཡིན་ཏེ་ཉེ་བར་ཞི་བ་སྤྱོད། །

亦如虛空寂滅行。

སྐྱེ་བོའི་དབུས་ན་སྒྱུ་མའི་སྐྱེས་བུ་འདི་སྙམ་དུ། །

人中幻人無此想：

སྐྱེ་བོ་འདི་མགུ་བྱ་སྙམ་མི་སེམས་དེ་ཡང་བྱེད། །

取悅此人彼亦行，

རྫུ་འཕྲུལ་སྣ་ཚོགས་རབ་ཏུ་སྟོན་པར་བྱེད་མཐོང་ཡང་། །

見顯種種之神變，

དེ་ལ་ལུས་མེད་སེམས་མེད་མིང་ཡང་ཡོད་མ་ཡིན། །

彼無身心亦無名。

དེ་བཞིན་ཤེས་རབ་སྤྱོད་པ་ནམ་ཡང་འདི་སྙམ་དུ། །

如是行慧永不思，

བྱང་ཆུབ་རྟོགས་ནས་འགྲོ་བ་ཡོངས་སུ་དགྲོལ་མི་སེམས། །

證悟菩提度有情，

སྐྱེ་བ་སྣ་ཚོགས་དང་ནི་བྱ་བ་མང་ལྡན་པ། །

種種生具眾多事，

སྒྱུ་མ་ལྟ་བུར་སྟོན་ཀྱང་རྣམ་པར་མི་རྟོག་སྤྱོད། །

如幻示現無念行。

དཔེར་ན་སངས་རྒྱས་སྤྲུལ་པ་སངས་རྒྱས་མཛད་པ་བྱེད། །

如佛化現行佛業，

བྱེད་པ་དེ་ལ་དྲེགས་པ་ཙམ་ཟད་སྐྱེ་མི་འགྱུར། །

於行驕傲毫不生，

དེ་བཞིན་ཤེས་རབ་སྤྱོད་མཁས་བྱང་ཆུབ་སེམས་དཔའ་ཡང་། །

如是行慧巧菩薩，

སྤྲུལ་པ་སྒྱུ་མ་བཞིན་དུ་བྱ་བ་ཐམས་ཅད་སྟོན། །

亦如幻化顯諸事。

ཤིང་མཁན་བཟོ་བོ་མཁས་པས་སྐྱེས་པ་བུད་མེད་དང་། །

巧木匠造男女像，

འདྲ་བའི་བཟོ་བྱས་དེ་ཡང་བྱ་བ་ཐམས་ཅད་བྱེད། །

彼亦能做一切事，

དེ་བཞིན་ཤེས་རབ་སྤྱོད་མཁས་བྱང་ཆུབ་སེམས་དཔའ་ཡང་། །

如是行慧巧菩薩，

རྣམ་པར་མི་རྟོག་ཡེ་ཤེས་བྱ་བ་ཐམས་ཅད་བྱེད། །

無分別智行諸事。

དེ་ལྟར་སྤྱོད་མཁས་རྣམས་ལ་ལྷ་ཚོགས་མང་པོ་དག །

如是行持諸智者，

ཐལ་མོ་སྦྱར་བ་བཏུད་ནས་ཕྱག་ཀྱང་འཚལ་བར་བྱེད། །

眾天合掌亦頂禮，

ཕྱོགས་བཅུའི་འཇིག་རྟེན་ཁམས་ཀྱི་སངས་རྒྱས་ཇི་སྙེད་པའང་། །

十方世界諸佛陀，

ཡོན་ཏན་བསྔགས་པའི་ཕྲེང་བ་ཡོངས་སུ་བརྗོད་པ་མཛད། །

亦作讚歎眾功德。

གངྒཱའི་ཀླུང་མཉམ་ཞིང་ན་སེམས་ཅན་ཇི་སྙེད་པ། །

等恆河剎諸有情，

དེ་ཀུན་ཡོངས་སུ་བདག་པར་བཟུང་སྟེ་བདུད་གྱུར་ལ། །

假設普皆成惡魔，

བ་སྤུ་ཉག་རེ་ལས་ཀྱང་དེ་སྙེད་སྤྲུལ་བྱས་ཀྱང་། །

一毛亦化相同數，

དེ་དག་ཀུན་གྱིས་མཁས་ལ་བར་ཆད་བྱ་མི་ནུས། །

彼等無法障智者。

རྒྱུ་རྣམ་བཞི་ཡིས་བྱང་ཆུབ་སེམས་དཔའ་མཁས་སྟོབས་ལྡན། །

四因菩薩具智力，

བདུད་བཞིས་ཐུབ་པར་དཀའ་ཞིང་བསྐྱོད་པར་མི་ནུས་ཏེ། །

四魔難勝不能動，

སྟོང་པར་གནས་དང་སེམས་ཅན་ཡོངས་སུ་མི་གཏོང་དང་། །

安住空性不捨眾，

ཇི་སྐད་སྨྲས་བཞིན་བྱེད་དང་བདེ་གཤེགས་བྱིན་རླབས་ཅན། །

如說而行佛加持。

དེ་བཞིན་གཤེགས་ཡུམ་ཤེས་རབ་ཕ་རོལ་ཕྱིན་པ་འདི། །

講此佛母般若時，

འཆད་ཚེ་བྱང་ཆུབ་སེམས་དཔའ་གང་ཞིག་མོས་བྱེད་ཅིང་། །

若有菩薩起信解，

བསམ་པ་ཐག་པས་སྒྲུབ་པར་མངོན་པར་བརྩོན་བྱེད་ན། །

誠心精進而修行，

དེས་པ་ཐམས་ཅད་མཁྱེན་པ་ཉིད་ལ་ཞུགས་རིག་བྱ། །

知靜者入一切智。

ཆོས་དབྱིངས་དེ་བཞིན་ཉིད་ལ་གནས་པ་མི་འགྱུར་ཞིང་། །

法界真如不可住，

དཔེར་ན་བར་སྣང་སྤྲིན་བཞིན་གནས་པ་མེད་པར་གནས། །

如空中雲無住住，

རིག་སྔགས་འཆང་བ་གནས་མེད་མཁའ་རྒྱུ་གནས་འདོད་པ། །

咒師無住行於空，

སྔགས་མཐུས་དུས་མིན་མེ་ཏོག་ལྡན་ཞིང་བྱིན་གྱིས་རློབ། །

欲住依咒加持花。

དེ་ལྟར་སྤྱོད་པའི་བྱང་ཆུབ་སེམས་དཔའ་མཁས་གསལ་བ། །

此行明智之菩薩，

རྟོགས་པར་བྱེད་དང་སངས་རྒྱས་ཆོས་རྣམས་དམིགས་མི་འགྱུར། །

不緣能證佛諸法，

འཆད་པར་བྱེད་དང་ཆོས་འདོད་ལྟ་བར་བྱེད་མི་དམིགས། །

不緣視為講求法，

འདི་ནི་ཞི་འདོད་ཡོན་ཏན་དགའ་བའི་གནས་པ་ཡིན་མིན་། །

是求寂喜德者住。

དགྲ་བཅོམ་རྣམ་ཐར་དེ་བཞིན་གཤེགས་ཀྱི་མ་གཏོགས་པར། །

羅漢解脫如來外，

གནས་པ་འདི་ནི་ཉན་ཐོས་རང་རྒྱལ་བཅས་པ་ཡི། །

此住堪為諸聲聞，

གནས་པ་ཞི་བའི་ཏིང་འཛིན་རབ་ཞི་བདེ་ལྡན་པ། །

緣覺息具寂樂定，

ཇི་སྙེད་ཀུན་གྱི་མཆོག་དང་གོང་ན་མེད་པ་ཡིན། །

眾住之最是無上。

འདབ་ཆགས་མཁའ་ལ་གནས་ཀྱང་ལྟུང་བར་འགྱུར་མ་ཡིན། །

飛禽住空不墜地，

ཉ་ནི་ཆུ་ལ་གནས་ཀྱང་འཚུབས་ཏེ་འཆི་བ་མེད། །

魚住水中無閉死，

དེ་ལྟར་བྱང་ཆུབ་སེམས་དཔའ་བསམ་གཏན་སྟོབས་དག་གིས། །

如是菩薩依定力，

ཕ་རོལ་སོན་པ་སྟོང་གནས་མྱ་ངན་འདའ་མི་འགྱུར། །

到岸住空不涅槃。

སེམས་ཅན་ཀུན་གྱི་ཡོན་ཏན་མཆོག་ཏུ་འགྲོ་བ་དང་།

欲成眾生功德最，

སངས་རྒྱས་ཡེ་ཤེས་མཆོག་ཏུ་རྨད་བྱུང་མཆོག་རིག་དང་། །

證最希有佛勝智，

ཆོས་ཀྱི་སྦྱིན་པ་རབ་མཆོག་དམ་པ་སྦྱིན་འདོད་གང་། །

發放上勝妙法施，

ཕན་མཛད་རྣམས་ཀྱི་གནས་མཆོག་འདི་ལ་བརྟེན་པར་བགྱི་ཀྱིས། །

當依利者此勝處。

བསླབ་པ་འདི་ནི་འདྲེན་པའི་བསླབ་པ་ཡོངས་བརྗོད་པ། །

此學處乃導師說，

བསླབ་པ་ཇི་སྙེད་ཀུན་གྱི་མཆོག་དང་གོང་ན་མེད། །

諸學之最是無上，

མཁས་པ་གང་ཞིག་བསླབ་ཀུན་ཕ་རོལ་འགྲོ་འདོད་པས། །

智者欲學到彼岸，

སངས་རྒྱས་བསླབ་པ་ཤེས་རབ་ཕ་རོལ་ཕྱིན་འདིར་སློབ། །

當學佛學此般若。

འདི་ནི་ཆོས་གཏེར་མཆོག་དང་ཆོས་མཛོད་དམ་པ་ཡིན། །

此勝法藏妙法藏，

སངས་རྒྱས་རིགས་ཡིན་འགྲོ་བའི་བདེ་དང་སྐྱིད་པའི་མཛོད། །

佛種眾生安樂藏，

འདས་དང་མ་བྱོན་ཕྱོགས་བཅུའི་འཇིག་རྟེན་མགོན་པོ་རྣམས། །

過去未來十方佛，

དེ་དག་འདི་ལས་འབྱུངས་ཀྱང་ཆོས་དབྱིངས་ཟད་མི་འགྱུར། །

此生法界不窮盡。

ཤིང་དང་འབྲས་བུ་མེ་ཏོག་ནགས་ཚལ་ཇི་སྙེད་པ། །

所有樹果花林園，

དེ་དག་ཐམས་ཅད་ས་ལས་ཡང་དག་འབྱུང་ཞིང་འཐོན། །

皆從地生並呈現，

འོན་ཀྱང་ས་ལ་ཟད་པ་མེད་ཅིང་འཕེལ་བ་མེད། །

大地無盡亦無增，

ཡོངས་སུ་མི་ཉམས་རྣམ་པར་མི་རྟོག་སྐྱོ་བ་མེད། །

不失無念無厭倦。

སངས་རྒྱས་སྲས་དང་ཉན་ཐོས་རང་རྒྱལ་ལྷ་རྣམས་དང་། །

佛子聲聞獨覺天，

འགྲོ་བ་ཀུན་གྱི་བདེ་སྐྱིད་ཆོས་རྣམས་ཇི་སྙེད་པ། །

一切眾生安樂法，

དེ་ཀུན་ཤེས་རབ་ཕ་རོལ་ཕྱིན་པ་མཆོག་ལས་བྱུང་། །

悉由殊勝般若生，

ཤེས་རབ་རྣམས་ཀྱང་ཟད་པ་མེད་ཅིང་འཕེལ་བ་མེད། །

智慧無盡亦無增。

སེམས་ཅན་ཐ་མ་འབྲིང་དང་མཆོག་གྱུར་ཇི་སྙེད་པ། །

所有下中上有情，

དེ་ཀུན་མ་རིག་ལས་བྱུང་བདེ་བར་གཤེགས་པས་གསུངས། །

佛說皆由無明生，

རྐྱེན་རྣམས་ཚོགས་ནས་སྡུག་བསྔལ་འཁྲུལ་འཁོར་རབ་ཏུ་འབྱུང་། །

眾緣聚合極生苦，

མ་རིག་འཁྲུལ་འཁོར་དེ་ནི་ཟད་མེད་འཕེལ་བ་མེད། །

無明無盡亦無增。

ཡེ་ཤེས་ཚུལ་སྒོ་ཐབས་དང་རྩ་བ་ཇི་སྙེད་པ། །

智慧理門方便本，

དེ་ཀུན་ཤེས་རབ་ཕ་རོལ་ཕྱིན་པ་མཆོག་ལས་བྱུང་། །

皆由殊勝般若生，

རྐྱེན་རྣམས་ཚོགས་ནས་ཡེ་ཤེས་འཕྲུལ་འཁོར་རབ་ཏུ་འབྱུང་། །

眾緣聚合極生智，

ཤེས་རབ་ཕ་རོལ་ཕྱིན་ལ་ཟད་མེད་འཕེལ་བ་མེད། །

般若無盡亦無增。

བྱང་ཆུབ་སེམས་དཔའ་གང་ཞིག་རྟེན་ཅིང་འབྲེལ་འབྱུང་ལ། །

菩薩知曉此緣起，

སྐྱེ་མེད་ཟད་པ་མེད་པར་ཤེས་རབ་འདི་ཤེས་ཏེ། །

無生無滅此般若，

ཉི་མ་སྤྲིན་མེད་འོད་ཟེར་འཕྲོ་བས་མུན་བསལ་ལྟར། །

如日無雲放光芒，

མ་རིག་འཐིབས་པོ་བཅོམ་ནས་རང་བྱུང་ཐོབ་པར་འགྱུར། །

除無明暗獲自然。

མཐུ་ཆེན་ལྡན་པ་བསམ་གཏན་བཞིས་ཀྱང་གནས་བྱེད་ལ། །

具大力者依四禪，

རྟེན་པར་བྱེད་པ་མ་ཡིན་གནས་པར་བྱེད་པ་མེད། །

能住非依亦無住，

འོན་ཀྱང་བསམ་གཏན་ཡན་ལག་བཅས་པ་བཞི་པོ་འདི། །

然依此四禪定支，

བྱང་ཆུབ་དམ་པ་མཆོག་ཐོབ་པ་ཡི་རྟེན་དུ་འགྱུར། །

成得大菩提所依。

ཤེས་རབ་མཆོག་ཐོབ་བསམ་གཏན་དག་ལ་གནས་པ་ནི། །

獲勝智慧住禪定，

གཟུགས་མེད་ཏིང་འཛིན་དམ་པ་བཞི་ཡང་ཉམས་སུ་སྦྱོང་། །

受四無色妙等持，

བསམ་གཏན་འདི་དག་བྱང་ཆུབ་དམ་པ་མཆོག་ལ་ཕན། །

此定利勝妙菩提，

བྱང་ཆུབ་སེམས་དཔའ་ཟག་པ་ཟད་ཕྱིར་སློབ་པ་མིན། །

菩薩非為漏盡學。

འདི་ནི་ཡོན་ཏན་སོགས་པའི་ངོ་མཚར་རྨད་བྱུང་སྟེ། །

此是積德之奇跡，

བསམ་གཏན་ཏིང་ངེ་འཛིན་ལ་གནས་ནས་མཚན་མ་མེད། །

住定等持而無相，

དེ་ལ་གནས་རྣམས་གལ་ཏེ་ལུས་ནི་ཞིག་གྱུར་ན། །

安住彼中若身亡，

བསམ་པ་ཇི་བཞིན་འདོད་པའི་ཁམས་སུ་ཡང་སྐྱེ་བ། །
隨意受生欲界中。

དཔེར་ན་འཛམ་གླིང་མི་ཞིག་སྔོན་ཆད་ལྷ་ཡུལ་གྱི། །
如贍洲人昔未至，

ལྷ་ཡི་གྲོང་ཁྱེར་མཆོག་ཏུ་མ་ཕྱིན་ཕྱིས་སོང་སྟེ། །
天境天城後前往，

དེ་ན་ཡོངས་སུ་གཟུང་བའི་ཡུལ་དེ་རྣམས་མཐོང་ནས། །
見彼擁有一切境，

ཕྱིས་འདིར་འོང་བར་གྱུར་ན་ཆགས་པར་མི་བྱེད་ལྟར། །
復還此處不貪執。

དེ་བཞིན་བྱང་ཆུབ་སེམས་དཔའ་ཡོན་ཏན་མཆོག་འཆང་བ། །
菩薩持有勝功德，

རྣལ་འབྱོར་བརྩོན་ཏེ་བསམ་གཏན་ཏིང་འཛིན་ལ་གནས་ནས། །
精勤瑜伽住禪定，

ཕྱིར་ཡང་འདོད་པའི་ཁམས་སུ་གནས་ཏེ་ཆགས་པ་མེད། །
後住欲界無貪著，

ཆུ་ཡིས་པདྨ་བཞིན་དུ་བྱིས་པའི་ཆོས་མི་གནས། །
不住凡法如水蓮。

བདག་ཉིད་ཆེན་པོ་སེམས་ཅན་ཡོངས་སུ་སྨིན་བྱ་དང་། །

至尊唯爲成熟眾，

ཞིང་སྦྱོང་པ་རོལ་ཕྱིན་རྫོགས་དོན་བྱེད་ཁོ་ནར་ཟད། །

修行刹土圓滿度，

བྱང་ཆུབ་ཡོན་ཏན་པ་རོལ་ཕྱིན་ཉམས་འགྱུར་འོང་ཞེས། །

失菩提德波羅蜜，

གཟུགས་མེད་ཁམས་སུ་སྐྱེ་བ་དོན་དུ་གཉེར་མི་བྱེད། །

不求轉生無色界。

དཔེར་ན་མི་ཞིག་རིན་ཆེན་གཏེར་རྣམས་རྙེད་གྱུར་ན། །

如人獲得珍寶藏，

དེ་ལ་འདོད་པའི་བློ་ནི་བསྐྱེད་པར་མ་བྱས་ལ། །

於其未起愛樂心，

དེས་ཀྱང་དུས་གཞན་ཞིག་ན་དེ་དག་ཡོངས་བླངས་ཤིང་། །

彼於他時取彼等，

བླངས་ནས་ཁྱིམ་དུ་སོང་སྟེ་ཆགས་པར་མི་བྱེད་ལྟར། །

取而還家不貪執。

དེ་བཞིན་བྱང་ཆུབ་སེམས་དཔའ་མཁས་པ་དགའ་བ་དང་། །

善巧菩薩喜樂施，

བདེ་སྦྱིན་བསམ་གཏན་ཏིང་འཛིན་ཞི་བ་བཞི་ཐོབ་ནས། །

獲四禪定寂等持，

བསམ་གཏན་བདེ་ལྡན་བསམ་གཏན་ཏིང་འཛིན་ཐོབ་བཏང་སྟེ། །

具禪樂棄所得定，

འགྲོ་ལ་སྙིང་བརྩེར་ལྡན་པ་ཕྱིར་ཡང་འདོད་ཁམས་འཇུག །

悲憫眾生入欲界。

གལ་ཏེ་བྱང་ཆུབ་སེམས་དཔའ་ཏིང་འཛིན་བསམ་གཏན་གནས། །

若菩薩住禪等持，

དགྲ་བཅོམ་རང་རྒྱལ་ཐེག་པར་འདོད་པའི་བློ་བསྐྱེད་ན། །

欲求羅漢獨覺乘，

མཉམ་པར་མ་བཞག་གཡེང་ཅིང་སེམས་གཡེངས་གྱུར་པ་སྟེ། །

非定掉散失佛德，

སངས་རྒྱས་ཡོན་ཏན་ཡོངས་ཉམས་མཉན་པ་གྲུ་ཞིག་བཞིན། །

猶如舟子壞船隻。

གཞན་ཡང་གཟུགས་དང་སྒྲ་དང་དེ་བཞིན་དྲི་དང་རོ། །

此外雖勤享色聲，

རེག་དང་འདོད་ཡོན་ལྔ་ལ་མངོན་པར་བརྩོན་གྱུར་ཀྱང་། །

香與味觸五欲妙，

དགྲ་བཅོམ་རང་རྒྱལ་ཐེག་བྲལ་བྱང་ཆུབ་སེམས་དགའ་ན། །

離小乘喜菩提心，

དཔའ་བོ་རྟག་ཏུ་མཉམ་བཞག་ཡིན་པར་ཤེས་པར་བྱ། །

當知勇士恆入定。

སེམས་ཅན་གང་དག་གཞན་ཕྱིར་སེམས་པ་རྣམ་དག་པ། །

爲餘有情心清淨，

བརྩོན་འགྲུས་ཕ་རོལ་ཕྱིན་ལ་མངོན་བརྩོན་རྣམ་པར་སྤྱོད། །

勤行精進波羅蜜，

དཔེར་ན་བྲན་མོ་ཆུ་ཆུན་དབང་མེད་རྗེ་བོའི་དབང་། །

如取水僕受主制，

དེ་བཞིན་དཔའ་རྣམས་སེམས་ཅན་ཀུན་གྱི་དབང་གིས་འགྲོ། །

勇士隨從眾生行。

སྤྱོ་བ་བྱས་སམ་འོན་ཏེ་རྡེག་ཏུ་བརྡེགས་ཀྱང་རུང་། །

責罵抑或常毆打，

བྲན་མོ་རྗེ་བོ་ལ་ནི་ལྡོག་ཚིག་མི་སྨྲ་ཡི། །

女僕於主不頂撞，

འདི་ཡིས་བདག་ནི་བསད་པར་འགྱུར་དུ་འོང་སྙམ་ནས། །

思量彼將殺害我，

ཤིན་ཏུ་སྐྲག་པའི་ཡིད་ཀྱིས་འཇིགས་བཅས་ཟིལ་གྱིས་གནོན། །

懷極恐懼受其壓。

དེ་བཞིན་བྱང་ཆུབ་ཆེད་དུ་བྱང་ཆུབ་མཆོག་ཞུགས་པ། །

爲菩提入大菩提，

འགྲོ་བ་ཀུན་ལ་བྲན་གྱུར་བཞིན་དུ་གནས་པར་བྱ། །

當如眾生之奴僕，

འདི་ལས་བྱང་ཆུབ་ཐོབ་ཅིང་ཡོན་ཏན་རྫོགས་པར་འགྱུར། །

依此成佛圓功德，

རྩྭ་དང་ཤིང་ལས་མེ་བྱུང་བས་ནི་དེ་ཉིད་སྲེག །

草木失火焚燒彼。

བདག་གི་བདེ་བ་བཏང་ནས་རེ་བ་མེད་སེམས་ཀྱིས། །

捨棄自樂無求心，

སེམས་ཅན་གཞན་གྱི་དགོས་ལ་ཉིན་མཚན་མངོན་པར་བརྩོན། །

晝夜精進眾生利，

བུ་གཅིག་པ་ལ་མ་ནི་རིམ་གྲོ་བྱེད་པ་ལྟར། །

當如生母侍獨子，

བསམ་པ་ཐག་པས་རྣམ་པར་སྐྱོ་མེད་གནས་པར་བྱ། །

誠心無厭而行持。

བྱང་ཆུབ་སེམས་དཔའ་གང་ཞིག་ཡུན་རིང་འཁོར་འདོད་ཅིང་། །

菩薩欲長住輪迴，

སེམས་ཅན་དོན་དང་ཞིང་སྦྱོང་བརྩོན་པའི་རྣལ་འབྱོར་པ། །

勤利眾生修剎土，

སྐྱོ་བའི་བློ་ནི་རྡུལ་ཙམ་སྐྱེ་བར་མི་འགྱུར་ན། །

纖塵不生厭倦心，

དེ་ནི་བརྩོན་འགྲུས་པ་རོལ་ཕྱིན་ལྡན་གཡེལ་བ་མེད། །

彼具精進無懈怠。

བྱང་ཆུབ་སེམས་དཔའ་མི་མཁས་བསྐལ་པ་བྱེ་བ་བགྲང་། །

不巧菩薩俱胝劫，

གལ་ཏེ་རིང་པར་འདུ་ཤེས་སྡུག་བསྔལ་བྱང་ཆུབ་སྒྲུབ། །

久想苦想修菩提，

ཡང་དག་ཆོས་སྒྲུབ་བྱེད་ཚེ་ཡུན་རིང་སྡུག་བསྔལ་འགྱུར། །

修行正法成長苦，

དེས་ན་བརྩོན་འགྲུས་པ་རོལ་ཕྱིན་ཉམས་ལེ་ལོ་ཅན། །

失精進度懶惰者。

བྱང་ཆུབ་མཆོག་ཏུ་སེམས་བསྐྱེད་དང་པོ་ནས་བཟུང་སྟེ། །

初發殊勝菩提心，

བྱང་ཆུབ་བླ་ན་མེད་པ་ཐོབ་པར་འགྱུར་གྱི་བར། །

至獲無上菩提間，

ཉིན་མཚན་གཅིག་ཙམ་དུ་ནི་ཡིད་ལ་སེམས་བྱེད་ན། །

作意僅一晝夜時，

མཁས་པ་གསལ་བས་བརྩོན་འགྲུས་བརྟམས་པར་རིག་པར་བྱ། །

當知明智行精進。

གལ་ཏེ་འགའ་ཞིག་འདི་སྐད་རི་རབ་རི་བཤིག་པའི། །
若有說毀須彌山，
རྗེས་ལ་བྱང་ཆུབ་མཆོག་ཐོབ་འགྱུར་ཞེས་སྨྲ་བ་ལས། །
隨繼將得大菩提，
ཧེ་སྟེ་སྐྱོ་བའི་བློ་སྐྱེད་ཚད་ཀྱང་སེམས་བྱེད་ན། །
生厭倦心思其量，
དེ་ཚེ་བྱང་ཆུབ་སེམས་དཔའ་ལེ་ལོར་གྱུར་པ་ཡིན། །
爾時菩薩成懈怠。
ཧེ་སྟེ་དེ་ནི་འདི་ཙམ་ཚོད་ལྟ་ཅི་དཀའ་ཞེས། །
僅此限度有何難？
སྐད་ཅིག་ཙམ་ལ་རི་རབ་ཐལ་བར་བརླག་སེམས་སྐྱེད། །
發刹那粉山王心，
བྱང་ཆུབ་སེམས་དཔའ་མཁས་པ་བརྩོན་འགྲུས་བརྩམས་པ་སྟེ། །
智者菩薩行精進，
རིང་པོར་མི་ཐོགས་འདྲེན་པའི་བྱང་ཆུབ་མཆོག་ཐོབ་འགྱུར། །
不久獲佛勝菩提。
འགྲོ་བ་ཡོངས་སུ་སྨིན་པར་བྱས་ནས་དོན་བྱ་ཞེས། །
成熟眾生行利益，
གལ་ཏེ་ལུས་དང་ངག་དང་ཡིད་ཀྱིས་བརྩོན་བྱེད་ན། །

若身語意精勤行，

བདག་ཏུ་འདུ་ཤེས་གནས་པས་ལེ་ལོར་གྱུར་པ་སྟེ། །

存有我想成懈怠，

ཐམས་ཅད་མཁྱེན་པ་ཉིད་ལས་རིང་འགྱུར་གནམ་ས་བཞིན། །

遠一切智如天地。

གང་ཚེ་ལུས་དང་སེམས་དང་སེམས་ཅན་འདུ་ཤེས་མེད། །

時無身心眾生想，

འདུ་ཤེས་རྣམ་པར་ལོག་ནས་གཉིས་སུ་མེད་ཆོས་སྤྱོད། །

滅想行持不二法，

འདི་ནི་བྱང་ཆུབ་ཞི་བ་མི་ཉམས་མཆོག་འདོད་པའི། །

佛說是求寂不失，

བརྩོན་འགྲུས་པ་རོལ་ཕྱིན་ཅེས་ཕན་པ་མཛད་པས་གསུངས། །

大菩提者精進度。

གལ་ཏེ་གཞན་ལས་ངན་བརྗོད་ཚིག་རྩུབ་ཐོས་གྱུར་ན། །

若聞他說粗惡語，

བདག་བདེ་ཡིན་ཞེས་བྱང་ཆུབ་སེམས་དཔའ་མཁས་པ་དགའ། །

我樂善巧菩薩喜，

སུ་སྨྲ་སུས་ཐོས་གང་གིས་གང་ཞིག་གང་གི་ཕྱིར། །

孰說孰聞以何說，

བཟོད་པའི་ཕ་རོལ་ཕྱིན་མཆོག་ལྡན་པ་མཛངས་པ་ཡིན། །
具勝忍度是智者。

བྱང་ཆུབ་སེམས་དཔའ་གང་ཞིག་བཟོད་པའི་ལེགས་ཆོས་ལྡན། །
菩薩若具忍善法，

གང་ཞིག་སྟོང་གསུམ་རིན་ཆེན་བཀང་སྟེ་འཇིག་རྟེན་མཁྱེན། །
三千世界滿寶供，

སངས་རྒྱས་རྣམས་དང་དགྲ་བཅོམ་རང་རྒྱལ་ཞུལ་བྱས་པ། །
羅漢緣覺世間解，

སྦྱིན་པའི་ཕུང་པོས་དེ་ལ་བསོད་ནམས་ཆར་མི་ཕོད། །
施蘊不及彼福德。

བཟོད་ལ་གནས་པའི་ལུས་ནི་ཡོངས་སུ་དག་འགྱུར་ཏེ། །
住安忍者身潔淨，

སུམ་ཅུ་རྩ་གཉིས་མཚན་དང་མཐུ་སྟོབས་ཕ་མཐའ་ཡས། །
三十二相力無窮，

སེམས་ཅན་རྣམས་ལ་ཆོས་རབ་སྟོང་པ་སྒྲོགས་པར་བྱེད། །
於諸有情宣空法，

འདི་ནི་བཟོད་ལྡན་དེ་ལ་འགྲོ་བ་དགའ་འགྱུར་མཁས། །
眾喜具忍成智者。

གལ་ཏེ་སེམས་ཅན་ལ་ལས་ཙན་དན་ཕུར་མ་བླངས། །

有眾生取檀香包，

རབ་གུས་བྱང་ཆུབ་སེམས་དཔའ་ལ་ནི་ཞུག་བྱེད་ལ། །

恭敬塗敷菩薩身，

གཞན་ཞིག་མེ་མདག་མགོ་ལ་འཐོར་བྱེད་གཉིས་ཀ་ལ། །

或有火燼撒其頭，

དེ་ཡིས་མཉམ་ཞིང་སྙོམས་པའི་སེམས་ནི་བསྐྱེད་པར་བྱ། །

於二者起平等心。

བྱང་ཆུབ་སེམས་དཔའ་མཁས་པས་དེ་ལྟར་བཟོད་བྱས་ནས། །

智者菩薩安忍已，

སེམས་བསྐྱེད་དེ་ནི་བྱང་ཆུབ་མཆོག་ཏུ་ཡོངས་བསྔོས་ན། །

發心迴向大菩提，

དཔའ་བོ་འཇིག་རྟེན་ཀུན་ལ་བཟོད་པས་དགྲ་བཅོམ་དང་། །

勇士爲世安忍勝，

རང་རྒྱལ་སེམས་ཅན་ཁམས་མང་ཇི་སྙེད་ཟིལ་གྱིས་གནོན། །

羅漢獨覺眾有情。

བཟོད་བྱེད་འདི་སྙམ་དུ་ཡང་སེམས་ནི་བསྐྱེད་བྱ་སྟེ། །

能忍者當生此心：

སེམས་དམྱལ་དུད་འགྲོ་གཤིན་རྗེའི་འཇིག་རྟེན་སྡུག་བསྔལ་མང་། །

獄畜閻羅界多苦，

འདོད་པའི་ཡོན་ཏན་རྒྱུ་ཡིས་དབང་མེད་གནོད་སྐྱོང་ན། །

欲因受害不自主，

བྱང་ཆུབ་ཆེད་དུ་ཅི་ཕྱིར་ང་བཟོད་མི་བྱ་སྙམ། །

我爲菩提何不忍？

ལྕག་དབྱུག་མཚོན་དང་བསད་དང་བཅིངས་དང་བརྡེག་པ་དང་། །

鞭棍兵刃打殺縛，

མགོ་གཅོད་པ་དང་རྣ་བ་རྐང་ལག་སྣ་གཅོད་དང་། །

砍頭斷耳鼻手足，

འཇིག་རྟེན་སྡུག་བསྔལ་ཇི་སྙེད་བདག་གིས་བཟོད་སྙམ་པ། །

世間諸苦我能忍，

བྱང་ཆུབ་སེམས་དཔའ་བཟོད་པའི་ཕ་རོལ་ཕྱིན་ལ་གནས། །

菩薩安住忍辱度。

ཚུལ་ཁྲིམས་ཀྱིས་ནི་ཞི་བ་འདོད་རྣམས་འཕགས་པར་འགྱུར། །

戒令求寂者超勝，

སྟོབས་བཅུའི་སྤྱོད་ཡུལ་གནས་ཤིང་ཚུལ་ཁྲིམས་ཉམས་པ་མེད། །

十力行境戒無失，

སྡོམ་པའི་བྱ་བ་ཇི་སྙེད་ཀུན་གྱི་རྗེས་སུ་འཇུག །

戒行隨行於一切，

སེམས་ཅན་ཀུན་ལ་ཕན་ཕྱིར་དེ་ཡང་བྱང་ཆུབ་བསྔོ། །

迴向菩提爲利生。

གལ་ཏེ་རང་རྒྱལ་དགྲ་བཅོམ་བྱང་ཆུབ་རིག་འདོད་ན། །

欲得獨覺羅漢果，

ཚུལ་ཁྲིམས་འཆལ་ཅིང་མི་མཁས་དེ་བཞིན་སྤྱོད་པ་ཉམས། །

破戒無知失行爲，

ཇི་སྟེ་བྱང་ཆུབ་ཞི་བ་མཆོག་ཏུ་ཡོངས་བསྔོ་ན། །

迴向寂滅勝菩提，

འདོད་ཡོན་བརྟེན་ཡང་ཚུལ་ཁྲིམས་ཕ་རོལ་ཕྱིན་ལ་གནས། །

勤欲妙亦住戒度。

ཆོས་གང་རིགས་པའི་བྱང་ཆུབ་ཡོན་ཏན་འབྱུང་འགྱུར་བ། །

若法菩提功德生，

དེ་ནི་ཡོན་ཏན་ཆོས་ལྡན་རྣམས་ཀྱི་ཚུལ་ཁྲིམས་དོན། །

具功德法戒律義，

ཆོས་གང་ཕན་བྱེད་རྣམས་ཀྱི་བྱང་ཆུབ་ཡོངས་ཉམས་པ། །

法失利者之菩提，

འདི་ནི་ཚུལ་ཁྲིམས་འཆལ་ཅེས་རྣམ་པར་འདྲེན་པས་གསུངས། །

此謂破戒導師語。

གལ་ཏེ་བྱང་ཆུབ་སེམས་དཔའ་འདོད་ཡོན་ལྔ་སྤྱོད་ཀྱང་། །

菩薩縱享五欲妙，

སངས་རྒྱས་ཆོས་དང་འཕགས་པའི་དགེ་འདུན་སྐྱབས་སོང་སྟེ། །

然皈依佛法聖僧，

སངས་རྒྱས་འགྲུབ་བྱ་སྙམ་དུ་ཀུན་མཁྱེན་ཡིད་བྱེད་ན། །

思維成佛念遍知，

མཁས་པ་ཚུལ་ཁྲིམས་ཕ་རོལ་ཕྱིན་གནས་རིག་པར་བྱ། །

當知智者住戒度。

གལ་ཏེ་བསྐལ་པ་བྱེ་བར་དགེ་བའི་ལས་ལམ་བཅུ། །

俱胝劫行十善業，

སྤྱོད་ཀྱང་རང་རྒྱལ་དགྲ་བཅོམ་ཉིད་ལ་འདོད་སྐྱེད་ན། །

然求獨覺羅漢果，

དེ་ཚེ་ཚུལ་ཁྲིམས་སྐྱོན་བྱུང་ཚུལ་ཁྲིམས་ཉམས་པ་ཡིན། །

時戒有過是失戒，

སེམས་བསྐྱེད་དེ་ནི་ཕས་ཕམ་པས་ཀྱང་ཤིན་ཏུ་ལྕི། །

彼發心罪重他勝。

ཚུལ་ཁྲིམས་སྲུང་ཞིང་བྱང་ཆུབ་མཆོག་ཏུ་ཡོངས་བསྔོ་ལ། །

守戒迴向大菩提，

དེ་ཡིས་རློམ་སེམས་མེད་ཅིང་བདག་བསྟོད་མི་བྱེད་ལ། །

無驕慢心不讚自，

ང་ཡི་འདུ་ཤེས་སེམས་ཅན་འདུ་ཤེས་ཡོངས་སུ་སྤངས། །

盡除我想眾生想，

བྱང་ཆུབ་སེམས་དཔའ་ཚུལ་ཁྲིམས་ཕ་རོལ་ཕྱིན་གནས་བརྗོད། །

菩薩住戒波羅蜜。

གལ་ཏེ་བྱང་ཆུབ་སེམས་དཔའ་རྒྱལ་བའི་ལམ་སྤྱོད་པ། །

若行佛道菩薩思，

སེམས་ཅན་འདི་དག་ཁྲིམས་ལྡན་འདི་དག་ཁྲིམས་འཆལ་ཞེས། །

此等具戒此破戒，

སྣ་ཚོགས་འདུ་ཤེས་ཞུགས་པ་ཤིན་ཏུ་ཚུལ་ཁྲིམས་འཆལ། །

起種種想是破戒，

ཚུལ་ཁྲིམས་ཉམས་ཤིང་དེ་ལ་ཡོངས་དག་ཚུལ་ཁྲིམས་མེད། །

失戒不具清淨戒。

གང་ལ་བདག་གི་འདུ་ཤེས་སེམས་ཅན་འདུ་ཤེས་མེད། །

誰無我想眾生想，

འདུ་ཤེས་འདོད་ཆགས་བྲལ་ལ་སྡོམ་མིན་ག་ལ་ཡོད། །

離想貪豈有惡戒？

གང་ལ་སྡོམ་དང་སྡོམ་པ་མ་ཡིན་རློམ་སེམས་མེད། །

誰無執戒非戒心，

འདི་ནི་ཚུལ་ཁྲིམས་སྡོམ་པར་རྣམ་པར་འདྲེན་པས་གསུངས། །

導師說此是戒律。

སེམས་ཅན་དག་པ་གང་ཞིག་དེ་ལྟར་ཁྲིམས་ལྡན་པ། །

清淨有情具戒律，

སྡུག་དང་མི་སྡུག་ཀུན་ལ་ལྟ་བ་མེད་པ་ཡིན། །

不見可愛不可愛，

མགོ་དང་རྐང་ལག་གཏོང་ཞིང་ཞུམ་པའི་སེམས་ཀྱང་མེད། །

施頭手足無怯心，

བདོག་པ་ཐམས་ཅད་གཏོང་ཞིང་རྟག་ཏུ་ཞེན་པ་མེད། །

布施所有恆無執。

ཆོས་རྣམས་རང་བཞིན་བདག་མེད་ཡ་མ་བརླར་ཤེས་ནས། །

知法無性我不實，

བདག་གི་ཤ་ཡང་གཏོང་ལ་ཞུམ་པའི་སེམས་མེད་ན། །

縱捨自體無怯心，

དེ་ཚེ་ཕྱི་རོལ་དངོས་པོ་གཏོང་བ་སྨོས་ཅི་དགོས། །

爾時況施身外物？

གལ་ཏེ་སེར་སྣ་བྱེད་པ་དེ་ནི་གནས་མེད་དོ། །

無有慳吝之是處。

བདག་ཏུ་འདུ་ཤེས་དངོས་ལ་བདག་གིར་འཛིན་པས་ཆགས། །

我想執物為我所，

བླུན་པོ་རྣམས་ལ་གཏོང་བའི་བློ་ལྟ་ག་ལ་ཡོད། །

貪愚焉有施捨心？

སེར་སྣ་ཅན་ནི་ཡི་དྭགས་གནས་སུ་སྐྱེ་བར་འགྱུར། །

吝嗇轉生餓鬼處，

ཇི་སྟེ་མིར་སྐྱེས་ན་ཡང་དེ་ཚེ་དབུལ་པོར་འགྱུར། །

投生為人亦貧窮。

དེ་ཚེ་བྱང་ཆུབ་སེམས་དཔའ་སེམས་ཅན་དབུལ་ཤེས་ནས། །

菩薩知眾貧乏已，

གཏོང་ལ་མོས་པར་འགྱུར་ཞིང་རྟག་ཏུ་ལྷུག་པར་གཏོང་། །

渴求捨施恆博施，

གླིང་བཞི་ལེགས་པར་བརྒྱན་པ་མཆིལ་མའི་ཐལ་བ་འདྲ། །

四洲莊嚴如唾沫，

བྱིན་ནས་དགའ་བར་འགྱུར་གྱིས་གླིང་ཐོབ་དེ་ལྟ་མིན། །

施喜得洲非如是。

བྱང་ཆུབ་སེམས་དཔའ་མཁས་པ་གསལ་བ་སྲིད་གསུམ་གྱི། །

明智菩薩如此思，

སེམས་ཅན་ཇི་སྙེད་དེ་དག་ཀུན་ལ་སྦྱིན་པ་འདི། །

但願依此而布施，

བྱིན་པར་གྱུར་ཅིག་སྙམ་དུ་བསམས་ནས་སྦྱིན་བྱིན་ལ།

三有眾生發放施。

དེ་ཡང་འགྲོ་བའི་དོན་དུ་བྱང་ཆུབ་མཆོག་ཏུ་བསྔོ། །

利生迴向大菩提。

སྦྱིན་པ་བྱིན་ནས་དངོས་ལ་གནས་པར་བྱེད་པ་མེད། །

施已於事無能住，

དེ་ནི་ནམ་དུའང་རྣམ་པར་སྨིན་ལ་རེ་བ་མེད། །

彼永不求異熟果。

དེ་ལྟར་གཏོང་ལ་མཁས་པ་ཐམས་ཅད་གཏོང་བ་སྟེ། །

如是知捨施一切，

ཆུང་ངུ་བཏང་ལ་མང་པོ་དཔག་ཏུ་མེད་པར་འགྱུར། །

施少成多無有量。

སྲིད་པ་གསུམ་ན་སེམས་ཅན་མ་ལུས་ཇི་སྙེད་པ། །

三有無餘諸眾生，

ཡོངས་སུ་བརྟག་པ་བསྐྱང་སྟེ་དེ་དག་ཐམས་ཅད་ཀྱིས། །

假設彼等無量劫，

འཇིག་རྟེན་མཁྱེན་པ་སངས་རྒྱས་དགྲ་བཅོམ་རང་རྒྱལ་ལ། །

供世間解佛羅漢，

བསྐལ་པ་མཐའ་ཡས་སྦྱིན་བྱིན་ཉན་ཐོས་ལེགས་འཚོལ་ན། །

獨覺而求聲聞果。

བྱང་ཆུབ་སེམས་དཔའ་མཁས་པ་ཐབས་མཁས་གང་ཞིག་གིས། །

善巧方便智菩薩，

དེ་དག་བསོད་ནམས་བྱ་བའི་དངོས་ལ་ཡི་རང་ནས། །

隨喜彼等做福事，

སེམས་ཅན་དོན་དུ་བྱང་ཆུབ་མཆོག་རབ་ཡོངས་བསྔོ་ན། །

利生迴向大菩提，

ཡོངས་སུ་བསྔོ་བས་འགྲོ་བ་ཐམས་ཅད་ཟིལ་གྱིས་གནོན། །

迴向勝過諸群生。

ནོར་བུ་མཆིང་བུའི་ཕུང་པོ་ཆེན་པོར་གྱུར་པ་ཡང་། །

如碱砆寶縱成堆，

རིན་ཆེན་བཻཌཱུརྻ་གཅིག་དེ་ཀུན་ཟིལ་གྱིས་གནོན། །

一琉璃寶能勝彼，

དེ་བཞིན་འགྲོ་ཀུན་སྦྱིན་པའི་ཕུང་པོ་རྒྱ་ཆེན་ཀུན། །

眾生廣大諸布施，

རྗེས་སུ་ཡི་རང་བྱང་ཆུབ་སེམས་དཔས་ཟིལ་གྱིས་གནོན། །

隨喜菩薩勝過彼。

གལ་ཏེ་བྱང་ཆུབ་སེམས་དཔས་འགྲོ་ལ་སྦྱིན་བྱིན་ནས། །

若菩薩於眾生施，

དེ་ལ་བདག་གིར་མི་བྱེད་དངོས་པོ་འཕངས་མེད་ན། །

不執我所不惜事，

དེ་ལས་དགེ་བའི་རྩ་བ་མཐུ་ཆེན་འཕེལ་འགྱུར་ཏེ། །
彼生善根增大力，
སྤྲིན་མེད་འོད་ལྡན་ཟླ་དཀྱིལ་ཡར་གྱི་ངོ་བཞིན་ནོ། །
猶如無雲上弦月。

སྐབས་ལྔ་པའོ། །
第五品終

བྱང་ཆུབ་སེམས་དཔའི་སྦྱིན་པས་ཡི་དྭགས་འགྲོ་བ་གཅོད། །
菩薩布施離餓鬼，
དབུལ་བ་དང་ནི་དེ་བཞིན་ཉོན་མོངས་ཐམས་ཅད་གཅོད། །
中止貧窮諸煩惱，
སྤྱོད་ཚེ་ལོངས་སྤྱོད་མཐའ་ཡས་རྒྱས་པ་ཐོབ་པར་འགྱུར། །
行時廣得無量財，
སྦྱིན་པས་སྡུག་བསྔལ་གྱུར་པའི་སེམས་ཅན་ཡོངས་སྨིན་བྱེད། །
布施成熟苦有情。
ཁྲིམས་ཀྱིས་དུད་འགྲོའི་འགྲོ་བ་དུ་མའི་ངོ་བོ་དང་། །
依戒能斷旁生體，
མི་ཁོམ་བརྒྱད་སྤོང་དེ་ཡིས་དལ་བ་རྟག་ཏུ་རྙེད། །
離八無暇恆得閒，
བཟོད་པས་གཟུགས་བཟང་དམ་པ་རྒྱ་ཆེན་ཐོབ་འགྱུར་ཏེ། །

忍得廣大微妙相，

གསེར་མདོག་སྟུག་ཅིང་འགྲོ་བས་ལྟ་བའི་འོས་སུ་འགྱུར། །

宛如金色眾樂見。

བརྩོན་འགྲུས་ཀྱིས་ནི་དཀར་པོའི་ཡོན་ཏན་འགྲིབ་མི་འགྱུར། །

精進白法不減失，

ཡེ་ཤེས་མཐའ་ཡས་རྒྱལ་བའི་བང་མཛོད་རྙེད་པར་འགྱུར། །

得無邊智佛寶庫，

བསམ་གཏན་གྱིས་ནི་འདོད་པའི་ཡོན་ཏན་སྨད་པ་འདོར། །

禪定捨棄呵欲妙，

རིག་དང་མངོན་པར་ཤེས་དང་ཏིང་འཛིན་མངོན་པར་སྒྲུབ། །

成就明通及等持。

ཤེས་རབ་ཀྱིས་ནི་ཆོས་ཀྱི་རང་བཞིན་ཡོངས་ཤེས་ནས། །

依慧遍知法自性，

ཁམས་གསུམ་མ་ལུས་པ་ལས་ཡང་དག་འདའ་བར་འགྱུར། །

真超無餘諸三界，

མི་ཡི་ཁྱུ་མཆོག་འཁོར་ལོ་རིན་ཆེན་བསྐོར་བྱས་ནས། །

人中之尊轉寶輪，

སྡུག་བསྔལ་ཟད་པར་བྱ་ཕྱིར་འགྲོ་ལ་ཆོས་ཀྱང་སྟོན། །

爲盡苦於眾說法。

སྐབས་དྲུག་པའོ། །
第六品終

ཆོས་འདི་ཡོངས་རྫོགས་བྱས་ནས་བྱང་ཆུབ་སེམས་དཔའ་དེ། །
此法圓滿彼菩薩。

སྐབས་བདུན་པའོ། །
第七品終

ཡོངས་དག་ཞིང་དང་སེམས་ཅན་དག་པ་ཡོངས་སུ་འཛིན། །
受持淨土攝淨情，

སངས་རྒྱས་རྒྱུད་དང་ཆོས་ཀྱི་རྒྱུད་ཀྱང་ཡོངས་སུ་འཛིན། །
受持佛種及法種，

དེ་བཞིན་དགེ་འདུན་རྒྱུད་དང་ཆོས་ཀུན་ཡོངས་སུ་འཛིན། །
聖僧之種一切法。

འགྲོ་བའི་ནད་གསོ་མཛད་པ་སྨན་པའི་མཆོག་གྱུར་པས། །
療眾生疾大明醫，

ཤེས་རབ་བསྟན་པ་བྱང་ཆུབ་ལམ་ལྡན་འདི་གསུངས་ཏེ། །
示慧說此菩提道，

མིང་ནི་ཡོན་ཏན་རིན་ཆེན་སྡུད་པ་བྱང་ཆུབ་ལམ། །
攝功德寶菩提道，

ལམ་འདི་སེམས་ཅན་ཀུན་གྱིས་ཐོབ་པར་བྱ་ཕྱིར་བཤད། །

為眾生得說此道。

སྐབས་བརྒྱད་པའོ། །

第八品終

འཕགས་པ་ཤེས་རབ་ཀྱི་ཕ་རོལ་ཏུ་ཕྱིན་པ་སྡུད་པ་ཚིགས་སུ་བཅད་པ་རྫོགས་སོ། །

聖般若攝頌圓滿！

རྒྱ་གར་གྱི་མཁན་པོ་བིདྱཱ་ཀ་ར་སིང་ཧ་དང་། །ཞུ་ཆེན་གྱི་ལོ་ཙཱ་བ་བན་དེ་དཔལ་བརྩེགས་ཀྱིས་བསྒྱུར་ཅིང་ཞུས་ཏེ་གཏན་ལ་ཕབ་པའོ།། །།

印度堪布布雅嘎熱桑哈與主校譯師萬德拜則由梵譯藏並校勘抉擇。

攝功德寶經釋
——正入般若密意之善說

全知麥彭仁波切 著
索達吉堪布 譯

嗡索德！

佛陀日親及佛子，彌勒文殊龍樹等，
秉持如來傳承示，深中觀道師前禮。
於等虛空佛佛子，弟子三世聖者眾，
源泉殊勝之般若，敬心善入說彼理。

三世諸佛宣說的所有無盡佛法寶藏之中，猶如心臟般堪爲究竟的，就是聖般若波羅蜜多。保存著《十七母子般若》等爲數眾多的經典，其中的全部內容都完全涵蓋在這部《攝功德寶經》中。此經偈頌格律鮮明，是佛陀親口所說的佛經。傳講、聽聞以諸如此類眾多功德而超勝的這部經，就相當於傳講、聽聞了所有的般若。爲此，我以純淨之心，依靠諸位大德的竅訣，來解說趨入此經密意的道理，包括依照直接宣說空性之理而解釋、依照間接宣說道現觀而解釋兩個部分。

甲一（依照直敘空性之理而解釋）分四：一、經名句義；二、譯禮；三、論義；四、末義。

乙一、經名句義：

梵語：阿雅占嘉巴繞莫達薩匝雅嘎塔
藏語：帕巴西繞戒啪如德辛巴都巴策色嘉巴
漢語：聖般若攝頌

阿雅是「聖」的意思；占嘉為「智慧」；巴繞莫達是「到彼岸」之義；薩匝雅為「攝」；嘎塔義為「頌」。

有關經名句義的詳細內容，當從他論的附注中了解。略而言之，由於是出世間的甚深法，因此稱為「聖」；證悟萬法實相真如的智慧，是一切智慧之最，超群絕倫，所以叫「智慧到彼岸（即般若）」，正因為把這樣的無分別智慧作為所詮加以闡釋的緣故，此經也就得名「般若」；人們依靠這部經，能攝集、擁有世間出世間猶如珍寶般的一切道果功德，為此稱作「攝」；這部經是絕妙之韻律的偈頌形式（藏文每句有十一個字），由此叫「頌」。

乙二、譯禮：

頂禮聖者文殊師利！

先前的諸大譯師在將此宣說勝義的甚深法翻譯成藏語之初，頂禮本尊至尊聖者文殊師利菩薩，目的是為了不起障礙、增上福德。

乙三（論義）分二：一、承接緣起句；二、真正論義。

丙一、承接緣起句：

爾後世尊爲彼等四眾眷屬皆大歡喜，復說此般若波羅蜜多。爾時，世尊說此等偈曰……

處圓滿爲靈鷲山；本師圓滿是釋迦獅子——釋迦牟尼佛；眷屬圓滿，即聲聞菩薩等眷屬眾會之中；時間圓滿，纔剛剛宣說《般若十萬頌》等完畢之後，本師世尊爲了令比丘等那些四眾眷屬，以不費艱辛輕而易舉證悟大義的大乘道果功德，皆大歡喜，又再度宣說法圓滿的所詮內容——此甚深般若波羅蜜多。當時，世尊說此等能詮偈頌……

丙二（真正論義）分三：一、勸勉聽法；二、所說法之自性；三、以如是宣說之必要結尾。

丁一（勸勉聽法）分二：一、真實勸聽；二、附注說明說法者佛陀之事業。

戊一、真實勸聽：

心懷喜敬最勝信，除蓋煩惱而離垢，
行眾生利寂靜者，請聽般若勇士行。

心懷對妙法純淨渴求的歡喜之情、帶著對講法者尊重的恭敬之意以及對聽聞大乘的功德利益等堅信不移最殊勝的誠摯信心，遣除成爲如理作意或受持正法之障礙的貪欲蓋[1]等五蓋

[1] 貪欲蓋：五蓋之一。蓋即蓋覆之義，五蓋即貪欲蓋、嗔恚蓋、睡眠蓋、

的一切煩惱，進而脫離成爲行持或實修正法之違緣也就是——六度的違品——慳吝等垢染，以大悲心身體力行成辦一切眾生暫時究竟利益、寂靜調柔的賢善行者，請聽聞依靠證悟空性悲心圓融雙運使相續柔和的諸大尊者之道——甚深般若波羅蜜多，它完全超越聲聞等的行境，堪爲一切勇士菩薩入定、後得的行境。

通常而言，聲聞緣覺的果位也是由證悟人無我等不同程度通達空性中得來的，在總說證悟空性的優越功德之際，宣講了出生四聖的唯一佛母，證悟萬法平等性的圓滿智慧波羅蜜多，是佛陀的不共因，憑藉這一道理也能了達成立究竟一乘等等眾多要點。

戊二、附注說明說法者佛陀之事業：

從比喻、意義、理由三個方面一一加以宣說。

此贍部洲諸河流，具花果藥林得生，
悉源住無熱惱海，龍王龍主威神力。

如果有人認爲：正如剛剛所講的那樣，我們所聞受的般若波羅蜜多，既然是勇士菩薩們的不共行境，那麼須菩提等尊者怎麼能夠傳講呢？

打個比方來說，這個贍部洲中的恆河等所

掉悔蓋、疑蓋。此五法能蓋覆心性而不生善法。

有江河能夠流淌，具有花果的藥樹林園應有盡有的一切得以生長，這完全來源於住在無熱惱大海中成爲群龍之首或者眾龍之王無有熱沙威脅等的諸大龍主夙願的威神力。

如是佛之諸聲聞，說法講法依理詮，
獲無上樂得彼果，皆依如來威德力。

正如上述比喻所說的一樣，佛陀的所有聲聞弟子須菩提等，攝略而說一切法，詳細廣講，憑依能抉擇的作用理等四種道理方式而詮釋，能獲得講經說法的究竟果位——不住之涅槃的至高無上安樂，以及證得講經說法的暫時果位預流果等四果，其實所有這些都是依靠如來的威德力產生的。

何故如來宣法理，佛陀弟子修學彼，
現前所學如實說，佛威力致非自力。

爲什麼呢？因爲對於如來所宣說的無我法理，作爲佛陀弟子的聲聞修學它，現量證悟以後將自己所學修的教義，也原原本本爲他眾講說，這一切的一切均是佛陀的威力所致，而並不是依靠聲聞自身的力量。

此外，憑藉佛陀的加持，從無情法的虛空當中也傳出深法的音聲，使一切所化眾生得以解脫。我們要清楚地知道，佛陀諸如此類的事業是不可思議的。

第一品

丁二（所說法之自性）分二：一、所修之道；二、宣說道之果。

戊一（所修之道）分二：一、解說主要道般若；二、解說五種其餘助緣（解說其餘五度）。

己一（解說主要道般若）分三：一、略說；二、中說；三、廣說。

庚一（略說）分二：一、詳解所依法果；二、此品攝義。

辛一（詳解所依法果）分三：一、行者身分[2]；二、所修之法；三、宣說彼果。

壬一（行者身分）分三：一、證悟之差別；二、善知識之差別；三、菩薩之詞義。

癸一（證悟之差別）分三：一、基無得之理；二、道無行之理；三、果不住二邊之理。

子一（基無得之理）[3]分二：一、略說；二、廣說。

丑一、略說：

最勝般若不可得，菩薩覺心皆不得，
聞此無癡不恐懼，彼菩薩行善逝智。

對菩薩而言，所宣說或所實修的最殊勝般若波羅蜜多，是來自於什麼對境、屬於什麼行者的行境等問題，如果從時間、地點的角度加

---

[2] 行者身分：即補特伽羅所依，爲了便於理解，而譯爲行者身分。以下譯文中「行者」都是指補特伽羅。

[3] 基無得之理：藏文原文是分三：略說、廣說、攝義，但下文中無有此攝義，因而分二。

以剖析、分析，（就會發現）它自身的體性成立這一點實不可得，僅僅是在名言安立中成立。同樣，所宣講的對境或者實修者菩薩也單單是五蘊的聚合罷了，補特伽羅和法的體性都了不可得，只是在如幻的名言中存在。而且，如果對修行者實修道的本體——所謂「勝義菩提心自性光明」加以觀察、分析的話，由於不住一切邊的緣故，自體性成實這一點也是絲毫得不到的。當聽聞到宣講不住諸法、超離一切所緣行境甚深法界之自性的法語，不會有認爲「不是如此」執著實有的愚癡，對講說空性無所恐懼，（通達）自性空性與顯現不可分割、二諦圓融的這種菩薩有緣分行持善逝所領會並宣說的甚深智慧。

丑二（廣說）分二：一、所知對境不可得；二、有境智慧不可得。

寅一（所知對境不可得）分二：一、意義；二、比喻。

卯一、意義：

色無受無想行無，識處纖塵亦非有，
不住萬法無住行，無取獲諸佛菩提。

倘若如此憑藉觀察勝義的智慧加以探究，色蘊所攝的五根、五境盡所有顯現的這一切，都是眾多微塵匯集、積聚的，多體聚合、粗大或整體的本性絲毫也不成立實有；對於極微塵，也可通過分析它有無方分來證實微塵同樣無有成實性。由此可知，這種色法是現而無實的自性。

同樣，所有屬於自相續或他相續的苦受、樂受、捨受盡所有的一切受也都是眾多、無常的自性，如果加以分析，微乎其微的一分也無成實性可言。與之相同，想蘊和行蘊自體性成立的法一無所有。認知這樣道理之識的處所或基礎纖塵也不存在。總之心和心所的一切法千差萬別，所以不可能存在實有的一法。

刹那生滅之有實法的時際無分刹那，當觀察前後部分之時就能證實它並不成立。當然，這些五蘊只是在未經觀察的情況下似乎令人歡喜的顯現；如果加以觀察分析，那麼粗細任何法的本體也不成立。因此，我們要以無而顯現夢幻水月等的方式來看待。

有爲、無爲的一切法都不例外，從自身角度來說絲毫也不成立，僅僅是憑藉因緣、緣起力才呈現的。對於無欺顯現這一點，如果也依靠探尋真如的正理加以探究，那麼就會確定，這些只是受分別念主宰，以心安立爲我和形形色色的法，真正成立的某法極微許也得不到。當生起這種定解時，此菩薩就是不以所緣的方式安住於所知萬法中。具備不住一切邊的定解妙見，不住一切而行持或者一無所住而行，由此也能通達「一無所見即真見」、「一無所住即真住以及一無所行即真行……」的所有道理。

了達輪涅諸法自性不成如幻的道理，稱爲後得如幻之定解，這是相似勝義，是心之行境、有執著相的正見。作爲初學者，熟練串習這一點相當關鍵。

真正實相究竟義中，「自性不成」和「如幻」等等隨行語言、分別心的一切行境，都是分別假立的法，也都屬於世俗法和虛假法。而究竟勝義的本體是不虛假的法性真性。爲此，把顯現、空性分別稱爲世俗、勝義，而一切法無二的法界真實勝義，是依靠各別自證的智慧所了悟的，超越語言分別的一切行境，是入定的行境，諸法本來無生無滅、無取無捨，以平等性的本體如虛空界般顯現，這是三世如來及菩薩的偉大佛母，是法界無生的實相，是自性光明勝義菩提心的本體，也是萬法的究竟精華。所以，通過對此理毫不懷疑的定解而趨入，無論如何都是至關重要的。《羅睺羅讚般若頌》中云：「無有言思智慧度，無生無滅虛空性，各別自證智行境，頂禮三世諸佛母。」如《中觀根本慧論》中也說：「自知不隨他，寂滅無戲論，無異無分別，則名真如相。」入定於這樣甚深法性中的瑜伽行者，無有任何執取的法，完全去除心識行境的一切所緣和戲論網，依靠具足全無執著相的智慧也就是一切相之最的自性光明或自然本智，而證得一切善逝的大菩提。此處，稍微詳加解釋，以下行文中出現關於遮破色等的所有內容，也要這樣來理解。

卯二、比喻：

如遍行派之具鬘，慧觀無緣滅蘊得，
菩薩通曉如此法，不證涅槃彼住智。

例如，遍行外道派的左揚又名具鬘的人，不管怎麼兢兢業業地修行他自己的論典中承許的有我等這種有緣的見解，都不能成爲解脫一切束縛的因。於是，他憑藉自己的智慧觀見而來到本師出有壞佛陀的面前，請問解脫之道。佛陀爲他宣講了無我的法門，他格外虔誠，堅信不移，結果依靠無緣智慧的聖道而毀滅了痛苦近取之蘊，或者獲得了中斷輪迴相續的涅槃。

任何菩薩通曉如此萬法無緣的道理，不證寂滅一邊的涅槃，他將安住於有寂等性的甚深智慧中。

寅二（有境智慧不可得）分三：一、從建立側面說明；二、從遮破側面說明；三、攝義。

卯一、從建立側面說明：

此慧爲何屬何者？何來思擇法皆空，
詳察無沉無畏懼，彼菩薩即近菩提。

再者，這樣想到，雖然所謂證悟諸法無有

自性的智慧——涅槃，是一切功德的唯一源泉，是我們所追求的目標，但是如果對「它的本體到底是什麼樣的？是屬於何人的行境？是由什麼對境中產生的？」一系列問題加以觀察分析，就會認識到它的本體絕對不成立實有。以此爲例，足能思擇、分析從色法到一切種智之間的這所有法，皆以自本體空。具足真實的正理而詳細加以觀察後，對空性之義無有迷惑不清的昏沉，對甚深法性無所畏懼，那位菩薩真正是靠近圓滿菩提。

卯二、從遮破側面說明：

設若不知有色想，受行識蘊而行持，
思此蘊空而菩薩，持相非信無生理。

假設明明不了解一切萬法原本空性的意義，而對於色法有著色的本體完全成立之想，同樣，對於受蘊、行蘊和識蘊，以實執之想而行持，並且依靠理證加以分析而思量「這所有蘊的自性即遮破所破實有的無遮空性，僅此就是實相」，然而，這樣的菩薩實際上沒有安住於實相遠離增損、超越分別念行境的意義中，是在行持有緣的相，而並非對寂滅一切有相戲論的無生甚深法界之理獲得了誠摯的信心，我們要知道，他還被所緣相執束縛著。

第一品

卯三、攝義：

非色非受非想行，於識不行無住行，
彼不緣行智慧堅，具無生智勝寂定。

上述的真義是說，任何人不把色執為色，同樣，不執著為受，又不執著為想和行，對於識，同樣也不以執著體性成立的方式而行，總之對蘊等任何法，均不行持有無等所緣的相，一無所住而行，他不管行持任何法都不想「我在行持」，因為遠離一切執著的無相智慧得以堅固的緣故，具備證悟無生智慧的此菩薩，將得到「勇行」等最勝寂靜等持。

子二、道無行之理：

菩薩於此自寂靜，彼是前佛所授記，
彼無我入起定想，因徹知法自性故。

某位菩薩，在修行如是所說之道的此時，自相續極為寂靜，他是先前的諸位如來所授記將證得無上圓滿菩提的，這樣的菩薩沒有「我入定於空性中或者從中起定」的想法。這是為什麼呢？因為他已徹底了知一切法的自性是無二之法性等性的緣故。

若如是行行佛智，彼知無行真行故，
行持何法皆不緣，此即行持勝般若。

如果行持這樣的法理，就是在行持一切善

逝的智慧，原因是，這位菩薩完全了達「對任何法皆無所行」就是真正的妙行之故。所以，他不論行持道等任何法，對於所行的法、行持與行持者都不緣執，這種方式，就是在行持最殊勝的般若波羅蜜多。

子三（果不住二邊之理）分二：一、意義；二、比喻。

丑一、意義：

何法非有彼稱無，凡愚觀其爲有無，
有無此二是無法，菩薩知此則定離。

在宣講這一切法自本體並不存在，也就是說所有假立的法無有自性這一點時，貪執名、相的凡夫愚者們，觀察分析其義以後，要麼執著增益爲有之邊，要麼執著損減爲無之邊，而無法領會到離邊的實相。其實，在真實義中，所謂的有無這兩者都同樣是一無所得之法。遠離有無是非等凡夫俗子的一切增益戲論、圓融雙運、一無所住的意義，是無餘寂滅諸邊和承認、各別自證之境。任何菩薩如果充分理解到不分別有無之法界的這一含義，那麼必定脫離一切邊。

丑二、比喻：

此知五蘊如幻術，不執幻蘊各相異，
離種種想寂滅行，此即行持勝般若。

處在此學道階段的菩薩，知曉以五蘊爲例的一切法現而不實猶如幻術，不把幻術和蘊執著爲各自相異、有真假之別的他法，認識到五蘊本身與夢幻等一模一樣，進而遠離人執與法執的種種想，寂滅戲論而行持，這就是在行持最殊勝的般若波羅蜜多。

癸二（善知識之差別）分二：一、所立；二、所破。

子一、所立：

具善知識具勝觀，聞諸佛母全無懼。

由於一切菩薩具足外內攝持的緣故，於勝乘之道中不會退失，爲什麼呢？因爲他們既具備外攝持——以智慧指明萬法無有自性、以方便宣說一切善根迴向遍知的智慧之理的善知識，又具足內攝持——自己渴求獲得遍智的心和三輪清淨的勝觀，這樣的行者，聽聞到一切佛陀之生母——甚深般若波羅蜜多而全無畏懼，完全能接受般若真義。

子二、所破：

誰依惡友仰仗他，彼如新罐觸水毀。

與剛剛所說的內容恰恰相反，任何初學者，依止誹謗勝乘義的惡友，自己的智慧尚未成熟而依賴仰仗他者，這種人就如同沒有入窯焙燒的新土罐一經接觸到水即刻毀壞一樣，將從勝乘道中退失。

癸三（菩薩之詞義）分二：一、一般菩薩之詞義；二、大菩薩之詞義。

子一、一般菩薩之詞義：

何故此者名菩薩？能斷貪求盡諸貪，
無貪獲證佛菩提，是故此得菩薩名。

如果有人問：為什麼這種行者被取名為菩薩呢？

由於依靠隨入法界自性的聞慧等智慧，能無餘斬斷對色等萬法的耽著或貪執，並且希求完全去掉、盡除對所知諸法以實執貪著的分別念及種子，無所貪執而獲證最終諸佛的大菩提，為此這種修行者贏得了菩薩的名稱。

子二（大菩薩之詞義）分二：一、堪為眾生之最；二、披大盔甲。

丑一、堪為眾生之最：

何故彼名大菩薩？堪為有情眾之最，
斷眾生界諸重見，是故得名大菩薩。

如果有人又問：為什麼那種行者被取名為大菩薩呢？

由於救度一切有情的發心和證悟深法的智慧廣大，堪為處於世間界中類別繁多無有限量、不可估量的有情眾之最，而且所有眾生界的我和蘊等所有見解從無始以來久經熏習，難以推翻，無邊無際，多之又多，由此稱爲「重」。這種行者依靠宣講無有所得的深法斷絕、遣除眾生界的所有嚴重見解，爲此得名大菩薩。

丑二（披大盔甲）分二：一、真實宣說；二、宣說披甲之理。

寅一、真實宣說：

大施大慧及大力，趨入諸佛勝大乘，
披大鎧甲降魔幻，是故得名大菩薩。

不僅僅是剛剛所說的，而且由於披大鎧甲的緣故，也得名大菩薩。是什麼鎧甲呢？不貪著所擁有的一切，具足慷慨博施的布施鎧甲；具備斷除破戒的大心或者大智慧的戒律鎧甲；具備安忍等其餘四種鎧甲而摧毀心煩意亂等各自違品的廣大威力；趨入並具足一切佛陀的殊勝大乘從發心到遍智之間的道果。總之，實修六度之道，對於猶如虛空般無邊無際的大乘無餘道法，披上永不退失的大鎧甲，鏟除十方一切世界中的見解稠林，救離惡趣等等，精進降伏惡魔的所有幻術。爲此，得名大菩薩。

寅二（宣說披甲之理）分二：一、比喻；二、意義。

卯一、比喻：

幻師十字街幻變，多士眾首斬千萬，

所殺如是菩薩知，眾生如化無畏懼。

關於披上菩薩之盔甲的方式，就是無所畏懼、無所怯懦的自性，比如說，魔術師在十字街頭幻變出各式各樣的形象，表演把許多人的頭顱斬斷多達千萬數的魔術。當時，所殺的那些人只是魔術的幻變，因此不管他們受怎樣的苦，爲數多麼可觀，也都如此被看作是虛假的，同樣，菩薩完全知曉遭受漫無邊際巨大痛苦的這所有眾生均無有成實如同幻化的形象，從而那些菩薩盡未來際，肩負起無邊無際眾生的利益而毫無畏懼。

卯二、意義：

色想受行以及識，未縛未解本非有，
行持菩提無怯心，此是正士勝鎧甲。

一切眾生猶如魔術幻變的原因也是如此：所謂的有情單單是依靠這個五蘊而假立的，在真實性中，色、想、受、行、識，誰也不曾束縛它，誰也未曾解脫它，因爲這些五蘊在勝義中本不存在的緣故。自本體不存在，無縛無解猶如虛空。了達此理以後對僅僅在世俗名言中實際修行、行持菩提，無有怯懦之心，這實堪爲所有真正行者最殊勝的鎧甲。

壬二（所修之法）分二：一、略說大乘之本體；

二、廣說彼之自性。

癸一（略說大乘之本體）分二：一、名言中以本體作用而解說詞義；二、宣說勝義中彼等不可得。

子一、名言中以本體作用而解說詞義：

何名菩提之大乘？乘之令眾趨涅槃，
此乘如空無量殿，得喜樂安最勝乘。

如果有人問：爲什麼把它取名爲菩薩的大乘呢？

行者駕馭著大乘，能使一切所化眾生抵達涅槃果位，爲此，以坐騎的意思而稱爲「乘」，因爲通過此道，能把自他通通運載到究竟果位。此大乘的本體，給無量眾生提供良機，宣說二十空的自性法界猶如虛空般甚深的本性，好似無量宮一般具足等持、總持、波羅蜜多等無量廣大莊嚴；趨入大乘法理的作用是以無漏之樂令無量有情獲得暫時的心喜身樂和究竟果位——不住之涅槃的安樂。爲此，稱爲最勝乘或者大乘。

子二、宣說勝義中彼等不可得：

誰乘去所不可得，謂趨涅槃實不得，
譬如火滅無去處，因是稱說彼涅槃。

勝義中，任何行者駕馭著大乘而去往果位的方所實不可得。

如果有人問：那麼，爲什麼說「依靠此乘將去往涅槃果位」呢？

那只是說在名言中，而在真實義中，所謂的「趨涅槃」也實不可得或者一無所得。比如，木柴用盡火焰熄滅時，它所去的其他方處一無所有。同樣，以顛倒迷亂的分別念滅盡的這種因，而稱說「彼行者趨入涅槃」。

癸二（廣說彼之自性）分二：一、宣說行者與道無自性；二、彼之攝義。

子一（宣說行者與道無自性）分二：一、宣說修道者補特伽羅不可得；二、宣說道般若不可得。

丑一、宣說修道者補特伽羅不可得：

菩薩前際與後際，現在不得三時淨，
彼是無為無戲論，此即行持勝般若。

修道的那位菩薩，在前際——過去時或者輪迴階段，後際——未來時和無學位，現在正處於學道時期，不管是哪個階段都不可得，因為行者自本體原本未生、以後不生的緣故。三時之相清淨，以任何法也不可立其差別。所謂的菩薩，他在真實性中是無為法，並無有將他安立為修道者或得果者等的名言戲論。通達了此理，這就是在行持最殊勝的般若波羅蜜多。

丑二（宣說道般若不可得）分二：一、所行；二、所止。

寅一、所行：

菩薩通曉證知時，思維無生如此行，
起大悲無眾生想，此即行持勝般若。

菩薩通曉世俗和證知勝義而行持的時候，通過分析諸法因、果、體，而思維原本無生的意義，這般行持並安住。那是怎樣的呢？儘管生起無緣大悲，但也沒有眾生之想，這就是在行持最殊勝的般若波羅蜜多。

寅二、所止：

若起眾生痛苦想，思利眾生除痛苦，
執我眾生之菩薩，此非行持勝般若。

假設對眾生起實有想，同樣生起痛苦想，並且思量：我要利益一切眾生，解除他們的痛苦。以耽著的方式妄執我與眾生的菩薩，沒有逾越分別念的範疇，這樣並不是在行持最殊勝的般若波羅蜜多，因爲他處於有緣的境地。

子二、彼之攝義：

知諸有情與我同，知一切法如眾生，
無生與生不分別，此即行持勝般若。

菩薩了知猶如自身自性不成立一樣，一切有情都與我相同，也了知如同一切有情無有自性那樣發心等萬法都是如此，對於無生與生均不加分別，安住於二諦無別的實相無戲論之義中，這就是在行持最殊勝的般若波羅蜜多之處。

壬三、宣說彼果：

世說盡其有名法，普皆離生真實滅，
唯得無死妙本智，故名般若波羅蜜。

如果有人問：無分別智慧所得是什麼呢？世間上能夠表達的盡其所有法的名稱，從色法到遍智之間的一切，都遠離勝義中生和真實性中滅的邊，從而安住於無生無滅平等性中，能獲得永無退失、唯一無死或微妙的佛陀無分別本智，也就是一切法中微妙、究竟、無上的本性。所以，證悟一切法無所得的此道，名爲般若波羅蜜多，是一切道中至高無上的。

辛二、此品攝義：

菩薩無慮如此行，知具妙慧住等性，
徹了諸法無自性，此即行持勝般若。

某位菩薩，對自己的聖地堅定誠信，無有懷疑、顧慮，如此行持所宣說的法理，由此可知，他就被稱爲具有殊勝妙慧者。他安住於諸法等性中，徹底了達如此基道果一切法無有自性平等一味，這就是在行持最殊勝的般若波羅蜜多。

第一品終

第二品

庚二（中說）分四：一、宣說修學之理；二、認清修學之有境般若；三、當攝集依彼之福德；四、相續中生起般若自性之法。

辛一（宣說修學之理）分二：一、宣說不住；二、宣說修學彼之理。

壬一（宣說不住）分二：一、宣說不住之住；二、彼之功德。

癸一（宣說不住之住）分二：一、意義；二、比喻。

子一（意義）分二：一、不住差別基色等；二、不住差別法無常等。

丑一、不住差別基色等：

不住於色不住受，不住於想不住行，
不住何識住法性，此即行持勝般若。

不以所緣的方式住於色等，同樣，也不住於受、不住於想、不住於行、不住於任何識，那就是安住於它們的法性無緣中，這樣即是在行持最殊勝的般若波羅蜜多。

丑二、不住差別法無常等：

樂苦愛厭常無常，我與無我真如空，
得果羅漢皆不住，不住獨覺及佛地。

此外，對於色等一切法的常與無常、安樂與痛苦、合意的可愛與不合意的可惡、有我與無我、執著真如與執著空性等二邊和任何分別念執著悉皆不住，證得預流果等三果以及阿羅漢果，都不以執著它之想而住，也不住於獨覺果位與佛地，總之對於基道果的任何法，均不以耽著而安住。

子二、比喻：

導師不住無爲界，不住有爲無住行，
如是菩薩無住住，無住即住佛說住。

不住任何法的比喻：就像導師佛陀出有壞的智慧不住於無爲法界——寂滅涅槃的唯一法界，也不住於有爲法三界輪迴一方，他是以不住有寂一切邊一無所住而行持。同樣，菩薩對所知之處，也以無有耽著安住的方式而住，「一無所住即真住」的這種道理，法王佛陀說爲「一切住之最」。

癸二、彼之功德：

思成善逝之聲聞，欲成獨覺成佛陀，
不依此忍不能得，如同不見此彼岸。

對基道果的一切法以耽著而住、有緣取者，就不能證得菩提，依靠無緣才能獲得三菩提。如果誰想要成爲善逝的聲聞，欲求成爲緣覺以及法王——佛陀，總之不管渴求三菩提的任何一種果位都不例外，不依靠堪忍（即接受）

不住或無緣之意的此道，任何一種果位也無法獲得，就如同不依靠船隻就見不到大海的此岸與彼岸一樣。

證悟人我與法我自性不可得的法忍生起了多少，就會得到相應量度的三菩提，依靠證悟了空性的部分——人無我能獲得聲聞菩提，證悟一個半無我，能獲得緣覺菩提，證悟圓滿二無我的究竟等性，就獲得佛陀菩提，這一切都是來自於般若的威力。所以說，由此般若波羅蜜多中出現三乘的通衢大道。其餘經中也說：如果認爲「預流向、預流果是我所得的果」，那就成了他的我執……

再者，對於三解脫門的自性空性，聲聞由於不具備善巧方便，智慧淺薄，結果以相似之想沒有如實證悟，而現前下等的涅槃，但最終將一五一十證悟等性而成佛，所以宣說究竟一乘。誠如《般若經》本身當中也說明了基智、道智和遍智的差別；同樣，補處十地菩薩（彌勒）的論典中也有明確闡釋。本來，有緣不能從輪迴中解脫出來；實修無緣的般若，也因爲圓滿證悟、未圓滿證悟而相距果般若有著遠近的差別。了解這些道理至關重要，這些是插敘的內容。

壬二（宣說修學彼之理）分三：一、修學般若之理；二、所學修之處；三、修學者修學方式。

癸一、修學般若之理：

講法聽聞所說法，證果緣覺世怙主，
明智所得之涅槃，此皆如幻如來言。

從世俗的角度而言，上師講經說法，弟子聽經聞法，通過聽受所說的法及勤奮修行而證得聲聞四果，獲得緣覺果位，現前世間怙主佛陀的菩提，對出世間的道軌，依靠聰明才智、敏銳智慧所獲得的究竟涅槃，這一切都是緣起的顯現，經不起理證分析，如同幻術一般，這是如來所言說的。《廣般若經》中云「須菩提言：『諸天子，於我前聞法，當知如幻如化』」一直到「若有勝過涅槃之他法，彼亦視如幻術」。[4]

癸二、所學修之處：

四種行者不畏彼，知諦佛子不退轉，
羅漢除垢斷懷疑，四善知識所攝持。

誰會對以上所說的意義恭敬呢？有四種行者，不畏懼剛剛所闡述的甚深意義。是哪四種行者呢？一是通曉甚深諦實義的佛子，也就是說見諦或者智慧純熟者，二是不退轉的大菩薩們，三是諸位聖者阿羅漢。以上這些補特伽羅

[4] 玄奘大師所譯《大般若經》中云：「善現答言。諸天子。我不但說我等色等乃至無上正等菩提如幻如化如夢所見。亦說涅槃如幻如化如夢所見。諸天子。設更有法勝涅槃者，我亦說爲如幻如化如夢所見。」

遣除、滅盡了心的垢染進而對甚深意義斷除懷疑，這三者意樂圓滿。第四種雖然是初學者，但由於承侍過先前的如來而被如今能夠宣講真實般若的善知識所攝受。

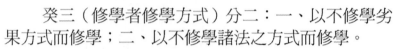

癸三（修學者修學方式）分二：一、以不修學劣果方式而修學；二、以不修學諸法之方式而修學。

子一、以不修學劣果方式而修學：

明智菩薩如是行，不學羅漢緣覺地，
爲一切智學佛法，一無所學即爲學。

通達三乘道位、了知究竟真諦無別平等一乘道理的明智菩薩，宣說如此行持萬法離邊平等一味，也與假立的法性（指名言法爾）互不相違，他不修學自己證得聲聞阿羅漢之地（指小乘八地），也不修學緣覺地。那在名言中修學什麼呢？唯一就是爲了獲證一切種智，而隨學一切佛陀經行獲得的正法。如此一來，在勝義中，對所謂的學及與之相反的不學二者都不緣，對任何法一無所學，才是修學真實道。

子二、以不修學諸法之方式而修學：

色增減取故非學，非執種種諸法學，
學亦緣取一切智，定生此即喜德學。

色等染污與清淨所攝的一切法有增有減並且是所取的緣故，並非修學，因爲所有這些法本不可得，自性清淨，爲此照見勝義中是無增無減、無生無滅、永無所取等的自性本來真義而安住於無作等性中的菩薩行者，不以耽著執取或取受種種萬法而以加行修學，或者說以無緣的方式修學；內心（即意樂）以不分辨的方式緣取一切種智；以甚深方便智慧之道的功能，必定出生自己所求的究竟果位。具足這三種法，就是喜愛勝乘功德的菩薩們的修學方式。

辛二、（認清修學之有境般若）分四：一、宣說離一體異體；二、宣說無邊；三、宣說不可思議；四、宣說原本清淨。

壬一、宣說離一體異體：

色非智慧色無智，識想受行皆非智，
此等中亦無有智，此同虛空無異體。

如果有人問：所謂的智慧波羅蜜多到底是怎樣的呢？

色不是智慧波羅蜜多，因爲這兩者不是一體之故；色中也不存在異體而住的智慧，因爲另行存在的智慧不可得的緣故。同樣，識、想、受、行都不是智慧，這些當中也沒有不同他體的智慧。一切法的法性——基般若，既不可以說與色等是一體，也不可以說是他體。儘管智慧波羅蜜多這一法界，既不是與色等一體，也並非與色等是異體，然而在唯一它的本性中圓滿具足一切法，就如同虛空界一樣，纖塵許也不存在與獨一無二的法界截然分開的他體二法。其原因是：如果一切有法以外存在著不同他體的法性或法界，那麼就不是有法的法性了，絕不可能有不成爲法界本體的法存在；如果色等有法與法界是一體，那麼只要見到色等有法就該現見真諦，而且世俗與勝義不可安立爲他體，有諸如此類的過失。

如經中說：「般若波羅蜜多，當從《須菩提品》中尋覓。『帝釋，般若波羅蜜多，莫於色中尋覓，莫從色外尋覓，彼等法法相唯一，因爲無相之故……』」

壬二、宣說無邊：

所緣自性無有邊，有情自性亦無邊，
虛空界性亦無邊，世間解智亦無邊。

所緣或所取的色等自性不偏住於「此」的緣故無有邊際；思量或執取它的有情自性也是法界的本體，而無有邊際；堪當表示法性的比喻虛空界的自性也無有邊際；證知這所有對境的世間解（即佛陀）的智慧也無有僅此爲止的邊際。關於這一點，如經中云：「般若波羅蜜多廣大、無量、無邊……」一切法均成爲法界之本體的緣故，法界包容一切，無邊無際，包含在其本性中的一切有法也不存在境的邊緣和時間的邊際，因此我們要認識到平等一味法性大清淨的這種自性。

壬三、宣說不可思議：

導師說想是此岸，破想而斷趨彼岸，
離想得此到彼岸，彼等安住佛經意。

什麼時候存在著有實、無實等相執之想，那麼在此期間就不超離世間，所以稱爲此岸，這是導師善逝言說的。（如經中云：）「何時起想，彼時流轉。」所以，依靠妙觀察的智慧，破毀想和成爲所緣的一切，進而斷除所有相執之想，那就趨向一切世間的彼岸。何人憑藉這種道理，遠離一切所緣之想，得到超越分別心的這種法性，達到道的彼岸，他們即安住在佛陀經典的密意中。要知道：儘管他們已經安住在諸法自本體原本無生的離障自性中，但爲了滅盡以顛倒想假立種種我和法的分別心染污，而憑藉隨同法性的無分別智慧滅盡一切想，入定於真實際法界中，即是以無破無立的本性護持的究竟般若波羅蜜多。

壬四（宣說原本清淨）分二：一、有情爲例之諸法原本真實清淨；二、證悟如是之功德。

癸一、有情爲例之諸法原本真實清淨：

設佛恆河沙數劫，住世普傳眾生音，
本淨有情豈能生？此即行持勝般若。

假設堪爲正量的佛陀善逝在恆河沙數劫中

住世，普遍傳揚「眾生存在」的音聲，可是自本體原本住於無生清淨的自性中，有情又怎麼會存在或產生呢？諸法的法爾是一成不變的，要使它產生誰也無能爲力。即便是佛陀宣說「有」，（菩薩們）尚且不行持有，更何況說其他人（說有）了？如此見到本來無生的意義，這就是行持最殊勝的般若波羅蜜多。

我們應該依靠以上認清般若的這四個偈頌，受持超越心識行境的無二智慧之理，抉擇真正的甚深般若瑜伽。

癸二、證悟如是之功德：

如來此述某一時，我隨說勝波羅蜜，
爾時先佛授記我，未來之時得成佛。

釋迦牟尼如來，如此講述：「某一時，釋迦王我，隨時隨地隨應宣說這一最殊勝的般若波羅蜜多，獲得八地無生微妙法忍，當時，先前的佛陀授記我『你於未來之時，得以成佛』」。往昔，在燃燈佛時代，我等大師成爲婆羅門童子，名爲童雲，他在佛前撒五朵青蓮花，用金色髮辮鋪設爲墊。燃燈佛親口授記道：「婆羅門童子，你於未來之時無數劫，於此世界成佛，佛號釋迦牟尼。」在當時，那位婆羅門童子獲得了無生法忍以後依靠無緣的方式，不離開無有限量的佛陀之法，而得授記。諸佛爲獲得無生法忍者授記，是一種自然規律。在那之前，即使在無量劫中承侍過無數佛陀，進而爲遍知發心（即發無上菩提心），可是並沒有獲得授記，因爲以往沒有得到隨時隨地安住於般若波羅蜜多的如此法忍。

辛三（當攝集依彼之福德）分二：一、自受持等功德；二、爲他講說等功德。

壬一（自受持等功德）分二：一、不受損害；二、攝集福德。

癸一、不受損害：

怙主行持此般若，何人恭敬而受持，
毒刃火水不害彼，魔王魔眷亦無機。

怙主圓滿佛陀及佛子入定、後得行持的此般若波羅蜜多，任何善男子或善女人恭敬而受持經文，領會其義，由此身體不會遭受大苦厄，也就是說毒物、兵刃、烈火、洪水不能侵害他。此外，如毒般的耽著、如刃般的嗔恨、如火般的貪戀、如水般的愚癡也不能危害於他。對修道製造違緣的魔王波旬和魔方的所有惡劣眷屬，也都無機可乘，因爲依靠法性力並受到佛菩薩及善法天神們所庇護的緣故。

癸二（攝集福德）分二：一、供養之功德；二、修學之功德。

子一、供養之功德：

有者於佛滅度已，建七寶塔供養之，
佛塔數等恆河沙，遍滿佛土千俱胝。
設若無邊俱胝剎，盡其所住眾有情，
唯以天花香塗香，三時劫或過彼供。
於生導師之十力，佛母經函誰繕寫，
繫帶供奉花塗香，造塔供養福不及。

有些人，用佛陀涅槃後的舍利裝藏，建造佛塔，從結緣的殊勝對境的角度而言功德利益頗巨。而且是用吠琉璃、紅珍珠、冰珠石、綠玉、水晶、黃金、白銀之類的七寶材料造成的佛塔（佛塔所用材料的特點），並供養它。（數量眾多的特點：）所建的佛塔數量等同恆河沙數，遍滿千俱胝數佛陀剎土。如果用假設的比喻來說明，（作者的特點：）設使無邊俱胝的剎土中，盡其所居住的所有眾生，他們其餘事一概不做，唯一供養天花、香、塗香（供品的特點），每一晝夜，三時連續不斷，歷經數劫或超過劫數作供養，那顯然有無量福德，然而對於出生導師如來的十力等無與倫比功德的諸佛之母，也就是宣講無二智慧及善巧方便的此經函，誰人繕寫，帶在身邊，供奉花、塗香，哪怕只是偶爾的時間這樣做，前面造塔後供養的福德也比不上它百千俱胝那由他等之一的數目、部分、比喻和因。

子二（修學之功德）分三：一、修學般若而生有寂安樂之理；二、修學般若舍利得供養等之理；三、修學般若成爲超越其餘善根波羅蜜多之理。

丑一（修學般若而生有寂安樂之理）分二：一、宣說意義；二、詮說其比喻。

寅一（宣說意義）分二：一、產生寂滅安樂；二、產生有寂安樂之理。

卯一、（產生寂滅安樂）分二：一、產生一般寂滅安樂之理；二、產生寂滅果位三世佛之理。

辰一、產生一般寂滅安樂之理：

佛此般若大明咒，能滅有情眾憂苦。

佛陀的此般若波羅蜜多，是大明咒或無上明咒，其中所謂的「明咒」由梵語「曼札」引申出來，是以明、知輕而易舉救護的意思。這樣的明咒方便勝過一切，爲此說「大」。因爲依靠她，能永久滅除凡屬眾多無量有情界的一切心裡憂傷和身體的痛苦。

辰二（產生寂滅果位三世佛之理）分二：一、成爲過去現在佛母之理；二、成爲未來佛母之理。

巳一、成爲過去現在佛母之理：

過去十方世間怙，學此明咒成藥王。

過去十方世間的怙主，現在住世的他們均是通過學修這一大明咒、無等等咒而成爲無餘除去一切眾生身心苦楚的無上藥王。

巳二、成爲未來佛母之理：

行利心懷慈悲行，學此明咒智證覺。

對於一切眾生，行爲上予以利益、心裡懷著慈悲而奉行普賢行爲的諸位菩薩，也修學這一般若波羅蜜多大明咒，那些智者將在未來時，證得無上大菩提，也就是得以成佛。

卯二、產生有寂安樂之理：

當知有爲無爲樂，一切安樂由此生。

我們應當了知，有爲輪迴的安樂和無爲解脫的安樂，也就是說輪迴涅槃的一切安樂都是由萬法的根本或心臟般的此般若波羅蜜多中產生。

寅二（詮說其比喻）分二：一、以地比喻說明產生一切功德之理；二、以轉輪王比喻說明一切功德隨行於此。

卯一、以地比喻說明產生一切功德之理：

種播於地將出生，得以聚合生眾色。
五度菩提諸功德，此等皆由般若生。

成爲道果一切功德之根本的比喻是怎樣的呢？

猶如種子播植於地上，將長出綠苗等，它們各自因緣得以聚合，就會生出眾多的色法。同樣，五波羅蜜多道和菩提果的一切功德，也都是由般若波羅蜜多中產生，如果布施等以三輪無分別智慧攝持，那麼就成爲真實道，它與究竟的果這兩者成立無則不生的關係。此外，依靠證悟真如的智慧成就一切種智，依靠這一智慧正確無誤宣說因果的所有法，由此將直接或間接出生一切善根。

卯二、以轉輪王比喻說明一切功德隨行於此：

輪王常由何道行，七寶四兵經彼道，
如來般若從何行，諸功德法隨彼行。

再比如，轉輪王常常從哪條道路行進，輪王七寶及四兵（即四種軍隊）也行經那條道路，同樣，如來的此般若波羅蜜多在行者相續或道位哪裡存在或由經何處往行，那麼作爲因的三輪清淨的所有善根和作爲果法的道果一切功德法也將隨之而行，也就是說，證悟般若中能攝集、增上一切白法，並臻至究竟。

丑二（修學般若舍利得供養等之理）分二：一、真實宣說；二、以比喻說明其理由。

寅一、真實宣說：

帝釋提問請佛答，設若恆河沙佛刹，
盈滿如來之舍利，然我取受此般若。

帝釋天提出疑問請求佛陀答覆，帝釋問：「假設等同恆河沙數的佛陀刹土中，都密密麻麻盈盈充滿了佛陀的舍利，但是舍利與繕寫般若經函作爲兩部分，您選取其中何者？」佛答：

「帝釋，我取受此繕寫般若經函。」

寅二、以比喻說明其理由：

我非不敬舍利子，般若熏修成應供，
如依王人受敬重，佛陀舍利依般若。

如果問：爲什麼將對其供養等能出生無盡福德的許多舍利置之一旁，而偏偏取受此般若波羅蜜多呢？

（佛言：）我並不是不恭敬佛舍利子，我恭敬舍利卻取受般若的原因是，由於般若熏修才使那些舍利成爲應供處，猶如依靠國王的人們也得到別人敬重一樣，佛陀的舍利有著巨大功德是依靠般若波羅蜜多才成爲如此的。

具德無價摩尼珠，置於何篋應禮敬，
取出亦於篋愛重，彼等功德即寶珠。

如果問：那麼，佛陀滅度以後現在已遠離行持（般若）的緣故，怎麼會由般若的威力，舍利成爲應供養處呢？

具有賜予所欲的一切功德、無價之寶的摩尼珠，裝在秘篋等任何器皿裡，那個器具就成了世間應禮處。即便寶珠已從中取出，可是對於先前放寶物的秘篋，人們依舊認爲這是放摩尼寶珠的器具，所以與眾不同，而歡喜愛重，那個器具得到這些功德，實際上就是摩尼寶珠的功德。

如是依勝般若德，佛滅舍利得供養，
由此誰欲持佛德，應取般若此解脫。

同樣，依靠般若的最上珍寶的功德，儘管佛陀已經滅度，然而器具般的舍利子也受到供養。正是由於這種原因，任何人滿懷歡喜，希望受持佛陀的無量功德，理應取受此般若波羅蜜多，這就是能解脫一切相之束縛和障礙、最無上的解脫本體。

丑三（修學般若成爲超越其餘善根波羅蜜多之理）分二：一、宣說布施等一理；二、宣說其比喻。

寅一、宣說布施等一理：

布施前行即智慧，戒忍精進禪亦爾，
爲善不損故攝持，此示諸法唯一理。

發放布施的前行，即是智慧，也就是說必須要以三輪無緣的智慧攝持，戒律、安忍、精進、禪定也都是如此。爲什麼呢？爲了使布施等一切善法不被有緣所染而損耗以至成爲有寂一邊的因，故而攝持爲普皆清淨的波羅蜜多本性。這種智慧能指示布施等萬法於無緣的本性中平等一味的唯一道理。

寅二、宣說其比喻：

如贍洲樹千俱胝，不同種種多形色，

唯說樹影之一名，影無種種無差別。
佛陀此五波羅蜜，亦得般若之名稱，
為遍知果普迴向，六度一味歸菩提。

布施等其餘所有善法於般若波羅蜜多自性中一味一體的道理，以比喻來說明，譬如贍部洲的檀香、沉香等各不相同的所有樹木多達數千俱胝，儘管這些樹木的色、香等有種種不同差別，枝幹花果等有多種形色，然而它們的影子只叫樹影這一個名稱。作為影子，並不是像樹一樣有種種顏色、芬芳等，從影子本身的側面，並不存在各自樹木迥然有別的現象。與此比喻相同，如來之道五波羅蜜多，如果以證悟真如的智慧攝持，這一切也都將獲得般若的名稱，歸屬於出世間波羅蜜多之列，這是由於智慧的原因，所有這些道於現空無別（即遍具殊勝之空性）的本性中成為一體。不僅僅是道位，而且所有善根倘若為了遍知佛果而普皆迴向，就好似匯入海中的水一樣，所有六度都將同歸於所有善根之果——圓滿菩提中，變成一味一體，於現空無別的果位智慧法身中任運自成。

壬二（為他講說等功德）分二：一、如何講說之方式；二、如是宣講之功德。

癸一（如何講說之方式）分二：一、傳講所斷假般若之方式；二、宣講所取真實般若之方式。

子一、傳講所斷假般若之方式：

菩薩若本未盡知，宣說色想受行識，
無常行持假般若，智者永不壞諸法。

某位菩薩，假設自己原本明明沒有完全了知所說的甚深離戲般若義的道理，而宣講色想受行識五蘊是無常、苦、單單的人無我和相似的空性，聲稱「這就是最殊勝的般若波羅蜜多」，實際上他是在行持形象的般若或者虛假、相似的般若，不符法性而講說，就唐捐了勝乘的密意。而一五一十證悟般若義的諸位智者，永遠不會失去或毀壞佛陀甚深智慧安立的諸法本義以及由文字無誤開示的甚深如來教。

子二、宣講所取真實般若之方式：

非色非受不緣想，不緣行識盡了知，
萬法無生空性理，此即行持勝般若。

某位說法者，不耽著色，同樣不是受、不緣想，也不緣於行和識，而徹底了知色等法的本體與其差別法——無常等爲例的輪涅一切法本來無生空性、超離分別行境的道理，並爲他眾如此宣說，這就是在行持最殊勝的般若波羅蜜多。

癸二（如是宣講之功德）分二：一、宣說真般若之功德；二、彼之原因。

子一、宣說真般若之功德：

有化恆河沙數剎，眾生皆證羅漢果，

書此般若經函贈，最上有情福更勝。

有些補特伽羅調化恆河沙數一切刹土中居住的所有眾生，使他們都證得阿羅漢果位；另有任何行者繕寫此般若立成文字，而將經函奉贈給通達般若意義並能為他眾傳講的菩薩——「最上有情」，那麼這一福德與前者相比，更為超勝。

子二（彼之原因）分二：一、真實原因；二、以比喻說明。

丑一、真實原因：

因說第一修學此，能宣諸法此空性，
聞彼聲聞速解脫，證得獨覺佛菩提。

如果有人問：如此福德超勝的原因何在呢？

因為堪為說法第一的那些菩薩，修學此正道，進而能宣講諸法為空性的這一大乘。當聽聞空性的道理之後，智慧淺薄者，也理解了「色如聚沫……」，由此聲聞種姓者也迅速從輪迴中得解脫；中等根基者現見緣起義而證得獨覺菩提；利根者將證悟到萬法平等性而獲得佛陀菩提。

丑二（以比喻說明）分二：一、以苗芽比喻略說；二、以太陽與龍王之比喻廣說。

寅一、以苗芽比喻略說：

無芽世上不生樹，枝葉花果豈能出？
無菩提心世無佛，焉生帝梵聲聞果？

比如，沒有苗芽，世上本來就不會生長樹木，既然樹不存在，那它的枝葉花果又豈能生出？不會生出的。同樣，如果沒有佛母（般若）中所宣說猶如苗芽般的勝義與世俗菩提心，那麼世間原本就不會有樹木般的佛陀出現。假設沒有佛陀，那又怎麼會產生如同枝葉般的帝釋、梵天與聲聞這些佛陀說法的果呢？因爲因不存在的緣故。

寅二（以太陽與龍王之比喻廣說）分二：一、以同品喻太陽詮表；二、以異品喻龍王詮表。

卯一、以同品喻太陽詮表：

何時日輪光芒照，爾時眾生勤行事，
智爲慧生菩提心，依智眾具功德法。

什麼時候太陽高掛，光芒普照或放射十方，當時所有眾生都勤勤懇懇做各種各樣的事，同樣，如果智者們爲了獲得如來般若波羅蜜多遍知智慧於世間發起、生起願行菩提心，那麼從中就會出生如來無上智慧的果。依靠這一智慧無誤照見一切所知，從而向一切所化有情放射出能打開智慧的正法光芒，使一切眾生擁有暫時和究竟的一切功德法。

卯二、以異品喻龍王詮表：

如無熱海無龍王，此贍洲河豈能流？
無河不生花及果，亦無大海眾寶色。
無菩提心善逝智，一切世間豈能生？
無智無德無菩提，如海佛法亦成無。

比如，無熱惱海中若沒有龍王，那麼這個贍部洲依靠龍王威力所生的百川怎麼能流淌？不會流淌。倘若沒有江河，就沒有濕度，由此不會生出所有花、果。此外，水源頭與支流相遇而形成的大海奇珍異寶各不相同的眾多形色，也都不復存在。與此比喻相同，這個世界上，假設沒有猶如龍王般的兩種菩提心雙運的空性大悲藏，那麼能使菩提種子得以增長等、猶如河流般的一切善逝的智慧在所有世間中又豈能產生？不該產生。如果無有河流般的智慧，那麼也就不存在依其講經說法，一切所化眾生通過聽聞等而行持、增長成爲增上生、決定勝之因好似美花般善妙功德的情況，倘若不具備這一點，也就不會有三菩提的果。如同充滿珍寶的大海般十力等不可估量的佛陀之法都將化爲烏有。可見，如果具備空性大悲藏二諦無別的菩提心寶，那麼道果的一切功德也隨之具足，假設菩提心寶不存在，則其餘一切也就不復存在。所以，唯一的它是一切白法的根本。

辛四（相續中生起般若自性之法）分二：一、後得所爲；二、入定修法。

壬一（後得所爲）分三：一、增福之因——隨喜；二、不損福之因——迴向；三、日益增上之因——勝解。

癸一（增福之因——隨喜）分二：一、宣說菩薩隨喜之功德；二、宣說隨喜與迴向共同之基。

子一（宣說菩薩隨喜之功德）分二：一、比喻；二、意義。

丑一、比喻：

此世能明諸含識，爲照亮故放光芒，
日輪一光最至上，能明群光皆不及。

在這個世界上，能明的發光體流星、燈盞等，及螢火蟲、持燈者等所有含識，爲了照亮諸方的緣故，片面性放出各自身體和物體的所有光芒，而太陽的唯一光芒一經放射，是超群絕倫，而能明群體的其餘所有光，通通比不上太陽照亮和普及的情形。

丑二、意義：

所有聲聞施持戒，修行所生福德資，
菩薩一念隨喜心，聲聞眾福不可比。

正如剛剛講的比喻一樣，所有聲聞眾雖然盡其所有布施、持戒及修行產生福德三事的資糧，可是與菩薩的一念隨喜心相比，聲聞眾的福德不及它的一分。因爲聲聞的善根不管有多麼巨大，也是所緣行相狹隘、分別念垢不淨、沒有以善巧方便的迴向攝持，以至於果微乎其微。

子二、宣說隨喜與迴向共同之基：

先佛俱胝那由他，住千俱胝無邊刹，
離憂世間諸怙主，爲滅痛苦示寶法。
初發殊勝菩提心，至諸導師妙法盡，
期間如來諸福德，具波羅蜜佛陀法，
佛子聲聞學無學，有漏無漏之善法，
菩薩集已作隨喜，利生迴向大菩提。

過去時，先前的佛陀俱胝那由他數，安住於無量眾多千俱胝的刹土中，以此爲例，過去的無數佛陀，超離輪迴的憂苦（即涅槃）而堪爲世間的一切怙主，現今住世，爲了滅盡痛苦，而開示珍寶正法。對於所有佛陀都是最初發殊勝菩提心，自相續中生起以來，直至諸位導師的妙法隱沒、窮盡，這期間的那些如來所有意樂發心的福德，行爲上具足六波羅蜜多，獲得十力等佛陀之法的果，此外一切佛子菩薩以及聲聞緣覺一切有學無學、有漏無漏的善法，某位菩薩，用自己的心觀想合集爲一，隨後發自內心作隨喜，並發無上菩提心，也就是爲了成辦利益無邊眾生之因、獲證無上大菩提，而把自他的這一切善根歸集一處作迴向。世俗中，緣於真實迴向的對境，懷著希求心，如同射箭般能夠轉變善根，就是迴向的本體。

癸二（不損福之因——迴向）分二：一、真實迴向；二、如是迴向之功德。

子一（真實迴向）分二：一、以勝義無緣方式迴向；二、世俗中隨學佛陀之迴向。

丑一（以勝義無緣方式迴向）分二：一、分說所遮、所行之迴向；二、宣說彼二之攝義及比喻。

寅一（分說所遮、所行之迴向）分二：一、所遮有緣之迴向；二、所行無緣之迴向。

卯一、所遮有緣之迴向：

迴向設若心起想，覺想迴向眾生想，
想故住見心著三，有緣非入普迴向。

對於迴向，假設能迴向的心中生起實執之想，對所迴向之處的菩提，也有耽著之想，對迴向對境的眾生也有想，那麼由於被耽著之想束縛的緣故，就是處於有緣的見解中，這種心因爲具有實執貪著迴向之三輪的有緣法，爲此並非入於正確無倒自性的普皆迴向，所以不能歸屬於清淨迴向之列。

卯二、所行無緣之迴向：

如是此法即滅盡，迴向之處彼亦盡，
知不以法迴向法，徹知此理乃迴向。

假設與有緣的那種迴向方式截然相反，如此所迴向的善法、能迴向的心、誰迴向什麼的此法，在世俗中是刹那性而泯滅，自然窮盡。迴向之處的菩提，它也不是與前（迴向）同時產生而會窮盡或者不復存在。勝義中，所迴向、能迴向與迴向這三法既不成立是剎那也不成立是微塵法，因此自本體無生或者本來滅盡，因爲不曾存在的緣故。倘若通達了勝義中永遠不能以法迴向於法或者無所迴向的道理，那麼就不會貪執迴向的三輪，而以完全了知此理的智慧攝持，才稱得上是正確的普皆迴向。

寅二、宣說彼二之攝義及比喻：

執相彼非真迴向，無相菩提真迴向，
如吃雜毒上等食，佛說緣白法亦爾。

總而言之，儘管以迴向於什麼等三法作爲對境，懷著希求心而迴向，但必須要了知它是世俗如幻的道理。設若對於三法執著相而作迴向，那麼它就不是真正的迴向，倘若了知那三法無相的自性而迴向，那才是爲菩提而真實迴向。如同吃了雜毒的上等食品，那麼美食也被毒所侵害。佛陀說：以實執之想緣於白法也與雜毒之食一樣。

丑二、世俗中隨學佛陀之迴向：

故當如是學迴向，依佛洞悉善行相，
如此出生如此相，隨喜如此普迴向。

由於迴向有真迴向與不是真迴向的情況，所以認識到如是功德和過失以後應當修學迴向。依照佛陀所通達或洞悉隨喜、迴向的無誤善法是「如此這般」的行相，也就是說在世俗中迴向的本體是這樣：於名言中從中如此無欺產生果，這些在勝義中是如此無緣的法相。總之，心裡想按照完全領悟二諦無別之自性的佛陀怎麼隨喜和迴向，我也與之相同這般欣然隨喜，如此普皆迴向，即是依照諸佛如何迴向而迴向。所以，儘管自己不知到底該怎麼迴向，但隨從其他智者而迴向，也就成了相應的真實迴向。按照《普賢行願品》中所說的兩個偈頌：「文殊師利勇猛智，普賢慧行亦復然，我今迴向諸善根，隨彼一切常修學。三世諸佛所稱歎，如是最勝諸大願，我今迴向諸善根，為得普賢殊勝行。」

子二（如是迴向之功德）分二：一、真實功德；二、以比喻廣說。

丑一、真實功德：

福德迴向大菩提，無毒成佛依佛說，
如是迴向之勇士，勝世有緣諸菩薩。

如上所說，倘若將一切福德迴向大菩提，那麼作為因的迴向是無毒的，不會捨棄或必將獲得它的果——成佛，這是依照佛陀所說的大乘法不顛倒而宣講的。以如是無緣的方式普皆迴向的勇士菩薩，勝過世間中有緣（即有執著）的所有菩薩。

丑二（以比喻廣說）分二：一、得遍智果之理；二、得清淨道般若之理。

寅一（得遍智果之理）分二：一、以導盲者之比喻說明將其餘度引至遍智之理；二、以未點睛之喻說明雖具足其餘度然不得遍智之理。

卯一、以導盲者之比喻說明將其餘度引至遍智之理：

無導天盲千萬億，不曉道豈入城市？
無慧無目此五度，無導不能證菩提。

比如，沒有引路嚮導、雙目失明的天盲，縱然是俱胝那由他（即千萬千億）數聚集一起，也看不見、不知曉自己前方所在的道路，又怎麼可能上路而進入其餘城市呢？絕不可能。同樣，如果不具備明目般的這個智慧波羅蜜多，那麼從本身而言，如同無目般的布施等此五度，就會因爲沒有以引路嚮導般的智慧助伴所攝持，而不知曉聖道，爲此不能夠抵達（證得）圓滿菩提的城市。

卯二、以未點睛之喻說明雖具足其餘度然不得遍智之理：

何時以慧盡攝持，爾時得目獲此名，
如畫竣工無眼目，未點睛前不得資。

什麼時候布施等其餘善法以三輪無分別智慧完全攝持，那麼在當時，它們就已經得到了明目，獲得此波羅蜜多的名稱，而能得以順利到達遍知的城市。比如說，人物肖像畫中即使其餘的事項都已圓滿畫完，但如果那幅畫唯獨沒有畫完眼睛，那麼在沒有點睛之前，畫面尚未完工，為此不會得到它的報酬。這說明，即便其餘善法樣樣齊全，可是如果不具備智慧就不能得果的道理。如此依靠了達萬法真如的智慧，而使一切正道轉變到現空無別的境界上，其果現空無別的智慧必定成熟，這種智慧不被他奪，具足不緣趨入果般若的一切種智之心迴向，要知道這是大乘道的精華所在。

寅二（得清淨道般若之理）分二：一、以虛空之喻說明無緣而入於般若之列；二、若離無緣則道不清淨之理。

卯一、以虛空之喻說明無緣而入於般若之列：

有為無為黑白法，慧破塵許不得時，
世間入於般若列，猶如虛空毫不住。

什麼時候，對於凡屬於有為法、無為法、黑法、白法的一切，以分析究竟實相的智慧加以探究，破除相執以後，真實中成立或有相之行境的法極微塵許也得不到，現見一無所住的意義時，在世間中就入於「般若波羅蜜多」的行列中，猶如虛空由於無有本體的緣故絲毫也不住於其餘任何法一樣。

卯二、若離無緣則道不清淨之理：

設思我行如來智，解眾那由他多苦，
計眾生想之菩薩，此非行持勝般若。

假設以悲心攝持而沒有消除所緣，徘徊於「我要行持佛陀的這一智慧波羅蜜多」的執著相之處，並且有著「解除有情所受那由他眾多痛苦」的耽著心，如此妄執自他相續所攝之眾生想的有緣（即有執著）菩薩，這樣並不是在行持最殊勝的般若波羅蜜多。

癸三（日益增上之因——勝解）分三：一、信仰之功德；二、不信之過患；三、教誡以清淨心勤行般若。

子一、信仰之功德：

菩薩先前行持時，行此般若無疑知，
聞即彼起本師想，依此速證寂菩提。

某位菩薩在先前生生世世行持的時候，通過聽聞並受持、思維等途徑行持此甚深般若波羅蜜多的含義，他們誕生於此世間以後，由以往的因緣所感，而對般若的意義無有懷疑了知通曉，剛剛聽聞到此教義，那人即刻想到「我已經見到本師」而對般若生起本師想，依此原因將迅速證悟寂滅大菩提。

子二、不信之過患：

昔行時事無量佛，然若未信佛般若，
聞已慧淺彼棄此，捨無救護墮無間。

儘管在往昔修行之際曾經恭敬承事、供養過無量（數多那由他）的佛陀而積累福德，但如果對大乘的密意——如來的般若波羅蜜多沒有生起信心，也從未發願獲得，那麼現在聽到甚深般若以後，由於智慧淺薄三門的倒行逆施捨棄這一最爲深奧的法，不予以恭敬。實際上，捨棄了她，也就捨棄了三世一切佛陀遍知的一切法，自此由於無有聖者之法的救護，這種人將墮落無間地獄，於世間成壞的累劫之中輾轉感受痛苦等過患無窮。

子三、教誡以清淨心勤行般若：

故欲證佛最勝智，於此佛母當起信，
猶如商人至寶洲，蕩財返回非應理。

如果對般若起信，功德頗巨；倘若不信，過患嚴重。爲此，假設想要證得佛陀最殊勝的智慧，那麼對於此佛母（即般若）理當生起信心。因爲，信心是無則不生的不共因，如今遇到寶洲般的如來教，此時此刻，務必要使人生有實義，否則，如果猶如商主到了寶洲之後蕩盡了以前的商品，新的珍寶利潤一無所得而空手返回那樣，則不合情理。

儘管手中擁有甚深般若的寶珠，可是對她沒有信解而斷然放棄，如此一來，以捨法之因將滅盡先前的福德，我們萬萬不可如此。

壬二（入定修法）分四：一、清淨智之本體；二、彼之作用；三、入定智之行境；四、宣說入定智之行相爲無緣。

癸一、清淨智之本體：

當知色淨果清淨，果色清淨遍知淨，
遍知果淨色清淨，如虛空界不分割。

以諸法原本清淨、自性涅槃、正等正覺、自性光明、本來無生無滅平等性本體，而於一切唯一明點法界大光明離障平等一味中修行，即是入定智的本體。

它的道理是怎樣的呢？以所謂的「色淨」爲例，所知對境從色法到一切種智之間的一切萬法本來就不成立所取能取、染污清淨、自法他法、有實無實等二法的任何自性，法界唯一明點原本已經安住於無生無滅的等性自性清淨大離障中，然而，由於沒有證悟到這一點導致突然產生迷惑之時，在增益我與法的有垢心識前，對境也似乎不清淨，心也這樣執取，以至於就有了染污法的垢染和障礙，這就叫做不清淨的有情。

爲了去除客塵，趨入佛教的三乘道，從而越來越明顯見到法性實相自性清淨，由此生起聲聞四果、緣覺果、菩薩見道修道九地的證悟，從斷除所斷一切垢染的角度，稱爲下品清淨、中品清淨、上品清淨，他們被叫做相應清淨垢染的有情。雖然對境色等的自性本無不淨，可是顛倒執取的所有客塵仿佛是次第清淨，所以就像隨著眼病消失越來越清晰看見對境一樣，有境見到對境的清淨，由於見它，有境也稱爲清淨，而並不存在各自他體的其餘清淨相，我們應當了知，雖然在現相中，似乎有境越來越清淨，對境似乎是重新顯得清淨，但在實相中，對境色等的自性本來清淨，能見的有境脫離客塵，是果本來清淨。這兩者原本不存在對境有境二者，而安住於大清淨中的要點都是一致清淨，要知道這兩者（對境、有境）是互不相異的本體。

同樣，果清淨、色等清淨，離客塵清淨達到究竟，也就成了盡斷二障的最極清淨——遍知智慧的清淨。這所有清淨，歸根到底就是自性清淨意義這一要點，正如剛剛所說一樣。

究竟的清淨就是遍知的清淨，暫時各個道位的得果清淨，基色等蘊界處的一切法的清淨，這三種清淨儘管在現相中安立爲他體，但在實相中，如同虛空界互不相異一般，法界自性清淨唯一的本體中不可分割，心也無有分割開來的他體。如實現量照見法性清淨自性的佛陀智慧前，照見一切法是真實正等覺或者本來涅槃的自性，所見無不清淨，如此證悟的智慧，也是永久性斷除客塵及習氣的所有障的究竟清淨，依其如何照見，了達萬法無有境、有境等二法的自性，於無二大平等本來清淨佛陀性中不可分割、一味一體，這就是般若波羅蜜多最究竟的意趣。以本性之真義護持自然直定的方法，按照「此中無所遣，亦無少可立，於正性正觀，正見而解脫」來理解。

第二品終

第三品

癸二（彼之作用）分二：一、不住寂滅邊之作用；二、不住三有邊之作用。

子一、不住寂滅邊之作用：

勇士所行依般若，真超三界非解脫，
雖除煩惱示投生，無老病死示死歿。

諸位勇士菩薩，暫時所作所爲，也是安住於有寂無二本來大清淨的般若波羅蜜多中，儘管依此真實超離三界的一切煩惱，然而也並非像聲聞一樣安住於解脫三有的涅槃一邊；雖然已經遣除了不由自主轉生三有的煩惱，但依靠善巧方便而示現投生輪迴；儘管不存在衰老、患病、死亡，可是以大悲心爲利他眾而示現死歿等。如果自己已經證悟了不住有寂的法界，那麼對於耽著有寂之邊的眾生，就會生起證悟深法之自果的大悲心，並在無勤當中獲得無量善巧方便，這是一種自然規律。

子二、不住三有邊之作用：

眾生身陷名色泥，漂似風輪生死中，
知迷眾如獸入網，智者如禽遊虛空。

不具備證悟無自性之智慧的這些眾生，身陷在名、色五蘊難以逾越的淤泥之中，漂泊在好似能推動日月運行的圓形風輪數數旋轉般的生死輪迴中，如此有了業、煩惱和生這三者，十二緣起周而復始、緊密相連，猶如旋火輪般流轉。了知這些迷惑的眾生，進入到自心愚昧之網當中，如同野獸鑽入無處可逃的網罟中一樣痛苦不堪、難以解脫之後，諸位具有證悟般若智慧的智者，不被迷亂之網所束縛宛如飛禽遨遊虛空中一般周遊於此眾生界。

癸三（入定智之行境）分二：一、宣說不行之行境；二、以比喻說明如此而行之功德。

子一、宣說不行之行境：

行清淨者不行色，不行識想受及行，
如是而行斷諸貪，行解脫貪諸佛智。

行為清淨的某位菩薩，不以執著而行持色為色本體及其差別法的無常等，同樣，也不行持識、想、受以及行。如此一無所行而行持，能斷除實執的一切粗細貪執，並且是在行持解脫所有貪執的諸佛智慧。

子二、以比喻說明如此而行之功德：

明智菩薩如是行，斷貪趨向無貪執，
如離羅睺日昭住，失火焚燒草木林。

如此而行的明智菩薩，斷絕一切執著的貪愛，越來越向上趨往無貪執的等性。關於「趨向」，在印度的有些版本中也說是「解脫」（，這樣一來，頌詞就成了「斷貪無貪得解脫」[5]）。猶如脫離羅睺曜的太陽昭然而住、失火焚燒所有草木森林一樣，依靠光芒、烈火般的大智慧能摧毀一切煩惱的黑暗和薪柴。

癸四、宣說入定智之行相爲無緣：

諸法自性淨普淨，菩薩慧觀般若時，
不緣行者一切法，此即行持勝般若。

如此染污和清淨所攝的一切法，以自本體煩惱自性清淨，所知所緣普皆清淨，諸位菩薩慧觀、安住於證悟萬法如此自性的殊勝般若波羅蜜多之義中時，既不緣於見者——般若的能修行者，也不緣所觀的一切法，也就是安住於止息戲論的法界中，這就是在行持最殊勝的般若波羅蜜多。

第三品終

[5] 大藏經中《佛說佛母寶德藏般若波羅蜜經》這一句的譯文爲：「得離諸相脫輪迴。」

第四品

庚三（廣說）分五：一、修學加行之次第；二、真實成就彼加行果之理；三、宣說加行者補特伽羅；四、如是趨入行者之超勝功德；五、彼所修學法之超勝功德。

辛一（修學加行之次第）分五：一、所修加行之本體；二、修行加行所生之功德；三、對加行製造違緣之過患；四、加行之作用；五、宣說加行之緣善知識。

壬一、所修加行之本體：

天王帝釋問佛尊，菩薩如何勤行智？
蘊界塵許不勤行，不勤於蘊菩薩勤。

天王帝釋請問人中獅子佛尊：「在以往的如來前承事過、從中產生善根並被善知識攝受的諸位菩薩，應當如何精進行持智慧波羅蜜多呢？」佛告帝釋：「對於蘊界所包含的法，微塵許也不以緣取或安住的方式精進行持，不緣、不住、不精進於蘊等，那就是菩薩的真精進。」

壬二（修行加行所生之功德）分三：一、加行因——恭敬之功德；二、加行所生果之功德；三、暫時加行本體功德。

癸一、加行因——恭敬之功德：

誰聞此法如幻化，無疑學復行加行，
知彼久遠入大乘，事佛俱胝那由他。

任何行者，聽聞到此《般若經》中解說所有這些法雖然無有本體，但行相不滅猶如幻術、幻化的道理，對它的意義誠信不疑進而修學，繼續策勵修行加行，由此可知那位有情，先前長遠以來就步入大乘，並且可以推知，他在以往通過供養、禮讚等方式精心承事過俱胝那由他數的佛陀。原因是，不依靠這樣的因作爲前提，不會聽聞到甚深般若的意義並產生勝解。

癸二（加行所生果之功德）分二：一、不被違緣所害之功德；二、獲得三身之功德。

子一、不被違緣所害之功德：

入多由旬荒道人，見牧牛人交界林，
思乃臨近村城兆，得安慰無盜匪懼。
如是尋覓菩提時，得聞諸佛此般若，
彼得慰藉無畏懼，非羅漢果緣覺地。

步入於荒無人煙的路途已達數由旬的人，當徘徊在道路中時，一旦看見城區牧牛人荒郊和村落交界的森林異常舒心愜意，已經走過遙遙路程的他們心裡思量：這些該是臨近村落和城邑的相兆，從猛虎等荒郊野外所具有的畏懼中得以安慰（義爲不再有這種畏懼），從此以後心中再沒有盜賊、土匪威脅的恐懼感。

同樣，要想獲得微妙的菩提，在尋覓菩提的方便之時，得以聽聞諸佛之母堪為正道之最的這一般若波羅蜜多，這位有緣者，從輪迴的痛苦中獲得慰藉（義為脫離輪迴的痛苦），而且無有墮入三有、寂滅之邊的畏懼，因為並非墮入聲聞阿羅漢的果位，也不是墮入緣覺地。

子二（獲得三身之功德）分三：一、獲得法身之功德；二、獲得報身之功德；三、獲得化身之功德。

丑一、獲得法身之功德：

如人為觀海水往，見樹林山仍遙遠，
不見彼等遙遠相，思近大海無懷疑。
當知已入妙菩提，聽聞如來此般若，
縱未得佛親授記，不久自證佛菩提。

比如，一個人為了觀海水而前往，假設他看見前方有樹木森林高山，就會知道離大海仍然還遙遠，當不再見到山巒等那些遙遠的相徵，所有地帶漸漸下傾、趨向平坦，一眼望不到邊，就會想到：現在我已經靠近大海。對此無有懷疑，而且從遠處就知道這一點，因為大海一望無際、廣闊平坦的緣故，它的範圍內不可能有高山等，由此而知（離海）尚遠。

我們應當知曉：如同此喻一樣，已經趨入勝妙菩提者，通過擁有聽聞如來此般若波羅蜜多的緣分，已經靠近離一切邊的法身智慧大海。由此，如同山林般的所有分別念相逐漸斷除，一切妄念運行接近寂滅，進而無欺獲得無緣智慧。所以，不離此般若的行者，縱然沒有得到導師佛陀親口授記說「你將成佛」，但是可以知道自己不久將證得佛陀的菩提，因爲從無欺的因果道理中足能推知。

丑二、獲得報身之功德：

春季好時樹葉落，枝不久生葉花果，
誰手中得此般若，不久獲證佛菩提。

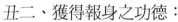

在春季的大好時節，當某種樹木凋萎的陳葉更換而落到地上時，（人們就會知道）樹枝不久將新生出綠葉、花果。同樣，作爲行者，誰的手中得到了此般若波羅蜜多，他過不了多久就會獲證諸佛的菩提，因爲：自從得到真實的教授時起爲勝乘發心的果，也就是具有大悲茂密綠葉之涼蔭、競相綻放的相好之花、饒益他眾之碩果好似如意樹般的色身——受用圓滿身終將獲得。

丑三、獲得化身之功德：

猶如孕婦受苦逼，彼謂已至分娩時，
菩薩聽聞如來智，生喜求疾證菩提。

比如，懷胎的某位孕婦，當胎月圓滿以後感受臨產的病苦所逼迫，那種症狀就意味著已經到了分娩的時候。同樣的道理，某位菩薩得以聽聞如來的這一智慧波羅蜜多，並生起清淨的歡喜之情和渴望的希求之心，將迅速證得大菩提，因為，由經這一正道使佛性的種子復甦，到資糧已經圓滿，就像孕婦生子一樣，化身勢必直接顯現於世間。

癸三（暫時加行本體功德）分二：一、雖不分別增減等卻不證一邊涅槃；二、雖無分別亦能利生。

子一、雖不分別增減等卻不證一邊涅槃：

行勝般若瑜伽者，不見色之增與減，
不見非法法法界，不證涅槃彼住智。

在如理行持最殊勝般若波羅蜜多意義之時，勝乘的瑜伽行者，不見色等染污清淨的一切法產生及相續累積勝進的增相和滅亡及較前下降的減相，安住於一切法在真實義遠離增減盈虧的平等性中。同樣，也不以耽著的方式而見善的法和不善的非法、諸法的法性或法界，儘管滅盡一切所緣並安住於無戲論中，然而也不以唯一寂滅的法界方式而證得一邊的涅槃，那位菩薩安住於不住有寂之邊的等性智慧中。

子二、雖無分別亦能利生：

行此不計佛諸法，五力神足寂菩提，
遠離分別依加持，行此即行勝般若。

如理行持此般若波羅蜜多者，不以執著而妄加分別佛陀的（十）力等一切法，同樣，對於道的五力和四神足等以及果位真如寂靜菩提也不予分別，對色等一切蘊界也不加分別。實際上這說明了遠離四種分別相的道理，按照《佛說入無分別陀羅尼經》中所說，依次說明了遠離對蘊等輪迴的一切法分別爲有自性、把道般若分別是對治法、將真如分別成法性、將佛陀的諸法分別成所得的一切分別。雖然遠離了以上所有的分別，但憑藉無分別任運自成之等持的威力、願力或加持，降伏魔眾，無勤之中行持一切他利之事，安住在這一無分別的等持中，依靠法爾獲得諸佛也以無二之方式加持的威德力，因此他的事業絲毫不虛。這種方式，就是在行持最殊勝的般若無分別智。

壬三（對加行製造違緣之過患）分二：一、略說；二、廣說。

癸一、略說：

須菩提問說月佛，何爲喜功德者障？
佛言成爲障礙多，從中稍略普宣說。

相好圓滿的尊容中放射出妙語的光芒，從而遣除所化眾生的無明黑暗和煩惱酷熱，爲此共稱爲「說月」。出有壞釋迦牟尼佛前，須菩提請問道：「喜愛大乘功德的諸位菩薩之加行的障礙是什麼？」佛告須菩提言：「成爲障礙的多之又多，其中在這裡稍稍普及宣說。」

癸二（廣說）分三：一、真實違緣之過患；二、出現魔業之原因；三、宣說違緣損害與否之因。

子一（真實違緣之過患）分四：一、退失因——加行；二、退失大乘道；三、不具足講聞因緣；四、宣說以此爲例之其餘過患。

丑一（退失因——加行）分二：一、由智慧不堪能而退失；二、由對般若生疑而退失。

寅一、由智慧不堪能而退失：

繕寫佛此般若時，不同辯才紛湧現，
未利眾生似閃電，疾速退失是魔業。

當繕寫、受持、讀誦、諷誦、傳講、聽聞佛陀的這一般若波羅蜜多等時，分別三時的對境色等的不同辯才以及掉舉、昏聵、睡眠、後悔、貪嗔、懷疑等紛紛湧現，依靠這種加行並沒有利益自他眾生，好似閃電一般迅速中斷精進，從加行中完全退失，要知道這純屬是魔業。

寅二、由對般若生疑而退失：

講此之際有生疑，導師於此未言及，
我名種族地姓氏，不聞棄此是魔業。

在宣講此法之際，有些人對此生起懷疑，心想：導師佛陀於此既沒有提及我的名字，對於種族、所住地方、姓氏也全然未說，因爲沒有對我作明確授記，所以並未發現依此我必定成就菩提的因緣。將諸如此類的問題當作是背離般若的理由，於是依靠這種懷疑，不再聽聞而斷然捨棄此深法，這實是魔業。

丑二（退失大乘道）分三：一、以比喻說明捨棄遍智之因——大乘；二、以比喻說明尋求劣道；三、以比喻說明從下乘中尋覓大菩提。

寅一、以比喻說明捨棄遍智之因——大乘：

不明此理捨根本，愚昧不解尋枝葉。

由於不明白般若波羅蜜多是一切法之唯一基礎的道理，由這些愚癡導致，捨棄了真實佛陀諸法根本般的這一般若，因愚昧不解而去尋求枝葉般的其餘法，這也屬於魔業。

寅二、以比喻說明尋求劣道：

如得象復尋象跡，聽聞般若尋經同。

就如同尋求大象者已經得到了真正的大象而把牠放置一旁又再度尋覓大象的足跡一樣，明明聽聞了直接宣說最殊勝深法的般若波羅蜜多，而不踏踏實實策勵追求，反而去尋覓除此之外間接趨入般若的其餘經義，要知道這與比喻所說的一樣，也屬於魔業。

寅三、以比喻說明從下乘中尋覓大菩提：

如人獲具百味食，得妙食尋菲薄食，

菩薩得此波羅蜜，羅漢果尋菩提同。

例如，有人獲得了具有百味的食品，不品嘗它的味道，反而在得到最上等的食品以後又再度尋找菲薄之食。同樣，某位初學菩薩明明獲得了這一最殊勝的波羅蜜多法門，而不如理行持它的意義，反而依靠指示阿羅漢果之道的經論去尋覓究竟菩提，與上述的比喻一樣，這也屬於魔業。

丑三（不具足講聞因緣）分二：一、依於自己之因緣；二、依於他者之因緣。

寅一、依於自己之因緣：

貪求恭敬圖利養，以有見心熟俗家，
捨法而行非法事，棄道入歧是魔業。

貪求自己美名傳揚，受到別人恭敬，再者力圖品嘗到財食等利養的味道，帶著愛見外境的心態，交往熟識城區的在家人，以諸如此類的各種散亂瑣事捨棄繕寫、聽聞、思維此深法，而行持任意一種投生惡趣之根源的非法事，拋棄正道誤入歧途，這純粹是魔業。

寅二、依於他者之因緣：

爾時希求起信已，去聽聞此微妙法，
知說法師依瑣事，不喜不悅而離去。

任何聞法者，在講法者散亂於利養恭敬的當時對般若有希求心並生起信心之後去往其前聽聞了這一微妙法，當那些聽法者知曉說法師喜愛利養恭敬，沉迷於此等惡劣瑣事的情況以後，不再喜愛在這位法師前聞法，心裡想現在不該求法了，心情不悅、揚長而去，這也是障礙聽聞般若的魔業。

丑四、宣說以此爲例之其餘過患：

是時出現此魔業，彼時擾亂眾比丘，

不令受持此般若，餘多違緣亦屢現。

在聽聞此深法等的當時，會出現令不具足講聞因緣等對真實的加行製造障礙的這種魔業，那是什麼呢？在聽受深法等（「等」字還包括繕寫、諷誦、供養等）的那個時候，心裡憎恨正法的魔王波旬如箭入心，擾亂受持經藏的眾多比丘的相續，千方百計百般阻撓，不讓如理受持、思維此般若波羅蜜多等障礙方法多之又多，在此沒有提到的其他違緣也屢屢出現。總之，我們要清楚地認識到：受持此深法等（「等」字還包括繕寫、聽聞、諷誦等）的過程中，凡是有害於它的方面，不管是什麼，通通屬於魔業，因爲原本就是把對（行善）製造障礙取名爲魔業的。《虛空藏請問經》中云：「善男子，令行不善法，捨棄善法，皆是魔業。」

子二、出現魔業之原因：

有人已得無價寶，希有恆時害亦多，
如是如來勝般若，法寶難得害亦多。

比如，有人已經得到了無價之寶，因爲並不是隨時可以獲得，所以希有罕見，在得到持有的時時刻刻裡，遭受有貪婪之心的怨敵等危害的情況也是許許多多。同樣，如來的這些最殊勝的般若波羅蜜多法寶，也極度難得難遇，福德不圓滿者難以享有的緣故，恆常遭受的損害也頗多。

子三（宣說違緣損害與否之因）分二：一、宣說出現違緣之對境；二、由違緣中受到佛陀護佑。

丑一、宣說出現違緣之對境：

新入乘之淺慧者，未得希有此珍寶，
爲造違緣惡魔喜。

新入乘的智慧淺薄眾生，以往從未得到過極其希有、甚深、能超越魔境的這種法寶，不曾心領神會，爲了給他製造違緣，惡魔也是興高采烈，伺機得逞。

丑二（由違緣中受到佛陀護佑）分二：一、真實宣說；二、以比喻說明。

寅一、真實宣說：

十方佛陀行攝持。

如果有人認爲：那麼，所有一開始行持般若的行人都屬於初學者，倘若遭遇魔的違緣，那菩薩修行般若就難以圓滿了。

就像有些獲得珍寶的軟弱者會受到當地國王的保護一樣，安住十方世界智慧所見無有遮障的所有佛陀出有壞精進或進行攝受起初行持此法、還沒有獲得超越魔境之覺受境界的那些人，使其脫離違緣的險地。然而，我們要知道，觀待修行者往昔的福德之因和現在的信心等之緣，導致沒有成爲佛陀加持對境和成爲佛陀加持對境，也會出現不被違緣所害、被違緣所害等各種情況。

寅二、以比喻說明：

如患病母有多子，悉皆傷心服侍彼，
如是十方世界佛，亦念佛母微妙智。

佛陀保護的原因是：例如，一位患病母親有的許多兒子，都心情不悅傷心難過服侍母親。同樣的道理，十方世界的一切佛陀，也護念生育自己的這位佛母——微妙智慧。

壬四（加行之作用）分二：一、生自子之作用；二、令自子行功德之作用。

癸一、生自子之作用：

過去十方及未來，世間怙主由此生。

如果有人問：正如剛剛所講的一樣，如果把般若稱爲「佛母」，那到底是怎樣成爲佛母的呢？

如同世間中，母親是從生子、生育之後令他行事兩個角度而安立爲「母」的，在此也是同樣，過去、現在十方一切刹土中安住以及未來時將要出世的所有世間怙主佛陀出有壞，他們都是由這一般若波羅蜜多中出生的，因此她堪爲三世諸佛之母。

癸二（令自子行功德之作用）分三：一、令知輪涅基之理；二、令行遍智果之事業；三、令行滅二邊道之理。

子一（令知輪涅基之理）分二：一、依靠般若而知世間二諦；二、由證悟真如而得名。

丑一、依靠般若而知世間二諦：

示世諸佛能生母，示餘有情之心行。
世間羅漢之真如，緣覺佛子之真如，
離實非他一真如，如來徹知智慧度。

般若波羅蜜多爲自子諸佛指示，世間也就是共稱的蘊界處的所有法，它們名言的因、果、體的自性是怎樣，因爲佛陀依靠一切如來的能生之母此般若才如同手中放濕庵摩羅果一樣照見那些法。此外，般若還爲自子指示：儘管界性無量的所有其餘有情的心行內攝、外散、有貪、離貪等有無量無邊的情況，但通過修習般若的威力也能利益所有眾生，這以上是講世俗。

世間五蘊的真如、阿羅漢的真如、緣覺的真如、佛子菩薩的真如，並不成立他體的緣故，是獨一無二的，這一切也遠離有實的緣故，並不是另行存在，爲此稱爲真如。如此染污、清淨的一切法的實相真如智慧度，就是如來所徹知並如實領悟的。

這一個半偈頌，說明了依靠般若波羅蜜多，佛陀照見略攝二諦的一切法理。

丑二、由證悟真如而得名：

遍知住世或涅槃，無過法性法空住，
菩薩隨證此真如，故於佛賜如來名。

洞曉真如的智者——諸佛，不論安住於此世間界，還是趨入涅槃，宣說無過法性諸法空性這一點永無改變，誰也無法擾亂，如同虛空般存在著。諸位菩薩以智慧隨行證悟原本如終安住的這一真如無誤實相，一旦證悟達到究竟之時，如實而來或如實證悟真如的緣故，才對佛陀賜予「如來」的名稱。

子二（令行遍智果之事業）分二：一、依於般若成辦二利；二、尤其爲利他說法之理。

丑一、依於般若成辦二利：

依於般若歡喜園，十力導師此行境，

盡除眾苦三惡趣，彼等永無眾生想。

依於般若能帶來無邊無際無漏歡喜的緣故，猶如天人樂園一樣而安住、具足十力的諸位導師佛陀的行境即是如此，是什麼呢？儘管能完全拔除無量眾生的種種痛苦和三惡趣，但那些佛陀永遠也無有眾生想，因爲他們是以無緣大悲憑藉恆常、周遍、任運的事業進行講經說法等。

丑二（尤其爲利他說法之理）分二：一、折服非道之理；二、指示正道之理。

寅一、折服非道之理：

如獅棲山無畏懼，震懾群獸發吼聲，
人中獅子依般若，懾眾外道發吼聲。

如同獸中之王的獅子棲身於雪山間對誰也無所畏懼而安住，能震懾群獸並發出獅吼聲一樣，人中獅子——佛陀也是依靠般若波羅蜜多甚深空性之義，而震懾持有我見的眾多外道，在世間中也發出妙法的巨吼聲。

寅二、指示正道之理：

譬如空中之陽光，晒乾大地顯色相，
如是法王依般若，有海乾涸說諸法。

比如，虛空中的太陽光芒能晒乾這個大地所有的潮氣，並且也完全展現一切色相。同樣，正法的日輪——法王佛陀出有壞依於般若波羅蜜多的虛空界，能使三有的愛河無餘乾涸，並且真實宣說一切所知萬法。

子三（令行滅二邊道之理）分二：一、道之本體；二、道之作用。

丑一（道之本體）分二：一、意義；二、比喻。

寅一、意義：

諸色及受不可見，想無所見行不見，
識心及意無所見，此名見法如來言。

因爲一切色法自本體不存在的緣故，無所得或者不可見，同樣，受也不可見，想也無所見，行也不可見，入定於真如的行境中，識、心、意之基一無所見。對此，其他注釋中解說：取過去的對境爲心、取未來的對境是識、取現在是意的角度而如此宣說，或以不同的名稱表達。智慧論師說：按照共稱，心是阿賴耶識；意是染污意；識是六轉識。如此以五蘊爲例一切法一無所得，任何本體也一無所見，這就名爲現見諸法的本來自性，是如來所宣說的，如同無損害之眼根未見飄浮的毛髮，就是見到毛髮的自性。

寅二、比喻：

有情聲稱見虛空，虛空豈見觀此義，
佛說見法亦復然，見以他喻不能詮。

如果有人問：無見之見的比喻是怎樣的呢？

比如，所有世間有情心裡這樣想、口裡也這般說「我見到了虛空」，可是，虛空怎麼能見呢？所看到虛空成爲眼根對境的形色、顯色全然無有，所以，我們值得觀察心想並言說此話的意義到底是什麼？結果會領悟到僅僅是把有色的法一無所見這一點當作是見虛空的名言。與此比喻相同，佛陀宣說過：所謂「見諸法之真如」也是同樣，依靠慧眼而認識到諸法皆不成立，任何本體也不可得或不曾見，就稱爲見法者。世間中，用某某有境見到某某對境，就稱爲「見」，那麼不得任何邊、不見任何戲論相的這一見到，只是片面性用見虛空的比喻來說明而已，實際上在真實性中超離一切有無是非等諸邊的法界是以各別自證現見，以其他比喻並不能全面詮表，因爲不可思議，真實超越了比喻和推理等衡量、推算的範疇。

丑二（道之作用）分二：一、攝集道果一切功德；二、遠離歧途之理。

寅一（攝集道果一切功德）分二：一、以大臣比喻說明行諸事業；二、以國王比喻說明攝諸功德。

卯一、以大臣比喻說明行諸事業：

誰如是見見諸法，如王捨住臣普行，

佛行聲聞所有法，悉皆依於般若行。

任何菩薩，不見任何所緣相，如是依靠慧眼而見，就是現見一切萬法，從中獲得廣大所爲，猶如國王無有勤作捨置而住，最得力最出色的大臣普遍行持國王的一切事。同樣，佛陀的所行事業以及諸位聲聞的所有功德法，都是依於無分別的般若波羅蜜多而行持的，原因是：如果具備證悟無我的智慧，那麼就能順利成就一切解脫之道，否則無法成就。

卯二、以國王比喻說明攝諸功德：

如王不往城國邑，居自宮攝諸財物，
菩薩法性無所去，攝集佛地諸功德。

比如，大國王不去城市，也不去往國家的其餘諸大城邑，深居於自己的皇宮，向內收攝一切賦稅等財物。同樣，菩薩於相續證悟的甚深法性中如如不動安住，不去往其餘任何處，證悟的心相續依靠法爾的威力而攝集佛地的一切功德，這實在是希有的所爲。

寅二（遠離歧途之理）分二：一、略說；二、廣說。

卯一、略說：

於佛菩薩有堅信，意樂行持勝般若，
盡越聲聞獨覺地，速得無遮佛菩提。

任何行人，對諸位善逝及佛子菩薩，有清淨信和不退轉的堅定信心，以意樂追求，以加行勤奮行持成爲菩薩和佛陀的道——殊勝般若波羅蜜多，方便智慧兼而有之，完全超越聲聞、獨覺二地的歧途，進而將迅速獲得不被有寂障礙所遮蔽的微妙佛菩提。對勝乘有信心，是最初的入門，以智慧信奉的同時，不退失獲得果位，因此主要講了方便、智慧這兩者。作爲初學者，雖然具備信心，但如果不具有智慧波羅蜜多，那麼就有可能退失正道，而只要深刻領會了般若波羅蜜多的甚深密意，就獲得了不可奪取的信心，不可能由正道中退失。

卯二（廣說）分四：一、以沉水之比喻說明；二、以新罐之比喻說明；三、以造船之比喻說明；四、以老者之比喻說明。

辰一（以沉水之比喻說明）分二：一、比喻；二、意義。

巳一、比喻：

猶入海者船破毀，何人未持屍草木，
葬身水中不抵岸，若人握物至海岸。

比如，入於大海的人船隻破損毀壞，其中任何人沒有抓住屍體或草堆或者木頭，那麼就會葬身於水中，而不會抵達海岸。何人握住木頭等物體，依靠它，就能達到大海彼岸。

巳二、意義：

如是具信得淨心，不隨般若非證覺，

生老死憂波濤洶，輪迴海中恆流轉。
若以殊勝慧攝持，通法自性說勝義，
方便功德以慧攝，速證最妙佛菩提。

與上述比喻相同，具備追求圓滿菩提的信心並得到希求的歡喜清淨心的某位行者，不依信心而隨行成爲正等菩提之道的佛母般若波羅蜜多，就不會證得善逝的菩提果。如此一來，將在生老死亡和種種憂惱的波濤洶湧的輪迴大海中恆常流轉。如果任何行者以證悟無自性的殊勝智慧波羅蜜多攝持，那麼就將毫不顛倒通達萬法的自性並且能夠宣說勝義。倘若他們追求圓滿菩提的信心等方便的那些功德，以無緣的智慧攝持，將迅速證得最殊勝絕妙的善逝菩提，如同某人抓住木頭等物而得以達到海岸一樣。

辰二、以新罐之比喻說明：

如人新罐盛裝水，知不牢固故速毀，
窯燒瓶中盛裝水，途無壞懼安返家。
如是菩薩信雖足，然失智慧疾退墮，
若信心以慧攝持，越二地獲大菩提。

比如，有人如果在沒有入窯焙燒的新瓦罐裡裝水，那麼可想而知，那個瓦瓶由於不夠堅硬的緣故很快就會毀壞，如果往入窯焙燒過的瓶子裡裝水，那麼在行途當中不會有瓶子毀壞的顧慮恐懼，安然返回自己的家園。同樣，任何菩薩，如果不具備希求圓滿菩提的信心，或者，雖然信心十足，但如果退失了能修的道——智慧波羅蜜多，顯然很快就會從大乘道中退失，墮入劣道等中。如果信心加上智慧，也就是說，以有信心的智慧度攝持那位行者的相續，那麼就會完全超越聲聞緣覺二地，而獲得大菩提。

辰三、以造船之比喻說明：

如未精造船入海，財寶商人俱毀壞，
彼船精心而細造，無損載寶達岸邊。
如是菩薩縱熏信，若無智速退菩提，
若具殊勝智慧度，不染失證佛菩提。

例如，材料、結構、標準、補漏等方面沒有精工細造的船隻入於海中，連財寶帶商人，一起都會毀掉；如果那艘船隻，經過精心審察而精工細作，那麼它就會完好無損地載著財寶抵達大海岸邊。同樣，任何菩薩縱然具備薰染信心之因，可是如果沒有依於智慧度，很快就會退失最上菩提的正法；倘若既具足信心，又擁有殊勝的智慧波羅蜜多，那麼就不會染上劣道的過患，不會從勝乘道中退失，而證得佛菩提。

辰四、以老者之比喻說明：

一百廿歲老苦人，雖立獨自不能行，
若左右人作依附，無跌倒怖順利行。
如是菩薩智力微，彼已趨入復退失，
以勝方便慧攝持，不退證得佛菩提。

比如，壽量已達一百二十歲高齡，衰老、痛苦的人，雖然能從坐墊上站立起來，可是憑著自己的能力，無法行走到其餘地方，因爲他已老態龍鍾。假設左右兩側有身強力壯的人作爲依附，那麼就不會有途中跌倒的恐怖，而能順利去往想去的地方。同樣，任何證悟真如的智慧力量薄弱的菩薩，儘管他已經趨入了殊勝菩提道，然而在沒有獲得果位之前還會再度退失，那位行者相續如果以殊勝的信心等方便和證悟無我的智慧攝持，就不會從正道中退失，將證得如來的菩提。

壬五（宣說加行之緣善知識）分二：一、宣說所依上師；二、宣說依者（聽聞甚深智慧之）弟子。

癸一（宣說所依上師）分二：一、需依具相善知識之理；二、善知識宣講教授之理。

子一（需依具相善知識之理）分二：一、真實宣說；二、需要如此依止之理由。

丑一、真實宣說：

住初學位之菩薩，勝意樂入大菩提，
賢善弟子敬上師，恆依諸位智者師。

處於初學位的菩薩也就是初學者，懷著特別緣於利他和正等菩提的殊勝意樂，追求而趨入佛陀大菩提道果的賢善弟子，帶著對上師的恭敬，恆常依止具有善妙見行並能宣說大乘密意的諸位智者上師。

丑二、需要如此依止之理由：

因智功德源於彼，隨說般若波羅蜜，
佛諸法依善知識，具勝功德如來語。

如果有人問：爲什麼要教誡步入大乘的初學者認真依止殊妙的善知識呢？

因爲通曉大乘道果的一切智慧功德，都是來源於善知識，他們隨從宣說大乘道的這一般若波羅蜜多。爲此，要獲得佛陀的一切法者當依善知識，這是擁有一切最殊勝功德的如來圓滿佛陀所說。原因是，對於如此善巧方便之道修行、思維、聽聞，前前依於後後（即修行依於思維、思維依於聽聞），而且，聽聞也依賴於善知識。

子二（善知識宣講教授之理）分二：一、如何宣說教授；二、如是宣說之讚歎。

丑一、如何宣說教授：

布施持戒忍精進，定慧迴向大菩提，
菩提莫執蘊見取，初學者前示此理。

如果要對這種新入乘者傳授教言，那麼就要應機而宣說方便智慧不相脫離的正道，教誡他們說：「你對於成爲如來之道的六度——布施、持戒、安忍、精進、禪定、智慧，要具全加行、正行、結行而行持，並將一切善根以希求一切種智的作意而迴向究竟大菩提。」這是對方便方面教授。欲求究竟所得的菩提，也切切不可依耽著而把色等蘊的有實法執爲最勝或殊勝——見取見。爲什麼呢？菩提爲例的一切法均無有自性，因此教授通達這一點，是對智慧方面的教誡。要在希求菩提的初學者面前開示這種道理。

丑二、如是宣說之讚歎：

此行善海說法月，眾生皈處友軍所，
依慧洲導欲利者，日燈說勝法不亂。

如此行持、善妙宣講教授的大乘善知識，您堪爲善妙功德難以測度的大海，您作爲具足真實妙法光芒的說法皎月，通過宣講利樂之因的正法而成爲遣除眾生痛苦的皈依處，作爲帶來涅槃安樂的友軍，作爲消除苦因的處所，同樣成爲趨往菩提的所依，成爲具有了知利害的智慧者，成爲沉溺三有愛河者的洲島。洲島，位於水中央的所依處，所謂的「島嶼」，也是位居兩河之間依處的名稱。

通過宣講無生法性能從輪迴淤泥中引導出來隨心所欲利益或者行持利益的商主等。宣講人無我而成爲日輪，宣說法無我而成爲正法明燈，通過無礙解而講說最殊勝的空性法，一心不亂，或者無所畏懼，自己對甚深之法堅信不移進而傳講它的道果，克勝諸方的辯才圓滿。或者也可以解釋成：「導」，是指就像商主等一樣引領眾生步入正道；「欲利」，是指以悲心任運自成行持他利；「說勝法不亂」，講說真如之第一法，不被邪魔外道等敵方的反駁所害或擾亂。

癸二（宣說依者（聽聞甚深智慧之）弟子）分二：一、宣說於深法具勝解信之弟子；二、宣說甚深難證之理。

子一（宣說於深法具勝解信之弟子）分二：一、智慧甚深之理；二、宣說甚深之功德。

丑一、智慧甚深之理：

具大名披難行鎧，非蘊界處之盔甲，
離三乘想無執取，不退不動不亂法。

邁入最爲深廣之大乘道的某位行者，在無邊佛刹中擁有菩薩大名者，披上難行鎧甲，如此在名言中發心：「我爲了將等同虛空的無邊一切有情解救到不住之涅槃的法界，我要證得涅槃。」那也是遠離染污、清淨的所緣，不是披上緣於蘊界處有實法的盔甲，遠離耽著三乘之想，安住於不緣或不執取任何法的般若中，爲此誠信甚深義而具備三大所爲，在獲得圓滿菩提果中不退轉，在大乘道之理中不動搖於他處，惡緣、邪魔和敵方的任何辯難也無法使他的相續染污，因此是一心不亂的有法。如《廣般若經》中云：「『世尊，菩薩爲使一切有情證得涅槃而披上盔甲，然有情不可得，彼等實難行持。』世尊言：『須菩提，彼盔甲非與色相繫……』」

丑二、宣說甚深之功德：

彼具此法無戲論，遠離疑慮具實義，
聽聞般若不退卻，不依他轉不退還。

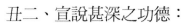

那些菩薩由於具足深不可測的如此之法，因此無有一切所緣的戲論，對於甚深義遠離懷疑、猶豫和顧慮，具有誠信的實義。這裡「慮」只是懷疑的別名，也就是說明現行等粗細的懷疑全然無有。或者，對於道果，現在無有懷疑、過去沒有猶豫、未來沒有顧慮，應該把它們看成是反體的差別。以無有懷疑的誠信來聽聞甚深般若波羅蜜多，對它的意義，心不退卻而憑藉自己的智慧領悟深法，結果不仰仗別人，也就是絕對不會有被他牽引而盲從之類的情況，由此可知，就不會從勝乘道果中退轉。

子二（宣說甚深難證之理）分二：一、宣說所行之深法；二、如此甚深之理由。

丑一、宣說所行之深法：

諸佛此法深難見，誰亦無悟無獲得，
行利慈者證菩提，思眾誰知不欲言。

一切導師圓滿佛陀的這一大般若法，最爲深奧，基位的一切法無生，僅僅真如也不可得，本來超越所取能取心的行境，而難以現見。爲此，在道位，誰也無所證悟，果位時獲得也是不存在的。如果證悟、獲得的本體存在，那麼就不能充當是真如的真悟和真得。其他經中也說：「菩提，佛陀也不曾獲得，更何況說他眾？因爲菩提的本體本來就是空性之故。」再三宣說了此理。正因爲無有現見、證悟、獲得的這一甚深法性，深不可測，所以具有利益一切有情的大慈大悲的圓滿佛陀，證得無上大菩提以後，不禁思量：我心領神會的這樣的深法，眾生群體中有誰能了知？於是不想言講正法。《方廣莊嚴經》中云：「深寂離戲光明無爲法，猶如甘露此法我已得，縱爲誰說亦不能了知，是故默然安住於林間。」又如《中觀根本慧論》中也說：「世尊知是法，甚深微妙相，非鈍根所及，是故不欲說。」

丑二、如此甚深之理由：

眾生喜處求諸境，住執不通愚如暗，

所得之法無住執，故與世間起爭議。

如果有人問：爲什麼普通人難以證悟這種甚深法呢？

一切眾生從無始以來由內心久經串習實執所牽引，喜愛把三有之處執爲我等情形，並且欲求一切所取境，住於執著它的心態中，就這樣墮入所取能取戲論行境當中，爲此，對於無有所取能取分別的真如義一竅不通，對其理愚昧不知，猶如處於黑暗之中一般。

所說和所得的般若法義，既不存在以緣所住的對境，對任何法也無有執著，出世間的這些法與一切世間不同，更爲超勝，由此與世間發生爭議，因爲世間人執著實有，另一者說它不存在。比如，所有世人，不曾見到宣說無實的法理才爭執不息。而如來如實照見萬法的本體，雖然無有本體，但在世人面前顯現如幻的這些法，按照在世間怎麼顯現，就隨順世間而進行言說，所以佛在其他經中也說：「世人與我諍，我不與世諍，世間承許有，我也承許有……」

辛二（真實成就彼加行果之理）分二：一、認清所得之果；二、若無此道則不得果之理。

壬一（認清所得之果）分二：一、比喻；二、意義。

癸一、比喻：

虛空界於東南方，西方北方無邊際，
上下十方盡其有，不成別體無差異。

虛空界，在東方、南方、西方、北方無有邊際，也就是說四方全無邊際，如是上下，再加上四隅也不例外，總之它於十方範圍無有邊際盡其所有之處都存在著，虛空無所不遍，本身無有成爲有實的自性，因此不同方向的虛空也不成他體，而且自本體也沒有形狀等不同的差異。

癸二、意義：

過去未來之真如，現在羅漢之真如，
諸法真如佛真如，法之真如皆無別。

正如虛空無有差別一樣，過去時的萬法真如、未來的真如、現在的真如以及阿羅漢等補特伽羅的真如，基——所知諸法的真如，果——佛陀的真如，證悟空性等道位諸法的真如，如此所有真如，均無有各自成立的分別，而於法界的本性中一味一體。如此三有和寂滅、過去和未來等以二法分析的一切，僅僅在名言現相中顯爲不同他體，並如此假立，但在真正的實相義中，一切法無生無滅的體性於法界自性中成爲平等性，因此無有三時、自他、賢劣等差別，這一切都以法界唯一明點的自性存在著，依靠具一剎那的智慧領悟，從而在自然本智具一切相之最的法身本體中圓滿一切法而證得菩提。遠離盈虧，不遷不變的大菩提就是究竟的果。

壬二（若無此道則不得果之理）分二：一、略說；二、廣說。

癸一、略說：

善逝菩提離異法，任何菩薩欲得此，
具方便行智慧度，無導師慧不可得。

所得的究竟果——善逝的菩提，具有虛空的特徵，遠離所證能證等異體的法，無二的自然本智身或者法性身的這一自性，任何菩薩想要獲得，必須具足追求正等菩提的信心等方便，行持或精進於證悟萬法真如的智慧度，如果沒有導師佛母這一智慧波羅蜜多，那麼永遠也不可獲得所得的大菩提，因爲究竟果的因決定是擁有般若波羅蜜多名稱、一切道之微妙的無分別智慧。

癸二（廣說）分二：一、若離此道最終不成就果之理；二、如是了知而入此道之理。

子一（若離此道最終不成就果之理）分二：一、比喻；二、意義。

丑一、比喻：

鳥身一百五由旬，羽翼折斷無本領，

彼由忉利天自墜，至此贍洲必遭損。

打個假設的比喻，有一隻鳥，身體龐大量達一百五十由旬，牠的翅膀折斷而不具備騰飛的技能，如果那隻鳥從三十三天自行跳到此贍部洲，那麼當時牠一定是遭受損傷，也就是說，身體不能不受傷等。

丑二、意義：

俱胝那由他劫行，諸佛此五波羅蜜，
無邊大願世恆依，無方便慧墮聲聞。

縱然在許多俱胝那由他劫中兢兢業業行持成爲諸佛之道的布施等這五種波羅蜜多，並且在此世間恆常依於屢屢趨入廣大道果的無邊大願，可是僅此一點並非具全獲得大菩提的因，因爲大菩提的無誤之因，是將一切善根迴向遍知佛果等大乘的無量善巧方便以及證悟諸法爲等性的智慧，如同鳥行空中的雙翅一般的方便智慧不相脫離。換句話說，不具備這樣的方便，或者離開了證悟真如的智慧，就會墮入聲聞的果位中，如同飛禽即使身軀龐大但如果沒有翅膀而跳躍，就會一落到底。倘若具備究竟實相的般若，那麼這種智慧的本體就是方便智慧無合無離，二諦無二無別的有境。

子二、如是了知而入此道之理：

樂此佛乘定生者，眾生平等父母想，
利心慈意勇精進，無嗔正直說柔語。

樂求依於究竟的大菩提之因、唯一經行之道——這一無上佛乘般若波羅蜜多，而決定獲得趨至大菩提果位者，要具足什麼條件而趨入呢？

大乘的根本就是緣他利的悲心，它的俱有緣是方便，果位就是乃至虛空際利益有情，因此實際行持大乘的方式、趨入大乘的行者，就是要對於無邊無際的一切眾生有平等心，無有偏袒，一視同仁，懷有父母想、兄弟姐妹想等，希望他們永久有利之心和暫時快樂的慈意，勇猛精進行持眾生利益，無有忿恨、損惱的嗔心，無諂無誑，秉性正直，口裡講經說法及隨同講說等，說柔和之語。身體也要行持仁慈之事，對一切眾生真心實意萌生饒益之心，不懷有與之相違的諂誑和害心等。

辛三（宣說加行者補特伽羅）分二：一、以請問略說；二、以答覆廣說。

壬一、以請問略說：

須菩提問世尊言：功德海無煩惱相，
大力如何不退轉？功德少分請佛宣。

須菩提尊者請問三世間的怙主佛陀世尊說：「具足無量功德海、無有煩惱的相兆和徵象是怎樣的？成辦二利的大威力菩薩究竟如何？以什麼相表示於大菩提道中不復退轉，知是不退轉的菩薩？如此大菩薩，他們的無量功德中片面或部分，請佛陀爲我明確宣說。」

壬二（以答覆廣說）分三：一、認清表示不退轉之相；二、不退轉之行爲特點；三、宣說退轉與不退轉之差別。

癸一、認清表示不退轉之相：

離異體想具理語，沙門梵志餘不依，
依智恆時斷三途，十善業道極精進。

對於須菩提這般請問不退轉的一部分相，善逝告言：證悟甚深法性的菩薩，現見一切法於真如中無二無別，從而對染污、清淨的一切法遠離他體之想；在相應實相善巧宣說深法時，以具備衡量之理的詞語來讚歎，他人不能夠轉變；自己對此道的本師獲得不退轉信心，不以示道者想而依止其他外道沙門及婆羅門，對他所說的種種道，發自內心不信賴；因爲依靠通達因果無欺等法理的智慧和堅信斷除明顯的不善業，由此獲得時時刻刻恆常遠離三惡趣及其爲主的一切無暇的方法。那些智者本身自然安住於十善業道中，而且極爲精進令別人也如此行持。

無染爲眾隨說法，專喜正法常雅言，
行住坐臥具正知，視軛木許無心亂。

無有著眼於利養恭敬等染污的心思，遵照一切佛菩薩爲眾生如何宣講而隨從宣說波羅蜜多等法；對甚深法義誠信不疑，專心致志歡喜妙法，不特別刻意行持其餘事，主要奉行唯一的正法；利他心達到純熟，爲此常常說文雅語言等，具備仁慈的身語意業；由於不放逸串習善法，平時行住坐臥四種威儀，所作所爲都杜絕放逸，極具正念、正知。到底是怎樣的呢？如此在行路時，眼睛視一軛木許之處行走，恆常無有放逸所生的迷路、身體受傷之類心迷亂的現象。

淨行潔衣三遠離[6]，非圖利尊恆求法，
超越魔境不隨他，四禪靜慮不住禪。

隨著聰明才智、不放逸之心而安住於無所詆毀之法，爲了避免別人不起信心，外內的所有威儀清淨而行，身著清潔衣裝等；相合所化眾生心意的舉止純淨，身語意三門遠離罪業，如同無垢的水晶般純潔；現見有爲法的（無常等）本性，不貪執它而行持；並非是以取受功

[6] 三遠離：也叫三寂靜，顯密共同的三遠離，即身遠離繁雜、心遠離邪惡妄想和三門遠離凡庸執著。

德等方式貪圖利養，勝伏慳吝等波羅蜜多的違品，以殊勝功德莊嚴自相續，廣行他利，因此自然成爲眾人之尊；恆時希求甚深正法，自相續與法相融，一切時分都具足法性（即相應法性）而行，由於體悟到甚深法性，內心自然與之不相分離，一切所言所行都與法性相符，不超離法性，就像具貪者一切舉止都表現出具有貪欲一樣；已經具足甚深法忍，即便魔王波旬的幻現來宣說他道，幻變出地獄等，令對輪迴產生恐懼，以諸如此類的種種伎倆使其退出大乘道，開示形象的道，然而了知他是魔，不被各種魔業所害，因此超越魔境，不隨他轉，也就是說，不依賴於他而具備自己的智力；雖然入定於四禪，或者修行靜慮，可是並不以品嘗禪味（著禪味）等而安住禪定中。

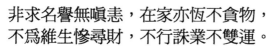

非求名譽無嗔恚，在家亦恆不貪物，
不爲維生慘尋財，不行誅業不雙運。

由於認識到萬法如幻，以至不追求自我名譽；依靠正法使自相續調柔，無有嗔恨亂心或擾心的情況；不貪執自我私欲，以善巧方便利他，即使成爲在家人，也恆常不貪執一切事物而慷慨布施；處於證悟無我與利他的悲心中，斷除過分執著自我利益所引起的一切邪命和行業，無論如何絕不爲了自己維生而通過殺生、諂曲奉承等有可怕異熟果報的途徑來尋覓財產；絕不爲了自己以暴行的誅業殘害他人，也不以貪欲驅使行持制服或懷柔女人雙運的密行。

不記欲界轉男女，極靜精進勝般若，
離爭慈心亦堅固，求遍知心恆向法。

語言上，從不爲了自我宣揚而授記說「我於欲界的有緣分人中住胎或者本來即將投生，轉成男或女」，具足清淨這些爲例的邪命和邪業的相；三門所爲，完全避開喜愛瑣事、言說戲論的各種散亂，極其寂靜；精進行持殊勝般若波羅蜜多；由於相續寂靜調柔，住於何處，相互之間都遠離衝突、爭執等；慈心不被外緣所動，非常穩固；始終以歡喜的心供養遍知佛陀並渴求、希求「我獲得佛果」，恆常懷著希求、嚮往之心以十法行的方式行持佛教正法。

離野人境諸邊地，自地無疑如須彌，
爲法捨命勤瑜伽，當知此是不退相。

憑藉願力或智慧獲得投生自在，遠離邊鄙野蠻人的境域，佛法不興盛的邊地，依靠法爾力轉生於正法富興的境內；對於自地的功德等確定無疑，不被其他道所動，恆常穩如須彌山王；爲了妙法，縱然是自己的性命，也不難捨棄；極度精勤於受持正法、思維意義的瑜伽。應當知道，以上這些就是領受深法的決定要點、安住於加行道及見諦行者的不退轉相。如果具足方便智慧瑜伽之道，擁有決定並串習的這種相，那麼依靠這些相就能決定不退轉，如同由煙知火一樣。

癸二（不退轉之行爲特點）分三：一、勝義之有境甚深行爲；二、世俗之有境廣大行爲[7]；三、善巧方便雙運之行爲。

子一（勝義之有境甚深行爲）分二：一、認清所行甚深義；二、如何行持深義之理。

丑一（認清所行甚深義）分二：一、宣說甚深性；二、行持彼而集福德。

寅一、宣說甚深性：

色受想行識甚深，自性無相極寂滅，
如以箭測大海深，以慧觀察不得蘊。

色、受、想、行、識一切法悉皆甚深，如何甚深呢？無有自性的緣故，是空性，無有變礙的相狀，耽著它的希冀完全寂滅，爲此心無所緣，猶如用箭測量大海的深度根本不會得到「就在此處」一樣，以分析真如的智慧進行觀察探究，根本得不到蘊。

[7] 世俗之有境廣大行爲：下文中的科判是加了一個同謂語修行剎土，原文即是如此，下文中有類似情況也同樣理解。

寅二（行持彼而集福德）分二：一、真實宣說；二、斷除過失。

卯一（真實宣說）分二：一、略說；二、廣說。

辰一、略說：

菩薩於此甚深法，乘之勝義無貪執，
證蘊界處無此法，何有較真成福勝？

菩薩對於所證悟法的自性或實相如是以本體成爲甚深，殊勝乘——勝義的有境皆不分別而無有貪執安住於一切，哪還有比這樣證悟蘊界處的本性並不成立的甚深此法真實形成的福德更爲殊勝的他法呢？那是真實成就的最殊勝福德。

辰二（廣說）分四：一、思維此深法之功德；二、傳講此深法之功德；三、入定後得修行之功德；四、視如是福德亦如幻之功德。

巳一、思維此深法之功德：

如行愛染之人士，與女約會未遇彼，
一日盡其行思念，菩薩能得彼數劫。

如《廣般若經》中說：「具足般若波羅蜜多之甚深處，審諦、思維、衡量、觀察，如般若波羅蜜多所說而住，甚至僅在一日行持瑜伽，其於一日內行多少事？」其中，從「譬如耽欲人……所超生死流轉數，與耽欲人經一晝夜所起欲念數量等同」到「能遠離退轉正等菩提所有過失」[8]之間加以說明。按照經中所說，在這裡也不例外，比如，行持愛染心之法的一個男士和女人約會，假設沒有遇到她，那個男子的一天，思念的分別心會接連不斷湧現，由貪愛所牽，反反覆覆思念那唯一的對象。盡其所行這樣的思念心刹那，在這麼多劫中積累的善法，一日之中修行此法瑜伽的菩薩即能獲得，因爲心的每一刹那也能聚集無量的善資。

巳二、傳講此深法之功德：

菩薩千俱胝劫施，羅漢獨覺守護戒，
誰說具勝般若法，善妙施戒不可比。

某某菩薩在千俱胝數多劫中，對阿羅漢、獨覺等作布施，或者爲了聲聞緣覺的果位而進行布施，守護清淨戒律，另外某人僅在一日講

---

8 《大般若波羅蜜多經》卷第三百二十九中云：「復次善現。諸菩薩摩訶薩應於如是諸甚深處。依深般若波羅蜜多相應理趣。審諦思惟稱量觀察應作是念。我今應如甚深般若波羅蜜多所說而住。我今應如甚深般若波羅蜜多所說而學。善現。若菩薩摩訶薩能於如是諸甚深處。依深般若波羅蜜多相應理趣。審諦思惟稱量觀察。如深般若波羅蜜多所說而住。如深般若波羅蜜多所說而學。是菩薩摩訶薩由能如是精勤修學。依深般若波羅蜜多起一念心。尚能攝取無數無量無邊功德。超無量劫生死流轉。疾證無上正等菩提。況能無間常修般若波羅蜜多。恒住無上正等菩提相應作意。善現。如耽欲人與端正女更相愛染共爲期契。彼女限礙不獲赴期。此人欲心熾盛流注。善現。於意云何。其人欲念於何處轉。世尊。是人欲念於女處轉。謂作是念。彼何當來共會於此歡娛戲樂。善現。於意云何。其人晝夜幾欲念生。世尊。是人晝夜欲念甚多。佛言。善現。若菩薩摩訶薩。依深般若波羅蜜多起一念心。如深般若波羅蜜多所說而學。所超生死流轉劫數。與耽欲人經一晝夜所起欲念。其數量等。善現。是菩薩摩訶薩隨依般若波羅蜜多所說理趣。思惟修學隨能解脫障礙無上正等菩提所有過失。」

說殊勝般若波羅蜜多法的善妙，布施持戒比不上它一分。

巳三、入定後得修行之功德：

菩薩修行勝般若，起定宣說無染法，
利生迴向菩提因，三世間無等彼善。

某某菩薩入定中修行殊勝般若波羅蜜多，從中起定而在後得時，宣講相應自己所修行的無染之法，也就是無有相分別等過失的法，或者也可解釋爲：不被追求聞名利養等的妄念所染而講經說法，如果說法也爲了利益眾生迴向成爲大菩提之因，那麼在地下、地上、天上三世間中沒有等同於它的善法。

巳四、視如是福德亦如幻之功德：

了知此福不實空，虛無不真無實質，
如是行持佛智行，行時引攝無量福。

如此思維、傳講般若波羅蜜多等，雖然在名言中有不可限量、不可勝數、不可估量的福德，但在勝義中福德也無有自性，徹底了知這般傳講等所生的福德自法相也不成立的緣故，爲「不實」。同樣，由於無有苦等行相，因此是「空性」；無相的緣故爲「虛無」；因爲自本體不成立，依緣而起，所以「不真實」；遠離緣取，爲此無有實質。如是行持一切善逝的般若波羅蜜多，那麼在行持這樣的行爲時，能引攝無量福德。對此，也有解釋成：由於無有自相的緣故爲不實；空性等三者是指空性；空空、大空、勝義空三種，是不實；有爲空、無爲空、無際空、畢竟空、無散空五種，是虛無；自性空等是無實質。實際上，萬法無有自性的道理，從反體的角度，似乎是眾多積聚、虛而不實，無有堅固性可言，爲此是「不實」；諸如獅子等假造的形象，是「虛無」的；不能獨立自主而觀待他法，虛僞不可靠，因此說「不真」。諸如此類，以虛妄的不同名詞來說明。

卯二（斷除過失）分二：一、除勝義中福德果無增無斷無得故成佛不合理之過；二、除世俗中亦不該獲得佛果之過。

辰一（除勝義中福德果無增無斷無得故成佛不合理之過）分二：一、勝義中無滅無增；二、勝義中雖無但世俗中成佛合理。

巳一、勝義中無滅無增：

知佛略廣詳盡說，此一切法唯說已，
俱胝那由他多劫，縱說法界無增減。

諸佛出有壞簡略宣說、廣泛結合其義而說明、連同能立證成理而詳盡宣講的所有法，了解到這一切儘管在真實性中能詮所詮皆不可得，也就是無可言說，但在名言中唯是講說的名稱而已。在俱胝那由他多劫之中，縱然宣說無量法門，以遮破或建立的方式來進行詮解，能詮的詞句倒是無有止境，然而法界自本體中，過失無有滅盡，功德毫無增長，恆常處於不可言表、無盈無虧的平等性中。所以，在真實義中，一切法無增無滅平等性，原本就是涅槃，而絲毫也不存在再度證得菩提的情況。

巳二、勝義中雖無但世俗中成佛合理：

所謂諸佛波羅蜜，諸法唯名普宣稱，
菩薩迴向心無執，無失證佛勝菩提。

所謂的一切佛陀之道——波羅蜜多的所有法，自本體都不成立，唯是以名稱表達，普遍宣稱，然而單單在世俗中，一切善根迴向無上正等菩提，了知道果無有自性的菩薩，沒有執著彼彼之心，方便、智慧圓融雙運，由無欺緣起之理的正道中不會退失，將證得佛陀的殊勝菩提，這在名言中是存在的，原因是：由現證諸法本來涅槃自性清淨的實相真如，獲得離客塵清淨作為差別的菩提，從現相的側面而言真實不虛存在。

辰二（除世俗中亦不該獲得佛果之過）分二：一、斷除所斷合理；二、獲得功德合理。

巳一（斷除所斷合理）分二：一、比喻；二、意義。

午一、比喻：

如油酥火相遇時，非初焚油無不焚，
非觸火焰末焚油，無末火焰不焚油。

如果有人說：從世俗名言出發，能獲得菩提的心是剎那性，它無法積聚，爲此依靠這顆心怎麼獲得離障的菩提呢？因爲，單單依靠前面的心也不能斷除障礙，不依靠前心而僅僅憑藉後心也不能斷除障礙，這兩者也不存在積聚一起的情況。

首先運用世間共稱的比喻來說，（油菜籽）糧食等的油精華——熔酥，和油燈、火焰這兩者相遇時，並不是僅以第一剎那火焰就完全焚盡燈油的，當然沒有第一剎那也不能焚盡它，也不是僅僅油汁和火焰接觸到最後才燒盡燈油的，當然沒有最後的火焰也不能燒盡它，從火焰的第一剎那到最末剎那之間的剎那相續完結時，就燒盡了所有清油的熔酥，燈油全部用盡，以這種存在的現象作爲比喻可以了知。

午二、意義：

非初心證勝菩提，無其不能證得彼，
非末心得寂菩提，無其不能獲得彼。

正如剛剛所說的比喻一樣，並不是僅僅以剛剛發心的初始心證得遠離一切所斷的殊勝菩提的，當然沒有它也不能證得菩提，也不是由臨獲得菩提相續末際那唯一的心獲得使一切垢染寂滅的大菩提，當然沒有它也無法獲得菩提，然而，由超勝前前的後後心相續證得斷除一切所斷的大菩提，這是緣起的規律，不可否認。

巳二（獲得功德合理）分二：一、獲得功德合理；二、圓滿功德合理。

午一（獲得功德合理）分二：一、無不合理之理；二、從緣起而言決定合理。

未一、無不合理之理：

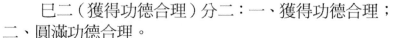

如由種生芽花果，彼滅樹木非不存，
初心亦是菩提因，彼滅菩提非不存。

有人辯駁說：如果能獲得菩提的初心到得果之間一直住留，那就成了常有；倘若它不停住而滅亡，則每一剎那的心，都不生菩提，結果數劫之中修行的菩提功德出生，這在名言中並不合理。

答覆：一切有爲法雖然都是剎那性的，但是作爲因的所有剎那先前流逝過去，它的果會無有耽擱而產生，這是緣起規律。比如世間中，由種子生出芽、從苗芽中依次長出莖、花、果，在果實之際，各自的因儘管已滅，可是種子滅盡，它的果——樹木並非不復存在，雖然種子已經滅亡，但是苗芽等果會逐漸顯現出來。同樣，在分析道之果的此時，也與此比喻相同，初發起的心或者一開始的心也是菩提的因，彼心泯滅，它的相續之果——菩提並非不復存在，由於因果無欺的原因，由道位時前後心的因中無欺獲得菩提之果。

未二、從緣起而言決定合理：

有種生出穀稻等，彼果非有亦非無，
諸佛之此菩提生，離有實性虛幻生。

如此緣起（即依緣而生）的道理：擁有能產生自果的因緣聚合的種子以後就將生出五穀雜糧及稻果等。那個種子的果，在那一種子上本來並不存在，由於能生的原因，也並非不存在，原因是，如果先前存在，就不需要因；假設能生而不存在，那麼就沒有所謂「因」的含義了。這般分析它的自性，雖然是遠離有無等萬法的自性，但以虛幻等的方式會出生無欺顯現的行相，這就是緣起的法則。依此道理也可了知，一切佛陀的此菩提也是以緣起而生的，如果分析它，則遠離成實的有實法自性，如虛幻般出生。

午二、圓滿功德合理：

水滴滿瓶始末間，涓涓必漸盈彼器，
初心亦勝菩提因，漸圓白法終成佛。

如果有人問：由於一切有實法是刹那性的，不可積聚，縱然在無數劫中修習，也不可能聚集一起而增長，爲此又怎麼能獲得圓滿一切功德的菩提呢？

儘管一切有實法的確是刹那性的，但是依靠前前心，而使後後功德更爲超勝，所以最終就會圓滿功德，比如，就拿一滴滴水積聚眾多會盛滿瓶器來說，第一滴到最後一滴之間逐漸涓涓細流，積少成多，到最終就會盈滿那個瓶器。同樣，觀待五道十地依次發心的數目圓滿能得以成佛，也與此比喻相同，勝解行階段最初的發心也是殊勝菩提的因，雖然並不是依靠獨一的它圓滿功德的，可是逐步向上，通過圓滿白法功德終將得以成佛，就像一滴水不能盈滿瓶器，但眾多水滴能盈滿一樣。

一滴水不能盈滿而眾多可能盈滿，來作爲具足發心的許多刹那獲得佛果的比喻，儘管水是刹那性的，但所有水滴相續齊備就能盛滿瓶器。同樣，刹那心的相續，後後超勝前前也可憑藉這種方式來理解。

丑二（如何行持深義之理）分二：一、真實宣說；二、宣說其功德。

寅一、真實宣說：

行空無相無願法，不證涅槃不持相，
猶如舟子善往來，不住兩岸不住海。

如此諸法自本體是空性，因此是完全寂滅一切有緣見解的意義；所緣之基或因的相不存在，是完全斷除一切分別念的意義；爲此對它無有耽著或者對果無有願求，是遠離一切三界之願的意義。行持所證悟以上三解脫門的甚深法——有寂平等性的意義，依靠它的威力，不證寂滅一邊的涅槃，不行持耽著三有之相，如同聰明的舟子，善於往來大海的兩岸，可是他既不住於彼此兩岸，也不住於海中。在講般若的此處，用三解脫、無生、真性、真如等盡其所有的別名來說明，也都是同一個意義，空性即是無相，也是無願等，所以我們要知道，各種異名雖然反體不同，但就像蜂蜜同一味道一樣，所證的法界是一味一體的。

寅二、宣說其功德：

如是行持之菩薩，無佛記證菩提想，
此無菩提無畏懼，此行即行善逝智。

如是行持有寂平等性之義的菩薩們，心裡並沒有「我將蒙受具十力者——佛陀授記，證得所得菩提」的執著想，因爲他們完全通達了這一實相意義無有任何所遣所立、所得所斷，所以對菩提虛空的法相全無不能接受的畏懼而胸有成竹地如此行持，這就是在行持善逝的甚深智慧。

子二、世俗之有境廣大行爲——修行刹土：

世間荒途飢饉疾，見而不懼披鎧甲，
後際恆勤盡了知，塵許不生厭倦意。

在這個十方世間界，不清淨的顯現、無水無城貧乏荒寂的野外路途，似乎到處充滿了淒涼的景象、粗糙的處所和凶殘的猛獸等器世界的瑕疵。有情世界，缺乏正法與財富的飢饉，身心痛苦之病以及內在種種煩惱之疾。（行者菩薩）目睹此情此景，了知這一切是虛幻的心無所畏懼，於是披上修行刹土的大鎧甲而實地行，並由衷感歎：悲哉！這些眾生福報淺薄，才這般被各種各樣的煩惱和痛苦所折磨，因此，我爲了利益這所有眾生，要修行刹土，有朝一日，我成佛的佛土，全無這樣的弊端，富饒完美。爲此目的，乃至究竟後際（即盡未來際）之間恆常精進修行波羅蜜多資糧，由於完全了知這也無有自性，而對此絲毫不生厭倦之意。

子三（善巧方便雙運之行爲）分三：一、略說；二、廣說；三、攝義。

丑一、略說：

菩薩行持如來智，知蘊本空且無生，
未入定悲入有情，期間佛法不退失。

所有菩薩隨時隨地行持並安住於如來之母——智慧波羅蜜多中。那是怎樣的呢？

他們憑藉有境智慧力，知曉蘊等所有這些法原本空性、無生，以無二的方式入定於法性義中，然而在沒有如此入定的階段，以大悲心趨入千差萬別不可限量的有情界，而入定安住在唯一法界中，也並非捨棄眾生利益，因爲他們已經獲得了智悲雙運的甚深、殊妙瑜伽。在行持眾生種種利益期間，也不退失佛陀之法——不住之住般若波羅蜜多，因爲獲得了智悲無二的善巧方便智慧。這裡所謂的「未入定」，也可以解釋成：在以悲心趨入沒有入定（即平等安住）於甚深法性義的迷惑眾生界；或者菩薩自身沒有入定之時，以悲心趨入眾生界；或者安住於智悲雙運之間或者中道之類的時候，從十力等佛陀之法中不退失。由於具足如此善巧方便，而不現前唯一的寂滅。不管怎樣，都是說明智悲雙運善巧方便的本體。

丑二（廣說——以八喻說明）分八：一、以幻喻說明不捨眾生；二、以器世界喻說明圓滿願力；三、以飛禽喻說明無依也不墮落；四、以射箭喻說明未圓滿而住；五、以神變喻說明住留也不厭他利；六、以撐傘喻說明不墮邊；七、以商主喻說明成辦自他利樂；八、以商人喻說明精通道。

寅一、以幻喻說明不捨眾生：

如有善巧諸德人，具力知技勤難事，
投拋工巧臻究竟，知成幻術欲利生。
偕同父母及妻子，行至眾怨荒野路，
彼化勇敢眾多士，安穩行程還家園。
爾時善巧之菩薩，於眾生界生大悲，
盡越四魔及二地，住勝等持不證覺。

如果有人問：智慧大悲圓融雙運的善巧方便者到底是怎樣的呢？

下面依次以比喻說明：

比如，具有善巧降伏怨敵方便一切功德的人，自己身強力壯，心有魄力，精進做出他人無能爲力的難事，是什麼事呢？了達身體跳躍等技能之事或者方法，射箭等投拋以及工巧明眾多學問達到究竟，不僅如此，而且還知道成辦展示種種幻術的方式，他是極其渴望利益道中的眾生或者精進於其他眾生之利的大悲尊。這樣的人，自己偕同父母及妻子去往有眾多怨敵的荒郊野外路途，如果成群的仇敵來到那裡，此人本身無有怯懦而幻化出英勇、具有力敵對方氣魄的眾多人士，全然不受怨敵等所害，而安穩到達想去的目的地，並順利返回自己的家園。菩薩在此修道階段，也與比喻相同行持眾生的利益，當時，善巧方便的菩薩，對於一切眾生界普遍萌生大悲心，完全越過成爲大乘道違緣的天子魔等四魔及聲聞緣覺二地以後，安住於具三解脫的殊勝等持中，不以現前唯一真實際寂滅法界的方式而證得菩提。

如果有人認爲：按一般來說，真實際單單是指遠離一切戲論，以一味的方式融合其中的入定無分別智已達成熟的清淨地大菩薩之類的聖者們可能趨入唯一寂滅法界的涅槃嗎？

那是不可能的。原因是，他們以善巧方便攝持，在圓滿佛陀的一切法之前不會現前真實際；其餘經中宣說了經佛陀勸請等把他們從寂滅中喚醒的情形等，遮止寂滅的道理，真實際法界的本體中並非存在一個墮入寂滅邊的基，如果存在，那麼就成了不是以體性不住於有寂的基般若。所以，證悟它趨近果般若的基智，也就不合理了等等。這樣一來，就失去了大乘的要點，而般若波羅蜜多就成了三乘共同的道，而不該是大乘不共的道了。那到底是怎樣的呢？法界真實際，是自本體二諦無別平等性究竟實相的意義，不住於有寂，如果原原本本現前它，那就是佛陀。爲此，在學道中不可能現前它，因爲現前的因尚未齊全之故。

如果有人認爲：那麼，對此就無需顧慮，既然中間不可能現前它，爲什麼還宣說善巧方便等呢？

在學道位，方便智慧的部分有多有少，而從真實際無緣的反體來講，如果萬一唯獨耽著它，那就成了一邊的寂滅，從宣說善巧遣除邊執之方便的角度，爲了認識到真實法界究竟的現空無別是那些住地菩薩也要再度趨入的深法。八地菩薩，安住於自己內在的善巧方便力，加之外緣——諸佛也勸勉「善男子，你尚未得到我的十力等法，因此當精進。當悲憫無量有情界」，這也是一種法爾。八地菩薩儘管獲得了無勤安住於現空無別境界的瑜伽，然而智慧方面安住於寂滅法界的等持占大部分，仍然沒有獲得法界現空無別、普皆清淨的本性、方便智慧無不平等而圓融一體等同諸佛的究竟入定行境，所以還需要趨入逐步向上的道，而絕對不是指萬一偶爾也可能有中間涅槃的清淨地者的意思，因爲從一地開始就現見了二諦無別的法性，爲此決定是佛陀的種姓，然而在不清淨七地尚未獲得與清淨地相同的無分別智慧，因此安住方便分占大部分。

如果有人問：經中不是說「萬一諸佛未勸請，他無疑將趨入涅槃」嗎？

儘管如此，但那是爲了讓我們認識到：八地菩薩的等持極其寂滅、超群絕倫，才以假設句來說明的。事實上，諸佛不勸請他的情況在何時何地都不可能有。八地菩薩依靠內在善巧方便的智慧自在，加上外緣如是勸請以後，修行真實門，也是一種必然規律。而且，從轉生為大乘種姓、不退轉獲得一地開始便是這樣，更何況說八地菩薩了？所以，在沒有獲證究竟果位不住之大涅槃佛果前，中間涅槃也絕不是寂滅一邊的涅槃。善巧不入滅於此的方便，也就是二諦無別的有境空性大悲無二的般若而並非其他。可是，我們要理解，趨入這種善巧方便的不共方法是說在清淨地修行的時刻，這是相當關鍵的重大要點。

以上對於至關重要的疑點稍加分析而闡釋了。

寅二、以器世界喻說明圓滿願力：

風依虛空水依彼，大地依彼生依地，
有情造業因即此，虛空何住思此義。
如是菩薩住空性，知有情願作所依，
展現眾多種種事，不證涅槃不住空。

世界形成、安住時，最初風輪依靠虛空而形成，水依賴於風，這個大地依賴於水，而住於地面的四洲等眾生依附於大地，一切有情積累、造作共業的因或基礎，就是如此。所有大種這般互相依存，但最終虛空依於其他何法而住呢？思索這一意義時，必將認識到虛空任何法也不依賴的道理。同理，菩薩安住於虛空般的空性中，以了知有情之名言和勝義自性的無緣大悲，而為了一切眾生發下無量宏願作為依處，依靠願力所生，在一切有情界中展現多種多樣的利樂之事，不證一邊的涅槃果位，也不住於單空之道。

寅三、以飛禽喻說明無依也不墮落：

何時菩薩明而知，行此空寂妙等持，
其間全然不修相，住無相寂最寂行。
如飛虛空鳥無處，非住於彼不墮地，
菩薩行持解脫門，不證涅槃不持相。

在修學大乘道的過程中，如此菩薩自己精通勝義並能驅散他眾的愚癡黑暗而帶來光明，在空性的有境——這一寂滅的微妙等持中行持，於學道期間，絲毫也不修行所緣相，安住於無相之義中，寂滅輪迴分別念、完全寂滅涅槃的分別念而行持。然而，就像飛翔在虛空中的鳥並沒有所依的其餘處，既不是安住於虛空任何地方，也不是墮落地上。同樣，菩薩行持三解脫門，以方便不證得涅槃之邊，依智慧不行持三有之相，因此不住於任何法，也不墮於任何邊。

寅四、以射箭喻說明未圓滿而住：

如學箭法空射箭，餘箭隨後不間斷，
前箭不得落地機，彼人想時箭墜地。
如是行持勝般若，智方便力神變行，
彼等善根未圓滿，期間不得妙空性。

比如，認真學習箭法的人，向空中射出帶有木板的箭，緊接著所射的其餘箭，隨著前前箭的後面，連續不斷，一個接一個（指後箭不斷射前箭的箭筈）[9]，使前面的箭得不到落地的機會，而向上飛躍，當那些人想停止這種功力而沒有射的時候，那些箭就會墜落於地。與此比喻相同，行持殊勝般若者，在道位時，依靠無緣的智慧以及大悲迴向等方便、信心等之力、身體隨心所欲顯示神變等而行持的那些圓滿、成熟、修行該達到究竟的一切善根在沒有圓滿期間，就不會獲得微妙空性無漏的法界，也就是實現願力之事沒有完成前要積累資糧的意思。

寅五、以神變喻說明住留也不厭他利：

如比丘具神變力，住空頓時顯神奇，
行住坐臥四威儀，彼無厭煩無疲倦。
聰睿菩薩住空性，智神變竟無有住，
爲眾生現無邊事，俱胝劫間無疲厭。

例如，一位具備高超神變力的比丘，安住於虛空中頓時大顯神奇，變幻行住坐臥四種威儀種種舉止，可是他沒有以各種行爲心生厭煩，他的身體也無有疲倦。與此比喻相同，聰睿的菩薩，安住於虛空般的空性之義中，善巧

9 《大般若經》中云：「欲顯己伎仰射虛空。爲令空中箭不墮地。復以後箭射前箭筈。如是輾轉經於多時。箭箭相承不令墮落。若欲令墮便止後箭。爾時諸箭方頓墮落。」

方便的智慧和神變達到究竟，儘管以對任何法也無有緣執的方式安住，然而爲所有眾生，能展現相應各自的無邊種種利樂事，縱然在俱胝無量劫之間，也不厭其煩，身體沒有任何疲勞。

寅六、以撐傘喻說明不墮邊：

如人處於大懸崖，雙手撐傘空中躍，
身體下落不墜入，大深淵底直行進。
具有智悲之菩薩，手握方便智慧傘，
悟法空性無相願，不證涅槃法亦見。

比如，有人處於大懸崖邊，雙手撐兩個傘，向空中跳躍，身體下落時，手拿的傘借助風抬起的力量，使他不會立即墜入大深淵底，在那期間，一直緩緩行進。同樣，具足通曉真如之智、心懷大悲的菩薩，撐著方便智慧兩把傘而住，如此持著智慧的傘而證悟諸法空性、無相、無願；持著方便的傘，不證得寂滅一邊的涅槃，一切盡所有法也得以現見。

寅七、以商主喻說明成辦自他利樂：

如欲珍寶赴寶洲，已得珍寶返家中，
商主非獨以安生，令親友眾不悅意。
菩薩詣至空寶洲，獲得禪定根及力，
不喜獨自證涅槃，而令眾生心憂苦。

我們知道：例如，高貴種姓的人，爲了使親友等人幸福安樂而想求得珍寶，於是赴往寶洲，已經獲得眾多珍寶以後返回自己的家中，商主並不是以本身獨自所得來安然維生而一絲一毫也不給其他親友眾人，使他們心不悅意。與此比喻相同，菩薩到達空性之等持的寶洲，獲得了禪定之樂、五根及五力等無量功德法時，並不歡喜獨自一人證得涅槃不饒益其餘所有眾生而令他們內心憂苦，因爲正是爲了眾生的利益才修行那些法的緣故。

寅八、以商人喻說明精通道：

如求利商熟知故，中經都市城邑村，
不住彼處及寶洲，知不住家通路途。
明了菩薩則通曉，聲聞獨覺智解脫，
不住於彼及佛智，不住無爲解道理。

比如，謀求珍寶利的商人們由於熟知道路的緣故，從自己家到寶洲之間雖然經過所有都市（即大城市，舊譯王都）、城邑（中等城市）和村落（小城鎮或鄉村，舊譯聚落），可是他知道自己留在那沒有意義，也就不住在中間的城市等處，他也明白即便是留在寶洲也對自己的家起不到利益作用，也不住在寶洲，在行途當中，熟悉、了解道路，他們也不住在自己的家裡，而善巧行程並精勤行路。同樣，我們要知道：追求利樂有情的菩薩正當修學方便智慧之道時，對此道理明明了了，這樣一來，精通中間之城等般的聲聞、緣覺的道——智慧及果——解脫的所有道理之後，自己不安住於下劣之道、果中，也不以耽著的方式安住於如寶洲般的佛智中，又不以享受（即著味）的方式安住於如自家般的無為涅槃法界中。充分理解暫時行道般的聲聞、緣覺、菩薩三道之理後，而利益各自種姓的無量有情。

丑三（攝義）分二：一、意義；二、比喻。

寅一、意義：

何時慈心結緣眾，行空無相願等持，
彼者既不獲涅槃，亦不可立有為處。

什麼時候，以大慈心攝持而結緣眾生之後行持空性、無相、無願的微妙等持自性的菩薩，他既不可能獲得唯一無為法界涅槃，也不可能安立是流轉有為法輪迴之處者。

寅二、比喻：

如化人身非不現，彼以名稱亦能立，
行解脫門之菩薩，彼以名稱亦能立。

我們要知道：儘管不能這樣來安立輪迴、涅槃任意一種，但菩薩並非隨時隨地誰也不知、誰也不見，比如幻化人的身體並非在誰的面前都不顯現，他以名稱也能夠安立，世間中也有表達他的方式。雖然依靠名稱假立，但幻化終究不成為人或非人的其他補特伽羅。同樣，行持三解脫門的菩薩，雖然不住三有和寂滅，但在世間中能夠顯現並且以名稱也能安立。

癸三（宣說退轉與不退轉之差別）分二：一、略說；二、廣說。

子一、略說：

若問行爲以及根，菩薩不說空無相，
不講不退轉地法，知彼尚未得授記。

某位行者請問某某菩薩：佛子所安住的行爲到底是怎樣的？行者對甚深之理如實信解、如實思維的信根及慧根等根是怎樣的？那位菩薩並不宣說所證空性無相的深法，對於根性成熟的那位（詢問的）行者不能夠傳講能使之誠信的不退轉地之法的驗相和行相等，由此可知他還沒有獲得不退轉的授記。比如說，有人問：「如若菩薩欲證無上正等菩提，當如何熟練空性、如何是不現行？」以此爲例，詢問不退轉的行爲、根、相是怎樣的？對此，由於自己沒有領會體悟而無法講述這一點。如經中說：「行菩提者多，能答覆者少。」[10]自己已經現前了不退轉之道法者，對於別人如何提問，都能以極其肯定的方式予以回答，由此就能確定這是領

[10] 《大般若經》中云：「多有菩薩摩訶薩。修行無上正等菩提。少有能如實答。」

會體悟如此深法的不退轉者，否則，無法確定是不退轉者。

第四品終

第五品

子二（廣說）分二：一、不退轉之清淨地；二、被魔欺惑之差別。

丑一、不退轉之清淨地：

羅漢地及緣覺智，三界夢中亦不希，
見佛亦爲眾說法，知彼得不退轉記。
夢見有情三惡趣，剎那發願斷惡趣，
諦實加持熄烈火，知彼得不退轉記。
人間鬼魅疾病多，利悲諦實加持息，
而無執心不生慢，知彼得不退轉記。

對方便智慧圓融的大乘道生起定解之人，對於聲聞阿羅漢地和緣覺的智慧——寂滅邊以及三界輪迴，不用說是真正，即便是在夢中也不希求，在夢境等中見到諸佛由如海眷屬圍繞，並且目睹佛也爲眾生說法，由此可知，他是被授記由無上菩提中不退轉於下劣道者。

此外，具有慈悲心的菩薩，在夢中見到有情三惡趣，那一剎那，就能發願斬斷所有惡趣相續，目睹他消除所有痛苦。再者，無論是在睡眠或醒覺時，看見火燒城區村落以後，這位菩薩以「如果我是獲得不退轉授記者，那麼願依此真諦和諦實語而熄滅此火」之類諦實力的加持而熄滅烈火的威力得以成功，由此可知他是獲得不退轉授記者。

在人世間，有各種各樣的鬼魅和繁多的疾病，作爲菩薩，懷著想利益他眾和希望救離痛苦的慈悲心口說諦實語等，從而依靠諦實的加持止息了這些。然而，他並沒有「我能做到這一點，因此我具備威神力」的執著心，不生起認爲自己超勝的我慢，由此可知他是獲得不退轉授記者。

如此能夠體現對道有穩固定解、內在的暖相、在夢境等中見到外緣佛陀、現前內在的功德力者，全然無有執著，那就是不退轉相。

丑二（被魔欺惑之差別）分二：一、魔業；二、宣說精進斷魔業之方法。

寅一（魔業）分三：一、以功德自詡之魔；二、由名而來之魔；三、以寂靜自詡之魔。

卯一、以功德自詡之魔：

自在種種諦加持，我得授記起慢心，
執餘菩薩予授記，當知住慢智淺薄。

如若某位行者，由於依靠自己或魔力等他緣成就或自在了種種真諦的加持而認爲「我具有如此功德的緣故成了得授記者」，生起慢心，或者萌生「其餘菩薩會授記我、宣揚我名聲」的妄執，就會處於以自我美名傳揚而功德驕傲自滿的心態中，由此可知，他具有妄執的緣故智慧淺薄、尚未成熟，很可能被魔所欺騙，那是由加持的因所導致的著魔。

卯二、由名而來之魔：

名因生魔至近前，說此即汝及父母，
汝祖七代之間名，汝成佛號乃是此。
頭陀戒行如何得，汝昔功德亦如是，
聞此驕慢之菩薩，當知著魔智淺薄。

由名字的因中也會出現執著魔，那是什麼呢？魔王波旬身著佛陀等任何一種裝束來到某位修行者的近前之後，如此說道：這是你和你的父母、你的祖宗七代之間的名稱。一一說出他們的名字，並且迎合自己心裡以前的意願等，說某時你成佛的名號就是某某。現今你這位行者，具有次第乞食、但一座食等頭陀功德，具足清淨戒律，思維、修行等瑜伽，將來如何獲得。同樣，明確地提到：你以往行頭陀功德等的情形也如同現在這樣。聽到魔所說的這番話，依靠宣講自己功德等有名無實的因緣，而生起驕慢心的菩薩，可以知道，已完全著魔蒙蔽而生起執著心的他們，是智慧淺薄者。

卯三（以寂靜自詡之魔）分二：一、略說；二、廣說。

辰一、略說：

依於極靜村落城，深山靜林阿蘭若，
自讚毀他之菩薩，當知著魔智淺薄。

當自己依於、安住在不與他人接觸極其幽靜的村落、大城市、深山、遠離城區的阿蘭若以及無人的靜地、林間之類的任何一處時，心裡這樣想：身居寂靜處，受到如來高度讚歎，我住在靜處。以寂靜的因而產生驕傲自滿心，自我讚揚、詆毀不住在靜處之他人的這種菩薩，要知道，已經中魔誘惑或動搖相續的他們，是智慧淺薄者。

辰二（廣說）分二：一、宣說內寂靜；二、講解不知內寂靜之過患。

巳一、宣說內寂靜：

常居村落都城邑，成熟有情勤菩提，
不求羅漢獨覺地，此謂佛子之寂靜。

常時始終如一居住在里帕等之類的村落，鹿野苑、瞻巴嘎等一類的城邑，巴札勒布札等之類的都市，在那裡成熟一切有情，精進於菩提道的菩薩，永遠不會生起希求阿羅漢和獨覺的果位，這才稱爲善逝之子菩薩的真正寂靜。僅僅做到身體遠離繁雜（即身寂靜），不能達到心遠離垢染。內心安住於遠離自私自利和劣道的心態，也就是安住於最殊勝的寂靜之中，比如《聖寶篋經》[11]中記載：往昔聖者文殊菩薩立誓

第五品

11 《聖寶篋經》：又名《大方廣寶篋經》，二卷，劉宋求那跋陀羅譯。

夏安居，沒有住在祇陀園僧團之中，而在波斯匿王的王妃中，成熟眾生。

巳二（講解不知內寂靜之過患）分二：一、宣說無內寂靜之過患；二、宣說輕視內寂靜之過患。

午一、宣說無內寂靜之過患：

五百由旬之深山，布滿蛇處住多年，
不知寂靜之菩薩，得增上慢雜而居。

在大約五百由旬以內無有人來人往的幽靜深山——空無一人、布滿毒蛇、難以待住的地方，住了俱胝多年，然而不知內在真實寂靜的菩薩，自己有了增上慢，混雜下劣作意而居住。其原因是，寂靜就是不相混雜的意思。如果問：與什麼不能混雜呢？菩薩的相續不能與過分貪執自我、作意劣道相混雜，不知曉這樣的寂靜而單單是以身體寂靜而傲慢，懈怠利益眾生，那就成了內心與違品的煩惱同流合污，所以並不是安住於寂靜之中。

午二（宣說輕視內寂靜之過患）分二：一、真實宣說；二、宣說是故難以揣度他眾。

未一、真實宣說：

菩薩勤利眾生得，禪力解脫根等持。
輕思此非行寂靜，佛說彼住魔行境。

某位菩薩精勤利益眾生，獲得四禪、五力、五根、三解脫門等持以後，周遊村落、城市，爲了成熟一切有情而示現種種事業。另有不了知他的甚深密行之人，輕蔑地認爲這並非在行持寂靜，佛說這種造作者是住於魔的行境——魔有機可乘的處境中，如《佛說諸法無生經》等中記載往昔說法比丘淨行與行慧的公案一樣。

未二、宣說是故難以揣度他眾：

於住村落或靜處，離二乘心定大覺，
利生寂靜之菩薩，妄念揣度壞自己。

任何菩薩無論是住在村落或者寂靜處，內在遠離聲聞緣覺二乘的心而對大菩提之道有定解，這種方式就是實際利益眾生的真正寂靜，其他菩薩不知此理而對具備如此寂靜的菩薩以妄念揣度他的境界，覺得這不是安住於寂靜……如此一來，他將毀壞自己已得與未得的功德。因此，佛在諸經中說：「除非我與如我者以外補特伽羅不能確定補特伽羅。」「菩薩當觀察自相續而莫尋他之過失。」

寅二（宣說精進斷魔業之方法）分二：一、略說；二、廣說。

卯一、略說：

故勇意尋妙菩提，善巧必定摧我慢，
如患爲愈依良醫，無懈怠依善知識。

對於尋覓正道者來說屢屢出現魔業，所以爲了避免這一點，應當依止外攝持和內攝持。它是指什麼呢？依止者，是具有勇猛尋求微妙菩提之意樂並且善巧修行其方便的行者。如何依止呢？決定摧毀自相續的我慢，以最大的恭敬心依止其餘善知識，如同患者爲了治癒自己的病而依靠其餘高明良醫一樣，在聽聞期間，也具備自己是病人、說法師是醫生、正法是良藥、精進修行是治病這四想，毫不懈怠地依止。依止誰呢？依止善知識。其中的「善」在這裡是指大乘法。善妙宣說大乘法者就是善知識，因爲善知識通過給我們開示正道、讓我們認清道障魔業、宣講超離其方便的途徑攝受而令我們不退失正道。因此，我們務必要依止善知識。

卯二（廣說）分二：一、宣說外內兩種攝持；二、分說內攝持。

辰一、宣說外內兩種攝持：

菩薩入佛大菩提，具波羅蜜依善師，
隨彼等說修行地，二因速證佛菩提。

趨入諸佛出有壞大菩提的菩薩，具足波羅蜜多之道，依止善知識，也就是說，隨從佛菩薩，而爲他眾宣說此大乘道，爲此稱爲外攝持。他們所宣講的這一波羅蜜多道，是所實修或修行之地或者處，所以稱爲內攝持。依靠外攝持內攝持而不墮入勝乘道以外的他道，爲此憑藉兩種攝持的這兩種因將迅速證悟佛陀菩提，因爲完整無缺的因已圓滿的緣故。

辰二（分說內攝持）分二：一、般若是善知識之理；二、如何依止善知識之理。

巳一、般若是善知識之理：

過去未來十方佛，道皆般若非餘者，
此度是入大菩提，光燈日輪勝導師。

如果有人想：眾所周知，諸佛菩薩是善知識，但是般若波羅蜜多成爲善知識的道理究竟是怎樣的呢？

過去已經出世的圓滿佛陀、現在沒有出世的未來佛以及現在成佛安住於十方也就是說三時的一切如來之道均是此般若波羅蜜多，而並非除此之外的餘者，原因是：沒有依靠般若波羅蜜多而成佛的其他道，在何時何地都不可能有，因爲依靠不具備證悟有寂等性的智慧而憑藉他道決定不能成佛。一切如來均說：「這一智慧度是所有步入大菩提者的光明、明燈、太陽和殊勝導師。」因爲（般若）按以上比喻次第宣說了人無我、法無我、世間出世間的一切法和究竟遍知菩提的道。

巳二（如何依止善知識之理）分二：一、所依般若之本體；二、教誡必須依般若。

午一（所依般若之本體）分二：一、真實宣說；二、斷除成爲染、淨不合理之爭議。

未一、真實宣說：

猶如般若法相空，知諸法相與彼同，
盡曉萬法空無相，此行即行善逝智。

《聖般若八千頌》中對於請問般若法相的回答說「般若是空性之法相」，沒有指出名言的法相，宣說了勝義的法相。有變礙是色的法相等這種名言的實相，在勝義中並不成立，僅是以心識假立的，經不起觀察。諸法的本來實相就是空性，是無過的本相，所以才如此宣說。這裡也是同樣，不但般若的法相是空性、真如的法相是空性，而且了知色等一切法的法相都與般若相同是空性。如果完全通曉盡其所有的一切假立法，本體空性，無所緣相，如此行持就是行持善逝的智慧波羅蜜多。

未二（斷除成爲染、淨不合理之爭議）分三：一、真實意義；二、其比喻；三、如是宣說之結尾。

申一、真實意義：

眾生妄執欲求食，貪輪迴意恆流轉，
我我所法非真空，凡愚虛空打疙瘩。

如果有人問：假設一切萬法是寂滅、空性，那麼一切有情如何能成爲染污者與清淨者呢？

與經中對此回答的意義相符來宣說染污、清淨合情合理：一切眾生由於非理作意的妄執所牽，對於能增長妄念的欲妙食生起欲求之心，由這種欲望驅使懷著貪戀輪迴之心的眾生，如同豬出沒於不淨淤泥中一般恆常流轉在世間中，因此在現相中就會存在染污法。雖然在現相中由迷惑導致而存在，但實相中從來不曾如此存在，以分別妄念而執取的我與我所的二法，並不成立真實性，而是空性，因爲原本無生的緣故。儘管對境本不存在，但不知此理的凡愚本性就是執無爲有，就如同想將虛空打疙瘩一樣，雖然在諸法的空性法相中不存在染污，但對於不明其法相的迷亂者前是存在染污法的。

申二、其比喻：

如顧慮想引發毒，毒未入內而昏迷，
凡愚執我許我所，我想非真念生死。

如果有人認爲：有實法的外境不存在，那麼執取它的分別心如何產生？

比如，當自己以顧慮之想而引發毒性，認爲毒已入體內而明顯生起中毒的分別念，儘管外境中實際毒並沒有入於他的腹內，然而以那種妄念所致，覺得毒似乎已發病，也會恐慌而昏迷，如同在膽小人面前，用厲鬼的形象嚇唬或者僅僅說「敵人要殺死你……」他就會瑟瑟發抖一樣，雖然沒有服毒，但是以自己的妄念而執著，以至於出現昏迷不醒等情況。同樣，所有愚昧無知的凡夫異生，明明不存在而執著我存在，把屬於自相續的法許爲我所，一直串習，從中對所謂我的對境產生非真實的我想妄念。由此所牽，出現在三有中連續感受生死的迷亂相。

申三、如是宣說之結尾：

如是執著說染污，無我我所說清淨，
此無成爲染與淨，菩薩證悟智慧度。

如是儘管在實相中不存在，但執著我與我所存在，如此以自己的妄念而言染污法；如果按照萬法的實相，不緣我與我所，那麼就說爲清淨。即使這般在世俗中成爲染污、清淨法，但在真正的這一實相中，全然不存在補特伽羅成爲染污與染污法得以清淨的情況，（了達了這一點的）菩薩就是證悟了本來平等性的智慧度。

午二（教誡必須依般若）分三：一、以必要教誡精進般若法；二、以比喻說明如何精進；三、宣說如是精進行持之功德。

未一（以必要教誡精進般若法）分三：一、稍微行持即成大福德；二、成爲一切眾生之應供處；三、成爲爲所化眾生示道之師。

申一、稍微行持即成大福德：

贍洲盡其有眾生，無餘發勝菩提心，
俱胝千年作布施，利生迴向菩提因。
何人精進於般若，甚至一日隨同行，
布施福蘊不及彼，故當不懈恆入智。

作一個假設的比喻，贍部洲盡其所有的眾生無餘獲得人身，他們都發起無上殊勝菩提心，而在數俱胝千年中廣作上供佛陀、下施眾生的布施，並將那所有善根爲利益眾生普皆迴向成爲大菩提之因，儘管也有無量的功德利益，然而，另有某人，精進於殊勝的般若波羅蜜多，暫且不說長時間，甚至僅僅在一日隨同般若奉行，自己思維並爲他眾講說等，那麼上文中所說的布施的福蘊遠遠比不上它的福德。爲此，我們應當堅持不懈、持之以恆趨入這一智慧度。

申二、成爲一切眾生之應供處：

行勝般若瑜伽者，起大悲無眾生想，
時智者成眾應供，恆行乞食具實義。

行持殊勝般若波羅蜜多的瑜伽行者，雖然對於所有眾生界生起大悲，卻無有眾生之想，具備如此無緣悲心的當時，那些智者就成了一切眾生殊妙的應供處，恆時於諸國境化緣等具有實義而行，因爲對他供養具有廣大的意義。

申三、成爲爲所化眾生示道之師：

菩薩爲度長結緣，人天三途之眾生，
大道彼岸欲示眾，晝夜精進行般若。

某某菩薩在此輪迴中爲了救度以前長久結緣成父母子孫的天、人、三惡趣即五道的一切眾生脫離束縛和痛苦，想把能從中獲得三菩提、能爲無量眾生提供機會、依靠它能達到輪迴彼岸——涅槃的寬廣大道，指示給一切有情，因此日日夜夜精進行持般若波羅蜜多，如若精進於此，將成爲能講說佛陀之無量法的大師。

未二、以比喻說明如何精進：

人昔未得之至寶，別時已獲心歡喜，
得即不慎已遺失，失而求寶恆憂苦。
如是趨入大菩提，如寶般若行莫棄，
如獲寶取勤纏裹，疾速而行消憂苦。

比如，一個人，前所未得也就是從來不曾得到過的至寶，在另一個時候已經獲得，心裡無比歡喜，剛剛得到就由於不謹慎而遺失了那個珍寶，由於丟失了難得的珍寶，所以一心迫切渴求這個珍寶，恆常憂愁苦惱。如此比喻一樣，趨入了大菩提道者，對於如妙寶般難得難逢的這一般若波羅蜜多要修行，切切不要捨棄。就像那人失去以後又再度得到那個珍寶時會滿懷喜悅取受，十分勤懇精心地纏裹在衣服等裡面，爲不失壞而隱藏起來，唯恐丟失、被別人奪去，疾速而行返回自己的家裡，從而消除遠離珍寶的憂傷和一切貧困的痛苦。

未三（宣說如是精進行持之功德）分五：一、勝他修行之功德；二、成爲人天指望處之功德；三、能擊敗惡魔之功德；四、攝集一切波羅蜜多之功德；五、他者隨喜彼善之功德。

申一、勝他修行之功德：

如離雲日光燦燦，驅散所有重重暗，
映蔽一切螢火蟲，含生群星明月光。
行勝般若之菩薩，善行空性及無相，
摧見濃暗勝眾生，羅漢獨覺多菩薩。

比如，離雲的太陽光燦燦，驅散重重黑暗及其餘所有黑暗而升起，映蔽所有自身一部分具有微光的螢火蟲、憑自身的光芒及拿燈盞等的力量能照亮附近的所有含生、稍稍發光的群星以及照亮部分的明月光——這四種光芒。同樣，行持殊勝般若波羅蜜多的菩薩宛若離開遮障雲霧的太陽，他善巧行持空性及無相，盡情放射出正法的璀璨光芒，無餘摧破我見、法見的濃重黑暗而勝過螢火蟲般的一切眾生、其餘含生般的阿羅漢、星辰般的緣覺及明月般無有此般若之善巧方便的其餘眾多菩薩，從智慧的角度超勝其餘所有不具備此的修行。

申二、成為人天指望處之功德：

王子施財欲實義，成眾尊主樂親近，
此今尚令群生悅，得勢在位何須說？
如是巧行智菩薩，施甘露令人天喜，
此今尚勤利群生，住法王位何須說？

例如，國王的一位太子為了救濟百姓而布施財物，精通君規論典而渴求維護國境的實義，也就是說他知曉有利之事、行持有利之事，而並非無有實義，由此他成為國王所有太子中的尊主，所有百姓都尊敬、愛戴他，眾百姓會懷著希望樂於到他面前親近。這位王子現今沒有得成為君王之時尚且能夠使芸芸有情心懷喜悅，那得到王位灌頂、頭戴皇冠等執掌國政的權勢，換句話說成為擁有國政的君主以後能饒益、利樂所有民眾就更不需說了？與此比喻相同，善巧行持般若波羅蜜多的具義智者菩薩，施予一切有情正法甘露，使眾人天皆大歡喜，天等眾生來到他的面前，將其作為指望處而恭敬，這種菩薩在學道的現階段，尚且能精勤利益群生，那麼成為法王，住於佛智以後饒益有情就更不言而喻了。

申三（能擊敗惡魔之功德）分二：一、能令諸魔畏懼；二、魔不能害彼之理。

酉一、能令諸魔畏懼：

爾時惡魔懷刺痛，憂淒苦惱氣焰消，
何能退此菩薩意？威逼諸方燒隕石。

菩薩具足要點如此行持般若的當時，三千大千世界的所有惡魔，心裡這樣暗想：這個菩薩必定超越我的境界，他成佛以後將使我的境地化爲空無。由此原因而心懷刺痛（如箭入心），想到依靠自己的力量也難以鎮服他，而憂傷淒慘，因此身體痛苦、內心憂惱。由菩薩的功德威懾，使自身的威力傲氣蕩然無存，氣焰消弱。如此一來，那些邪魔實在忍無可忍，一直琢磨如何才能使這位菩薩的心從遍知之道中退失、退轉？思量：能尋得攪擾遍知的一念之心的機會嗎？爲了對那類菩薩進行威逼，從四面八方用火焚燒、拋落紛亂隕石，顯示諸如此類魔的種種幻化。

酉二（魔不能害彼之理）分二：一、宣說無機可乘之理；二、附帶說明違品有機可乘之因。

戌一、宣說無機可乘之理：

智者具有勇猛心，晝夜觀勝般若義，
如鳥飛空身心淨，魔眾豈能有機乘？

當魔顯示神變之時，那些智者菩薩，具備不退轉大乘道的勇猛意樂，行爲上日夜常觀殊勝般若波羅蜜多的意義，如此而行的當時，菩薩的身心清淨，猶如飛翔空中的鳥一般，無有有寂險隘之懼而行，這來自於安住於不住之般若的威力。所以，對於他來說，凶惡魔眾又怎麼能有機可乘呢？就如同飛在空中的鳥不會受到狗等所害一樣。

戌二（附帶說明違品有機可乘之因）分二：一、宣說主要是爭論；二、宣說脫離彼惡業之方法。

亥一（宣說主要是爭論）分二：一、總說爭論；二、別說未得授記故於得授記菩薩爭論之過患。

（一）總說爭論：

何時菩薩起鬥爭，相互不和具嗔心，
時魔最悅心舒暢，思彼二者遠佛智。
彼二將遠如羅刹，二者失毀自誓言，
嗔恨離忍豈證覺？彼時諸魔皆歡喜。

如上所述，雖然對於具足善巧方便和智慧盔甲的菩薩來說魔無機可乘，但是對於不具備此德相智慧淺薄者而言，魔有機可乘。《般若八千頌》中講了魔乘機的七種過失，《般若二萬頌》中在宣講十二種過失之末尾這樣說道：什麼時候，菩薩相互之間，發生身體打鬥、語言爭論，彼此之間不和睦，懷有嗔心，那時魔王波旬歡喜若狂，爭論越增長，他心情越舒暢，其原因是：想到這兩位菩薩違背方便智慧之道，由爭論的罪業所致將遠離如來智慧，我就有機可乘。如此一來，這兩者將距佛智遙遠，相續不調，猶如羅刹、餓鬼等食肉眾生一樣，以嗔還嗔的雙方依此爭論也將失毀自已所立下的「以利他悲心想證得正等菩提並實修其道般若」的誓言，因爲懷著嗔恨爭論，與慈悲菩提心和現見無我智慧等完全相違的緣故。心懷憎恨、遠離其對治法安忍，豈能獲證菩提？就如同種子焚毀的苗芽一般。如此爭論的當時，所有惡魔及眷屬將皆大歡喜，因爲他們已經如願以償。所以，對菩薩來講，在一劫之間生起貪欲的罪過，比不上一剎那生起嗔恨的罪業嚴重，因爲它與慈悲心完全相違的緣故，有關這方面的道理，在諸經典中有廣說。尤其是對於菩薩對境心生嗔恨，罪業更大。正如《大寶積經・彌勒獅號聲品》中說：「當逃離有嗔恨之爭論處百由旬，切莫生嗔心，對於其他菩薩生起嗔恨之心，比責駡、毆打、刀砍三千大千世界的一切有情罪過更重。他將嗔恨、失毀了菩薩，就像鐵能斷鐵而土塊等不能斷鐵一樣，菩薩的善根也能以嗔恨另一位菩薩滅盡，而其他法不能滅盡。因此，彼此要懷著尊重、恭敬，對於初發心的菩薩也當生起本師想。」

（二）別說未得授記故於得授記菩薩爭論之過患：

未得授記之菩薩，嗔得授記起爭論，

盡嗔具過心刹那，需彼數劫重披甲。

尤其是，沒有獲得不退轉授記的某位菩薩，嗔恨已得授記的菩薩，發起身體的爭鬥和語言的爭論，乃至沒有依靠後悔的方式捨棄嗔心而作懺悔，沒有放棄爭論期間，使相續不堪能、不會增長善法之種子諸如嗔恨之類具有過患的心生起了多少刹那，就需要在同等數的劫中重新披上入道的盔甲。萌生有過失的爭論心，盡其數目的劫中轉生地獄，以嗔恨能滅盡其數劫中所積累的善根，罪業同樣增長的緣故，盡其劫數中，在沒有重新披上鎧甲修學布施等一切道之前，一切道不能恢復，爲此證得無上菩提的時間將延遲這麼久。

亥二（宣說脫離彼惡業之方法）分二：一、世俗中具足四力而懺悔；二、觀勝義無緣而懺悔。

（一）世俗中具足四力而懺悔：

佛依忍度證菩提，思嗔非妙起正念，
發露懺悔亦戒後，不喜彼學此佛法。

諸佛是依靠安忍度而證得菩提的，認爲與之相反我的這個嗔心實在不好，它能焚毀多劫的善根，與菩提道極度相違，生起知過爲過的正念，對所造的罪業追悔莫及，這是厭患力；對罪業一一發露懺悔的外所依力十方諸佛菩薩了了明知，即是所依對治力；諷誦甚深經藏，念陀羅尼咒，入定於甚深義等任意法行次第，這是現行對治力；返回力，也就是戒後，即從今以後再不造這樣的罪業。心想：這種惡行不是作爲菩薩我所應作的，心生厭惡而不再喜愛邪念爭論等品行，那就是修學佛陀的此法，而不是修學魔法。

（二）（觀勝義無緣而懺悔）分二：一、真實宣說；二、如是了知之功德。

1、真實宣說：

何者學時不許學，不緣學者所學法，
是學非學不分別，彼學即學此佛法。

任何行者在學道之時，不以耽著的方式承許所謂修學的任何所爲，也不緣修學者我與其所修學的法——所有波羅蜜多，對於修學對治法與不修學其違品也不加分別而了知一切法無所得的自性，這般來修學，即是正確無倒修學這一遍智之因、佛陀之法的般若波羅蜜多。

2、如是了知之功德：

菩薩了知如此學，永不失學不破戒，
爲得佛法修學此，善學勝學無緣執。
智者學修發光慧，不善一念亦不生，
如日行空光輝映，前方虛空暗不存。

某位菩薩了知如此不學之修學，永遠不退失慧學與定學，不會破戒，因爲斷除了罪過之因——有緣之見的緣故，如同沒有毒種就不會生長毒葉毒果一樣。這樣的菩薩，爲了證得或成就佛陀的（十）力等法，才修學如此甚深智慧之道；另外，也見到有解釋爲：安住於令佛歡喜之法的意義。這類菩薩，善巧增上殊勝定學、戒學和慧學，其原因是，安住於無緣執之道。言外之意是說，如果帶著執著（有緣），就會由於被我見等所蒙蔽愚昧的緣故也就不成爲殊勝之學了。精通二諦的智者菩薩應當如此修學放射正法光芒的智慧。倘若這般修學，則與遍知之道相違的染污分別、不善之心一念也不會生起，因爲自相續中遍布甚深智慧的光明，惡分別念的黑暗無有容身之地，就如同太陽行於空中的光輝映照的前方虛空黑暗絕不會有存留之處。

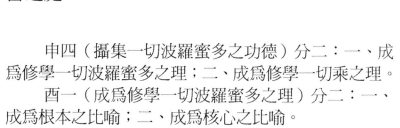

申四（攝集一切波羅蜜多之功德）分二：一、成爲修學一切波羅蜜多之理；二、成爲修學一切乘之理。

酉一（成爲修學一切波羅蜜多之理）分二：一、成爲根本之比喻；二、成爲核心之比喻。

戌一、成爲根本之比喻：

修學般若波羅蜜，諸波羅蜜皆歸此，
壞聚見攝六十二，如是攝集此等度。

修學智慧波羅蜜多，布施等一切波羅蜜多各自的學處都歸集於此智慧波羅蜜多當中，無不歸屬於此範疇。爲什麼呢？因爲：（通達了）道般若，就是真實精通了二諦之理，依靠這種智慧能鏟除波羅蜜多的違品——慳吝等，憑藉善巧方便而不捨大菩提果，對此，也是以三輪無分別而使一切道成爲現空無別之一波羅蜜多的本體，這一切在現空無別之本智——一切種智中一味一體。爲此，如果具備了這個智慧波羅蜜多，那麼所有波羅蜜多的學處將圓整無缺而具足，依靠這一根本而出生一切度。例如，四種常派等依靠前際的十八種見以及說有無派、斷派等依於後際的四十四種見解，也就是《梵網經》中所說的六十二種見，這所有見都是認定差別基「我」存在，進而分析它的種種差別法。所以，我執或者壞聚見包括那六十二種見解，因爲它們是依靠此因而生並且辨別其差別，如果沒有它，那麼其餘一切也不復存在。如此了知與比喻相同，這一智慧波羅蜜多中也攝集了所有這些波羅蜜多。

戌二、成爲核心之比喻：

譬如命根若滅盡，所有餘根皆滅盡，
如是行慧大智者，諸波羅蜜皆集此。

例如，雖然眼等若干根已經具足，但住在這個世界的命根如果已經滅亡，那麼屬於今生的所有其餘根都將滅亡。同樣，行持智慧波羅蜜多的大智者菩薩們的其餘一切波羅蜜多學處，均攝集在這一般若中，如果不具備她，那一切通通不復出生，有了此般若，那一切都將成爲出世間的波羅蜜多。與從中獲得成佛的證悟無我不相關的布施等，行持多少，也都不能從輪迴中解脫，又怎麼能成爲大菩提之道——波羅蜜多呢？絕無是處。

酉二、成爲修學一切乘之理：

善巧菩薩能修學，聲聞獨覺諸功德，
不住於彼不希求，思此我所學故學。

善巧般若的菩薩，通曉三乘，如同一藏斗包括一藏升（一藏斗等於二十藏升）的比喻一樣。如果了解到堪爲圓滿方便智慧道之最的這一般若，那麼自然了知相似方便智慧的聲聞緣覺之道。因此，（經中云：）般若中詳細宣說了三乘之道，欲求修學聲聞地者也要修學此般若[12]。如同大國王的寶庫裡有各種各樣的財寶，所以下層人物所需要的財物在那裡一定會取到。同樣，入於自利相似之道者的道果，在此般若中自然會更透徹更完全地了解。這樣的菩薩，也

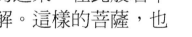

[12] 《大般若經》中云：「善現。善男子善女人等。欲學聲聞地者當於如是甚深般若波羅蜜多。應勤聽習讀誦受持。如理思惟令至究竟。欲學獨覺地者。亦於如是甚深般若波羅蜜多。應勤聽習讀誦受持。如理思惟令至究竟。欲學菩薩地者。亦於如是甚深般若波羅蜜多。應勤聽習讀誦受持。如理思惟令至究竟。何以故。善現。如是般若波羅蜜多甚深經中廣說開示三乘法故。若菩薩摩訶薩能學般若波羅蜜多。則爲遍學三乘諸法皆得善巧。」

能夠不愚昧地修學聲聞所修學的一切功德，諸位緣覺修學的所有功德，並且通過相應他們各自種姓而攝受他們，那些菩薩自己不住於低劣之道，對它也不生起希求之心，然而他們會思量：這種法理是我所要修學的，爲什麼呢？證悟人無我等的法理，也要同樣嚮往，作爲下劣之道的相似的方便智慧部分，自己應該理解以後超越，爲了攝受其他種姓者，理當宣講。爲此而修學一切乘。

申五（他者隨喜彼善之功德）分二：一、真實宣說；二、彼之原因。

酉一、真實宣說：

於不退入大菩提，發心誠意作隨喜，
三千須彌秤可量，隨喜彼善非如是。

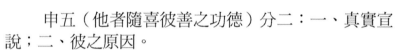

暫且不論精進於般若者的無量功德也就是精進者的現行福德，就算是隨喜精進般若也獲得大福德。爲什麼呢？對於通過強烈的意樂和加行實修般若的方式不退轉而趨入大菩提的行者菩薩的如此發心，如果他人誠心誠意作隨喜，那麼位於這個三千大千世界之內的須彌山用秤可以稱量，而隨喜的那一善根並非能如此定量。

酉二、彼之原因：

求善欲利諸眾生，一切福蘊皆隨喜，

故獲如來功德已，爲盡苦於世法施。

如果有人問：爲什麼有如此巨大的功德呢？

直接隨喜那位菩薩行持唯一善法，間接也已經隨喜了世間中追求自己善妙以及想利益他眾的所有眾生的福蘊。爲什麼呢？因爲菩薩的善根就是成爲一切有情的利益，所以不退轉的那些菩薩依靠此道而獲得導師如來的功德之後，爲了永久滅盡重重痛苦，在一切世間中進行法布施，能滿足諸位追求善法並渴求利他者的意願。例如，精心保護藥樹，直接是使藥樹成長，間接則維護許多眾生的利益，以上的意義與此道理相同。

辛四（如是趨入行者之超勝功德）分三：一、獲得無分別之行；二、雖無分別然行事不相違之比喻；三、獲得如是證悟之功德。

壬一（獲得無分別之行）分二：一、意義；二、比喻。

癸一、意義：

菩薩無念而徹知，法空無相無戲論，
不以二慧尋菩提，瑜伽者勤勝般若。

某位菩薩，安住於無分別當中，徹底了知染、淨所攝的一切法是空性、無相、無戲或無願，他不以分別染污清淨、所取能取、近和遠等之相執著二邊的智慧尋覓菩提。遠離了執著二法分別念的瑜伽行者，就是在精勤於殊勝的般若波羅蜜多。

癸二、比喻：

虛空界與彼違一，非有何亦不得彼，
善行智慧之菩薩，亦如虛空寂滅行。

如是遠離執著近、遠菩提等一切分別心的道理，如同虛空界既不能與它自本體相違也不能與虛空共存，這兩種情況都不存在，因爲虛空自本性原本無有，以什麼法也得不到它，一無所得的虛空本性，與任何法既不相近也不相違——不遠。同樣，一切萬法於菩提的自性中圓滿正覺，就是虛空的方式，在勝義中誰也不會重新獲得，善巧行持與何者也不遠、本來安住於等性的甚深智慧的菩薩，也如同虛空一般，具有止息（即寂滅）一切分別而行持的殊勝特點。

壬二（雖無分別然行事不相違之比喻）分三：一、以幻師之喻說明不分別對境有情；二、以幻化之喻說明不分別作者；三、以木匠工巧之喻說明不分別果。

癸一、以幻師之喻說明不分別對境有情：

人中幻人無此想：取悅此人彼亦行，
見顯種種之神變，彼無身心亦無名。

如果有人問：獲得這般無分別行境者，是怎樣利益眾生等的呢？

下面以比喻來說明：例如，在會集的大庭廣眾之中，虛幻的人也就是依靠虛幻的咒語等威力顯現的那個人並沒有「我顯現天尊等色相，依此取悅這眾多人群」這種想法，但事實上他也做了讓所有觀眾歡悅的事。儘管眾人看見他這般顯示搖擺等各式各樣的神變，但實際上虛幻的人身體無所成立，心也不存在，如此以設施處爲空性，名稱也無所成立。

如是行慧永不思，證悟菩提度有情，
種種生具眾多事，如幻示現無念行。

同樣，行持智慧波羅蜜多無所得之義、無有分別的菩薩，永遠也不會這樣思維：「我證悟大菩提以後度化所有眾生。」但事實上，他在世間界中示現種種投生，並具有調伏所化有情的眾多所爲。儘管如無而顯現幻術般來示現，但那是以無分別的方式行持的。

癸二、以幻化之喻說明不分別作者：

如佛化現行佛業，於行驕傲毫不生，
如是行慧巧菩薩，亦如幻化顯諸事。

就像寂慧如來的傳記一樣，一切佛陀化現爲佛陀，行持講經說法等佛陀的一切事業，然而幻化者，對於自己行持佛陀的事業絲毫也不會產生「我在行持佛陀的事業」這種驕傲，因爲他僅僅是幻化的顯現。同樣，修行、串習證悟諸法如幻現而無自性的智慧並且已獲得無分別善巧行境胸有成竹的菩薩，也是如幻化、幻術般顯示講經說法等一切事，但全然不生分別。

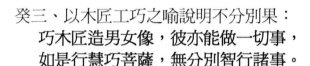

癸三、以木匠工巧之喻說明不分別果：

巧木匠造男女像，彼亦能做一切事，
如是行慧巧菩薩，無分別智行諸事。

擅長工巧之事的木匠，製造出男女像，所造的男女也能做行走等一切事情，而不分別「我做了此事」的果，因爲它沒有思維的緣故。同樣，善巧行持智慧的菩薩也無所分別，但在安住於無分別智慧中的同時卻能行持圓滿、成熟、修行的一切事。如此萬法本來就是如幻般現而無自性，這般修習的明了智慧達到究竟時，將唯一顯現諸法的實相。爲此，我們要知道，如同虛幻的人一樣無分別而生，憑藉無分別智慧的威力示現任運自成的各種事業，恰似如意寶珠一般，也就是說，我們要了解到，無分別智慧，從有學道階段相似具足直至佛地完全圓滿。

壬三（獲得如是證悟之功德）分二：一、受到眾天頂禮之功德；二、能擊敗惡魔之功德。

癸一、受到眾天頂禮之功德：

如是行持諸智者，眾天合掌亦頂禮，
十方世界諸佛陀，亦作讚歎眾功德。

如是善巧行持無分別行為的諸位智者，梵天、帝釋等世間眾天尊雙手合掌，以最大的恭敬躬身頂禮，堪為尊中尊的十方世界所有住世的佛陀也不斷盡情宣說讚歎獲得無分別行境之菩薩的眾功德，如同諸佛讚說文殊和普賢菩薩那樣。

癸二（能擊敗惡魔之功德）分二：一、真實宣說；二、彼之原因。

子一、真實宣說：

等恆河剎諸有情，假設普皆成惡魔，
一毛亦化相同數，彼等無法障智者。

等同大恆河微塵數的剎土中盡其所有的有情，假設通通變成了惡魔，每一個魔的每一汗毛也幻化出相同數目的魔，儘管這所有魔都對獲得無分別智慧的菩薩尋機挑釁，可是他們對那種智者連動搖其毛孔的障礙也無法做到。

子二、彼之原因：

四因菩薩具智力，四魔難勝不能動，

安住空性不捨眾[13]，如說而行佛加持。

如果有人問：為什麼無法製造違緣呢？

依靠四種因，菩薩具足善巧方便和證悟法性的力量，使天子魔等四魔難以勝過，不能令其從正道中動搖。何為四因呢？安住於空性意義的智慧；不捨一切眾生的大悲；按照以往自己曾承諾過的「我要為利益一切有情修行無上菩提」所說而如實不退轉修行的堅定誓言；積累二資而令諸佛歡喜，依靠法爾在他們相續中融入了諸位善逝的加持。菩薩憑藉以上這四種因能擊敗一切魔。

辛五（彼所修學法之超勝功德）分三：一、入果由經之一道；二、堪為一切住道者之最；三、是一切修學所知之最。

壬一、入果由經之一道：

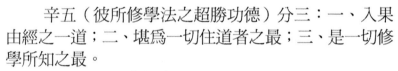

講此佛母般若時，若有菩薩起信解，
誠心精進而修行，知靜者入一切智。

在傳講一切如來之母這一般若波羅蜜多時，如果某位菩薩對此法理由衷生起信解，誠心誠意精進實修或者修行她，那麼應該知道三門寂靜調柔的菩薩，趨入一切種智的道理，因為她是趨入遍知智慧果獨一無二的道。

[13] 不捨眾：原頌是不捨眾，堪布阿瓊仁波切在《前行備忘錄》中引用時，說是「不捨悲」。

壬二（堪爲一切住道者之最）分二：一、認清菩提心之處般若；二、宣說爲一切餘處之最。

癸一、認清菩提心之處般若：

法界真如不可住，如空中雲無住住，
咒師無住行於空，欲住依咒加持花[14]。

如果問：菩薩的住所到底是什麼呢？菩薩安住於般若中。

爲什麼這樣說呢？

法界以外的法絲毫也得不到，因此一切法就成了法界的自性。了知此理而心住法界的名言，任何法也不住的意義是說，遠離一切所緣的真如就取名爲法界，而它並沒有所緣的基礎，爲此法界真如或真實性，也不可以執著的方式安住。它是不住一切，由此稱爲不住之住。證悟如此遠離一切所緣行境平等性的智慧就如同空中的雲不依賴於一切一樣，對任何法一無所住而安住。雖然不住一切，但依靠甚深不住之住的威力能自在擁有如海的圓滿、成熟和修行，這就好比某位持明咒者，並沒有爲自己安住營造的房屋等而是行於空中，如果他想安住，就依靠明咒的威力，隨心所欲地加持，刹那間在虛空界就能夠呈現並不是時間成熟從地

[14] 加持花：本來，原文是「加持非時花」，但限於字數，未能譯出。

裡生長等，具足悅意的鮮花和果樹等莊嚴的美妙樂園等。

此行明智之菩薩，不緣能證佛諸法，
不緣視為講求法，是求寂喜德者住。

如是借助堪為無上甚深明咒的不住而住之般若的加持，可以隨心所欲行持圓滿、成熟、修行之理的善巧菩薩，明了他相續，能使別人趨入不可思議的圓滿、成熟、修行，卻不緣於為自利能證悟的道法和所得的佛陀一切法。不緣也就是不視為利他講法和求法者即講經說法的對境，因為已經證悟了一切無所得的自性。這種方式，僅在名言中，就是希望消除其餘一切眾生的痛苦、自己歡喜大乘之道果功德的諸位菩薩的安住。

癸二、宣說為一切餘處之最：

羅漢解脫如來外，此住堪為諸聲聞，
緣覺息具寂樂定，眾住之最是無上。

不包括摧毀二障之敵的阿羅漢卓越的解脫等持和如來的安住之內，即除此之外，菩薩的此安住，堪為其餘所有聲聞及緣覺止息所有煩惱、具足寂滅、無漏之安樂等持所有安住之最。在它之上別無其他，因此這是無上的安住。

飛禽住空不墜地，魚住水中無閉死，

如是菩薩依定力，到岸住空不涅槃。

儘管安住於無餘滅盡戲論的等持之處，然而不成爲一邊寂滅。比如，眾飛禽，雖然住於無所依處的虛空中，但是不會墜到地上；魚兒雖住水中，並沒有耳鼻等閉氣而亡的情況。同樣，菩薩依靠不住而安住的禪定力抵達輪迴彼岸的寂滅涅槃法界，雖然已經證悟、安住於空性中，但是無有所依，如飛禽一般不墮於有寂之邊；由於也不耽著空性，因此如同魚兒不被自己的住所水所閉氣一樣，不成爲寂滅一邊的涅槃。

欲成眾生功德最，證最希有佛勝智，
發放上勝妙法施，當依利者此勝處。

因此，凡是希求成爲一切有情界盡其所有的功德之最、渴望證得諸法之最——希有佛陀的殊勝智慧並渴求對一切有情發放上等、最勝、微妙的法布施者，當依止利益一切眾生諸佛菩薩的這一最殊勝之處（般若）。

堪爲一切有情功德之最對應去往超越一切世間的法身處，具足希有佛智對應報身，於世間發放法布施對應化身，上等法布施對應隨福德分道，最勝法布施對應隨解脫分道，微妙法布施對應勝乘之法，儘管有此等對應來解釋的，然而沒有分別對應，只是作爲功德超勝的異名也可以。

壬三（是一切修學所知之最）分二：從本體角度說爲最；二、從生無盡之果角度說爲最。

癸一、從本體角度說爲最：

此學處乃導師說，諸學之最是無上，
智者欲學到彼岸，當學佛學此般若。

這一般若的學處，堪爲導師圓滿佛陀所宣說的種種法門無量學處的所有學處之最，較此更勝的學處絲毫也不存在的緣故，是至高無上的，希望達到一切諸學彼岸的某位智者，應當修學佛陀的學處——這一般若波羅蜜多學處。

癸二（從生無盡之果角度說爲最）分三：一、略說；二、廣說；三、攝義。

子一、略說：

此勝法藏妙法藏，佛種衆生安樂藏，
過去未來十方佛，此生法界不窮盡。

這一般若是三世諸佛所說的一切無盡正法的源泉，堪爲正法第一大寶藏，能產生十力等果功德珍寶，也能產生波羅蜜多、陀羅尼、菩提分法等道功德的種種財物，因此是微妙、希有、廣大的法藏；也是出生諸佛的種姓，因爲諸佛由此誕生的緣故；她還是衆生的身心安寧、快樂的寶藏；由證悟這一甚深般若波羅蜜多，能獲得甚深廣大的一切法，能出生世間正見之間的所有妙道。我們要知道，以緣於基般若、實修道般若、獲得果般若中出生世間出世間的所有善妙。因爲：如果沒有她，那麼一切不復存在，有了她，一切應有盡有，是隨存隨滅的關係。過去、未來和現今住世的十方世界的所有怙主佛陀，都是由實修此般若誕生的，然而作爲此般若之本體的法界，永遠不會窮盡，無盈無虧而安住。如果沒有基般若，就不存在如理如實證悟而實修的情況；倘若沒有道般若，也就不存在果。但是，我們應當了知，如實證悟並宣說安住基法界無二的義理或者法性的智慧也就是因的道理。

子二（廣說）分二：一、以外緣起而闡釋；二、以內緣起而闡釋。

丑一（以外緣起而闡釋）分二：一、外緣起之比喻；二、宣說般若意義。

寅一、外緣起之比喻：

所有樹果花林園，皆從地生並呈現，
大地無盡亦無增，不失無念無厭倦。

如此法界的本體雖然一成不變，可是有法緣起的遊舞不滅，即外界的一切法都是緣起而生，所有樹木、果實、花朵、林園，均是從大地上真實生出並呈現在大地上。儘管屢次三番生長盡其所有的樹木等，可是大地並不存在以前相續泯滅、窮盡的現象，也無有增長，而結出一切果，並不存在從開始的階段變遷、退失的情況，也沒有分別「我生出這些果」的心念，雖然反反覆覆長出所有果實，卻從無厭倦。我們要知道，由一切眾生的業因所感，乃至世間安住期間，從大地上生出草木等，並沒有其餘作者，就是緣起的規律，以此為例外界的一切法都是由各自因中產生並且無有分別而造作。

寅二、宣說般若意義：

佛子聲聞獨覺天，一切眾生安樂法，
悉由殊勝般若生，智慧無盡亦無增。

諸位佛子菩薩、聲聞、緣覺、天人以及除此之外的人類等所有眾生的一切安樂幸福的法，都是由殊勝般若波羅蜜多中產生，佛陀由般若所生，佛陀說法而出生增上生、決定勝的一切功德，而他者不會宣說，甚至他們通達善惡因果的世間正見也決定不會獲得，因為依靠自力無法了解的緣故。如果不具備世間正見，那麼也就不會成辦、產生世間的一切安樂，更何況說真正出世間的道果了？般若波羅蜜多始終是無上智慧的含義，她是無有顛倒、一五一十趨入二諦自性的智慧。為此，無誤通達二諦之理的一切智慧都包括在她當中，因為屬於她的一部分，行持增上生、決定勝的一切智慧也直接或間接依賴於她。儘管般若波羅蜜多如此產生輪涅的一切安樂，可是這種智慧永遠無盡無增而如是安住。

丑二（以內緣起而闡釋）分二：一、以比喻宣說順次輪迴緣起之理；二、以意義宣說逆次清淨緣起之理。

寅一、以比喻宣說順次輪迴緣起之理：

所有下中上有情，佛說皆由無明生，
眾緣聚合極生苦，無明無盡亦無增。

在這個世間，觀待身體、受用而言，下等的三惡趣眾生，中等的人類，上等的天人，盡其所有的眾生趣，都是由根本無明所產生，這是如來宣說的。如云：「諸法由因生，彼因如來說。」[15]對於執著我與我所的分別心，未見真實義並且顛倒執著的心所，就稱為無明。由無明中產生行……出生緣起十二支。為此，有漏的業和愛等煩惱的一切外緣聚合以後，就完全產生眾多的痛苦，形成輾轉流轉的自性。有情界的無明迷惑輪，沒有產生果而滅盡的情況，也沒有增長，就是如是存在著。所以，在自性不成立的同時顯現猶如幻術之景象般的三有無增無減，這是就法界無邊的世間界總體而言的，也就是從名言的側面來說的。

---

[15] 另有譯：諸法由緣生，如來說是因。

寅二、以意義宣說逆次清淨緣起之理：

智慧理門方便本，皆由殊勝般若生，
眾緣聚合極生智，般若無盡亦無增。

修學無學位佛陀的智慧及相應之理的修道，加上成爲其門的見道、生起它的方便——加行道、彼之根本的資糧道，所有這一切，都是由殊勝般若波羅蜜多所產生，因爲由證悟無我中產生這一切。三種智慧、善知識、積累資糧等等的一切緣聚合之後，斷除自道的所斷，增長證悟的功德，完全產生出世間的業輪或者智慧輪，而作爲其根本的般若波羅蜜多，永遠無有相續中斷的窮盡，也不存在較前階段更爲增勝的情況，而如是安住。對此，《虛空藏請問經》中也說：「如若盡了知，依因生諸法，彼藏無窮盡，法藏不可思。四法不窮盡，世間怙主說，有情及虛空，菩提心佛法。彼等若是實，彼等將窮盡，彼無故不盡，是故說不盡。」

子三、攝義：

菩薩知曉此緣起，無生無滅此般若，
如日無雲放光芒，除無明暗獲自然。

了知輪涅的一切法僅是緣起的顯現，就是通達了佛陀最珍貴甚深的法，證悟此理者就是獲得正法光明，現見佛陀法身。因此，我們要領悟二諦所分的世俗諦緣起無欺的道理。任何菩薩如果以理證認真分析此緣起法，那麼充分理解到緣起經不起分析，在勝義中自本體無生無滅、本來於法界體性中平等二諦無別的般若波羅蜜多的甚深意義，而進一步加以修行，它的作用就如同太陽在萬里無雲的情況下放射光芒，無餘驅散黑暗一樣，將無餘遣除客障無明的黑暗以後獲得與法界無二的自然本智，即得以成佛。

己二（解說其餘五度）分五：一、宣說禪定度；二、宣說精進度；三、宣說安忍度；四、宣說戒律度；五、宣說布施度。

庚一（宣說禪定度）分四：一、修學成爲妙果所依之禪定；二、修學亦不貪自利；三、以無貪方式實行他利；四、以意樂差別成爲勝劣而結尾。

辛一（修學成爲妙果所依之禪定）分二：一、修學四禪；二、修學四無色定。

壬一、修學四禪：

具大力者依四禪，能住非依亦無住，
然依此四禪定支，成得大菩提所依。

具大威力的菩薩依靠四禪能安住並串習熟練。當時，並不是以相執作爲所依，也無有以著味而安住的情況，然而依靠這四個禪定正行尋、伺等各個分支，成爲獲得大菩提斷證的所依，因爲見道等依賴於禪定心的緣故。

壬二、修學四無色定：

獲勝智慧住禪定，受四無色妙等持，
此定利勝妙菩提，菩薩非爲漏盡學。

獲得了殊勝智慧的菩薩安住於禪定中，也領受四無色殊妙等持，然而對其也不耽著，這些無色定，無有罪苦，成爲神通等的順緣，因此作爲有利於獲證勝妙菩提的助緣，故而修學。但是，菩薩並不是像聲聞那樣爲了使相續中的有漏法滅盡進而現前一邊的寂滅果才修學它的。

辛二（修學亦不貪自利）分二：一、略說；二、廣說。

壬一、略說：

此是積德之奇跡，住定等持而無相，
安住彼中若身亡，隨意受生欲界中。

上述的這種方式是能積累所有功德的菩薩們的奇跡，是指什麼呢？安住於禪定等持中而依靠智慧證悟其無相。安住於禪定中的菩薩們假設命絕身亡，那麼爲了成熟眾生等，而隨自己的意願受生到欲界當中。

壬二（廣說）分二：一、比喻；二、意義。

癸一、比喻：

如贍洲人昔未至，天境天城後前往，

見彼擁有一切境，復還此處不貪執。

如果有人問：如此已經獲得因等持禪定的同時，不轉生到果禪天而投生到下面欲界中的原因何在呢？

因爲菩薩不貪執禪定，而是爲了自己的功德法得以圓滿。比如，贍部洲的一個人以往沒有去過位於天境的善見城等堪爲之最的天界城市，後來某個時候到了天界，看見那裡眾天人所擁有的宮殿、樂園等一切悅意境以後不留戀它而返回到此贍部洲，那人雖然見到了天境的莊嚴，卻不貪執不留住那裡，自然不會貪執這個贍部洲的外境等。

癸二、意義：

菩薩持有勝功德，精勤瑜伽住禪定，
後住欲界無貪著，不住凡法如水蓮。

與上述比喻相同，菩薩持有智悲等殊勝功德，精勤等持瑜伽，安住於四禪等三摩地而不耽著於它，後來住於欲界中，對先前的禪定和欲界的法也無有貪著，雖轉生欲界，卻不被欲貪等所染，宛若蓮花不被水染（即「猶如蓮花不著水」）一般，不住於凡愚的法中。

辛三（以無貪方式實行他利）分二：一、略說；二、廣解。

壬一、略說：

至尊唯爲成熟眾，修行刹土圓滿度，
失菩提德波羅蜜，不求轉生無色界。

菩薩雖然獲得了四禪、四無色定，卻不轉生到色界和無色界，而要再度投生到欲界的必要：這些至尊唯一就是爲了通過宣講正法而成熟有情，修行佛陀刹土，圓滿波羅蜜多，並不是因爲別的原因。

如果有人認爲：那麼，這三種在無色界等處也可能行持啊！

由於在無色界並沒有講經說法和布施的對境等，因此在那裡，將從成就能生起菩提功德的因——布施等廣大波羅蜜多中退失。爲此，菩薩不希求轉生到無色界。

壬二（廣解）分二：一、比喻；二、意義。

癸一、比喻：

如人獲得珍寶藏，於其未起愛樂心，
彼於他時取彼等，取而還家不貪執。

比如，一個人獲得了珍寶藏以後，對於那個寶藏，他自己未生起貪戀或愛樂之心，而沒有取受，那人在其他某時，爲了利他而取了那些大寶藏，取受之後返回自己的家，對它也不貪執而奉送給親友們。運用比喻來了知意義。

癸二、意義：

善巧菩薩喜樂施，獲四禪定寂等持，
具禪樂棄所得定，悲憫眾生入欲界。

與比喻相同，善巧的菩薩將暫時的歡喜和究竟的安樂布施給一切眾生，獲得四種滅除違品過失的四種寂靜禪定等持，具備了禪樂而不貪著，毅然放棄所得的生果禪定三摩地，滿懷悲憫眾生之情又再入欲界，因爲：這個欲界中有重重痛苦所提醒，而想到修行刹土；由於這裡有修行波羅蜜多的對境，因此能快速圓滿資糧；依靠講經說法能夠成熟一切眾生。所以，想要迅速成佛的菩薩投生到這個欲界能速疾圓滿資糧。

辛四（以意樂差別成爲勝劣而結尾）分二：一、應捨低劣之理；二、應取殊勝之理。

壬一、應捨低劣之理：

若菩薩住禪等持，欲求羅漢獨覺乘，
非定掉散失佛德，猶如舟子壞船隻。

假設菩薩安住於解脫等持和四禪中，然而生起欲求聲聞阿羅漢和獨覺乘的心態，觀待大乘道，這並不是入定，是掉舉，是心思散亂，爲什麼呢？由作意劣道已經動搖了心進而從大乘義中渙散，爲此，完全失毀大義佛果的功德，就如同舵手壞了船隻而不能到達寶洲一樣。

壬二、應取殊勝之理：

此外雖勤享色聲，香與味觸五欲妙，
離小乘喜菩提心，當知勇士恆入定。

與上述情形相異，即此外，雖然以喜愛和貪戀而精勤享受色聲香味觸五種欲妙，但如果離開了希求羅漢獨覺乘的心態而發起無上菩提心或者歡喜無上菩薩道，那麼要知道，這種勇士恆常都是入定者，因爲即使依靠五種欲妙而散亂，可是由於沒有生起障礙遍知之心，而一緣專注大利，爲此稱作是入定。可見，菩薩的所有禪定均成爲獲得正等菩提果的支分、他利大悲攝持的方便、證悟無自性的智慧攝持以無貪的方式趨入的這三種特點說明了大乘禪定的這一道理，下面所有波羅蜜多也是如此。

庚二（宣說精進度）分三：一、教誡精進他利；二、不怯懦而精進；三、以三輪清淨方式精進。

辛一（教誡精進他利）分二：一、略說；二、廣解。

壬一、略說：

爲餘有情心清淨，勤行精進波羅蜜，
如取水僕受主制，勇士隨從眾生行。

爲了有補特伽羅名稱的所有其餘有情，披上成辦利樂之盔甲的菩薩勇士，自私之心垢得以清淨，以恭敬精進加行和恆常加行而行持精進波羅蜜多，比如取水的僕人們身不由己受主人控制。同樣，菩薩勇士們受一切眾生主宰而行或者隨眾生而行。

壬二（廣解）分二：一、雖作損害亦不捨精勤他利；二、恆常精進他利之理。

癸一（雖作損害亦不捨精勤他利）分二：一、比喻；二、意義。

子一、比喻：

責罵抑或常毆打，女僕於主不頂撞，
思量彼將殺害我，懷極恐懼受其壓。

即便主人口出惡語進行責罵或者常常毆打，那個女僕由於從屬於主人而不頂撞，即便主人再怎樣大發雷霆，女僕對他不僅不心懷嗔恨，而且想到如果得罪了他，他會殺死我的，因爲我畢竟受此人的控制。於是，懷著極其恐懼的心理，對主人言聽計從，受他的壓迫。

子二、意義：

爲菩提入大菩提，當如眾生之奴僕，
依此成佛圓功德，草木失火焚燒彼。

正如剛剛講的比喻一樣，爲了無上菩提而步入大菩提之道的諸位菩薩，應當像一切眾生的奴僕一樣，其原因是：依靠以大悲心攝受這一切眾生，我將獲得菩提並圓滿所有功德，爲此要顧及其面、隨順其心而實行，就像女僕一樣行事。否則，如果對眾生嗔恨，那麼就如同草木失火會把草木本身焚燒一樣，自己的嗔心之火會自我焚毀而葬送、滅絕菩提道的性命。

癸二、恆常精進他利之理：

捨棄自樂無求心，晝夜精進眾生利，
當如生母侍獨子，誠心無厭而行持。

由於愛重自己而引生出輪迴的一切痛苦，珍愛他眾能獲得佛陀的一切功德，認識到這一點以後，捨棄渴求自我安樂的心態，而懷著不求異熟回報的心，日日夜夜精進成辦其他眾生所需的利益，應當如同親生母親何時何地都不厭其煩地侍候獨生子那樣，誠心誠意無有厭倦地而行持眾生之利。

辛二（不怯懦而精進）分二：一、略說；二、廣解。

壬一、略說：

菩薩欲長住輪迴，勤利眾生修剎土，
纖塵不生厭倦心，彼具精進無懈怠。

某某菩薩以大悲心驅使，想要在漫漫長期裡不捨住於這個輪迴。住在輪迴精勤利益眾生、修行剎土的瑜伽者，對於這種行持纖塵不生厭倦之心，那麼他具備精進波羅蜜多，對於成辦眾生之事，無有懈怠。

壬二（廣解）分二：一、所斷；二、對治。

癸一、所斷：

不巧菩薩俱胝劫，久想苦想修菩提，
修行正法成長苦，失精進度懶惰者。

不善巧方便的菩薩思維：如果在俱胝等數劫這麼長時間裡精進，才能獲得無上菩提。假設他對這樣的時間作長久想，對於施捨頭顱肢體等難行懷著痛苦想，來修行菩提，那麼在修行無上菩提正法的當時，以這種想所牽，就變成了長久和痛苦，由此會退失精進波羅蜜多而成爲懶惰者，因爲：精進的本體是喜樂善法，如果具備這種喜樂，那就能夠無有怯懦地行事，相反依靠久長想等退失了這種喜樂就會變得懈怠。比如，世間中，對某件事有著強烈興趣的時候，縱然是百由旬的路途，也欣然前往；當興趣索然的時候，就算是走一聞距也覺厭倦、苦惱。所以，通過證悟無自性的智慧和大悲圓滿雙運的善巧方便而想在等同無量有情界究竟際中，圓滿、成熟、修行達到無量無邊。發起這種無邊無際的心，就是菩薩的披甲精進，憑藉這樣的披甲，越修道精進越增上，最終達到不可限量的程度，就像文殊菩薩等的傳記那樣。我們理解以後就要這般實行。

癸二（對治）分二：一、從時間角度說明；二、從根基角度說明。

子一、從時間角度說明：

初發殊勝菩提心，至獲無上菩提間，
作意僅一晝夜時，當知明智行精進。

斷除如是認爲時間漫長、事情難行的想法而精進的方式：對於從最初發起殊勝菩提心時起直到最終獲得無上菩提之間，心裡要作意成好像僅僅是容易流逝的一晝夜時間，而滿懷喜悅，那麼應當了知擁有智慧光明的智者行持精進的方式就是如此。儘管我們前劫沒完沒了地在這個輪迴中輾轉感受難忍的痛苦，可是利益一無所成，尚且對此仍無厭煩，那麼我如今修行成就大義究竟果位的此道，理當修成，如果越來越好，對此生什麼厭煩呢？而會歡喜行持，依此壓制漫長和困難的想法，從而對長久時間也作短暫想，對困難作無苦快樂想，以這種方式增上精進，就如同發現珍寶利潤以後不會認爲路途遙遙、難之又難，而會懷有快樂之想等。爲此，我們要知道，不觀待所行的事，只是在心態的驅使下使事情成爲難與不難。如同諸位菩薩捨身利他，縱然步入無間地獄也作歡喜快樂想。

子二、從根基角度說明：

若有說毀須彌山，隨繼將得大菩提，

生厭倦心思其量，爾時菩薩成懈怠。
僅此限度有何難？發刹那粉山王心，
智者菩薩行精進，不久獲佛勝菩提。

假設有人說：摧毀這個須彌山王，毀了它之後你將獲得大菩提。行者不禁會想：這個須彌山如此巨大，這般堅固，難以摧毀。從而生起厭倦之心，並且想到這要用多少年或多少劫才能摧毀，也思維它的限量，帶著這樣的怯懦之心，當時菩薩就變得懈怠了，因爲已經失去歡喜心。另有菩薩如此思量：無上菩提如果僅僅以這麼一點精進的限度就能獲得，那麼須彌山王是逐漸就能摧毀的，爲此有何困難？並不困難。想到這一點以後，不衡量時間而發起似乎一刹那間就能將須彌山粉爲灰跡的強烈歡喜心，當時，精通義、非義之處的智者菩薩就是在行持精進。通過這種方式喜樂遍智，具備不怯難行的精進，過不了多久，就將獲證導師佛陀的殊勝菩提，因爲具有能獲得菩提之因——精進。

辛三（以三輪清淨方式精進）分二：一、應止；二、應行。

壬一、應止：

成熟眾生行利益，若身語意精勤行，
存有我想成懈怠，遠一切智如天地。

即便是如此行持精進，但如果被有緣所牽，那就成了不清淨的懈怠。這是指什麼呢？假設有著「我成熟一切眾生以後行持他利」的相執之想，身語意進行精進，存有「我想」觀待無緣的精進就成了懈怠，其原因是，依靠有緣的見解不能成爲真正清淨的精進，由於墮落其違品中而遠離一切智佛果，如同天地之遙一般。

壬二、應行：

時無身心眾生想，滅想行持不二法，
佛說是求寂不失，大菩提者精進度。

在行持精進的某時，行持者無有自己的身體、內心和其餘眾生之想，滅除精勤的三輪之想而行持無有二邊或自他二者的法理，利他者一切佛陀說：這就是希求消除垢染、永不退失大菩提果位的諸位菩薩的精進波羅蜜多。

第五品

庚三（宣說安忍度）分三：一、諦察法忍；二、耐怨害忍；三、安受苦忍。

辛一（諦察法忍）分二：一、真實宣說；二、彼之功德。

壬一、真實宣說：

若聞他說粗惡語，我樂善巧菩薩喜，
孰說孰聞以何說，具勝忍度是智者。

假設聽到別人出口不遜說詆毀我等粗惡語時，心裡想：如此得到了安忍的對境才能安忍，這是我安樂之因，進而善巧方便的菩薩滿懷歡喜。再者，勝義中，誰說、誰聽此惡語，以嗔恨等什麼因而說，依靠某某惡語刺傷別人心等爲什麼目的而說，如果對這些加以觀察，那麼通達了本體不成立如幻般的緣起顯現，具足殊勝安忍波羅蜜多的人就是智者，因爲領悟了對於依緣所生的法無所嗔恨的意義。而不知此理的愚者則以嗔還嗔，失毀自他。

壬二、彼之功德：

菩薩若具忍善法，三千世界滿寶供，
羅漢緣覺世間解，施蘊不及彼福德。

任何菩薩如果具足安忍的善行之法，那麼另有某人將這個三千大千世界遍滿奇珍異寶，供養一切世間解佛陀、羅漢和緣覺，所作的布施福蘊比不上具足安忍的一分福德。

住安忍者身潔淨，三十二相力無窮，
於諸有情宣空法，眾喜具忍成智者。

住於安忍的異熟果，身體變得如純金般潔淨，具足三十二妙相，威力無窮；諦察法忍的士用果，能對一切有情宣講最極的空性法；增上果，在這個世間中，一切眾生都喜歡具有安忍者並將其作爲依處；離繫果，成爲不愚昧的智者。

辛二（耐怨害忍）分二：一、如何安忍；二、如是安忍之果。

壬一、如何安忍：

有眾生取檀香包，恭敬塗敷菩薩身，
或有火爐撒其頭，於二者起平等心。

假設有些眾生拿出檀香包，以極其恭敬的心（用檀香粉）塗敷菩薩的身體，或者另有某人以損害心把火爐撒在他的頭上，對於這兩者，菩薩應當無有貪嗔而生起平等之心。

壬二、如是安忍之果：

智者菩薩安忍已，發心迴向大菩提，
勇士爲世安忍勝，羅漢獨覺眾有情。

如果精通義理的智者菩薩如此進行安忍之後，將具有安忍的發心，普皆迴向大菩提，那麼菩薩勇士爲了利益一切世間而安忍，能勝過聲聞阿羅漢、緣覺和其餘眾多有情界。其餘經中說：「舍利子，聲聞之安忍唯斷自之煩惱，故是相似安忍，菩薩之安忍是爲一切有情，故不可估量。」之後又以贍部純金和紅銅、須彌山和芥子、大海與髮梢水滴的差別比喻作了說明。

辛三、安受苦忍：

能忍者當生此心：獄畜閻羅界多苦，
欲因受害不自主，我爲菩提何不忍？
鞭棍兵刃打殺縛，砍頭斷耳鼻手足，
世間諸苦我能忍，菩薩安住忍辱度。

能安忍者，也應當生起這樣的心思維：地獄、旁生、閻羅世界——餓鬼有著寒熱、飢渴等難以忍受的眾多痛苦，那些眾生由貪戀欲妙的因所致，不由自主遭受那些損害，並且依靠它，自他利益一無所作，尚且毫無意義地感受痛苦，那麼我爲了成辦自他之利的無上菩提，爲什麼不能現在就安忍呢？心想：鞭子抽、棍子擊、兵刃刺、用石頭錘子毆打、滅絕生命殺戮、用鐵鐐等束縛、砍斷頭顱耳鼻及手足，諸如此類世間中所有的痛苦，我都能忍受。這樣的菩薩就是安住於忍辱波羅蜜多中。

庚四（宣說戒律度）分二：一、具足殊勝戒律之功德；二、宣說戒律勝劣之分類。

辛一、具足殊勝戒律之功德：

戒令求寂者超勝，十力行境戒無失，
戒行隨行於一切，迴向菩提爲利生。

依靠戒律，能使希求寂滅涅槃者變得超勝，因爲戒律如同趨往解脫的雙足一般。本體的差別：菩薩的戒律住於十力者的行境，十力者是指佛陀，菩薩的戒律就是隨學佛陀的戒律，與作意劣道等不相關聯，並且不被大乘道的一切所斷之垢所染，因此戒律無有缺失，這已說明了嚴禁惡行戒。戒律的所爲隨行於所有一切善法，防護違品，實行對治，以此作爲戒律的本體，這稱爲攝集善法戒。爲了利益一切眾生，將如此護持戒律迴向大菩提，即是饒益有情戒。以上略說了戒律的本體。

辛二（宣說戒律勝劣之分類）分三：一、以迴向而分；二、以發心而分；三、以有無慢心而分。

壬一、以迴向而分：

欲得獨覺羅漢果，破戒無知失行爲，
迴向寂滅勝菩提，勤欲妙亦住戒度。

假設以想要證得獨覺菩提、聲聞阿羅漢果的心守護戒律，觀待大乘而言，那位行者就已經破戒了，意樂愚昧無知，也失毀行爲，因爲從大義中墮落的緣故，失壞意樂和加行。如果守護戒律，迴向於成就消除二障的寂滅殊勝無上菩提，那麼即便那位行者以勤於享受五種欲妙的方式安住，也稱爲安住於戒律波羅蜜多者，因爲爲了殊勝道果趨入而無有退失的緣故。

壬二（以發心而分）分二：一、略說；二、廣說。

癸一、略說：

若法菩提功德生，具功德法戒律義，

法失利者之菩提，此謂破戒導師語。

通過發心而對學處的法生起定解，能產生菩薩們所得的殊勝菩提功德，這就是具功德法菩薩們戒律的意義所在。以下劣等起（即發心或動機）攝持的法，能退失能利益者——菩薩們的所得大菩提果，這就稱謂破大乘戒，此為導師佛所宣說。

癸二（廣說）分二：一、所行殊勝；二、所止下劣。

子一、所行殊勝：

菩薩縱享五欲妙，然皈依佛法聖僧，
思維成佛念遍知，當知智者住戒度。

某某初學菩薩縱然以沉迷的方式享受五種欲妙，但如果誠心皈依佛、法、聖僧，心想我要成就佛果而不離開作意遍知，那麼應當知道：通達意義的智者他就安住於戒律波羅蜜多中。

子二、所止下劣：

俱胝劫行十善業，然求獨覺羅漢果，
時戒有過是失戒，彼發心罪重他勝。

假設有人在俱胝劫中行持十善業道，然而如果對聲聞阿羅漢及獨覺地生起希求之心，當時，大乘戒就出現了過患，實是失毀了真正的戒律。大乘行者為聲聞緣覺果位發心，作為菩薩，罪業比比丘犯四他勝更為嚴重，因為即便是犯他勝罪，但如果沒有捨棄發殊勝菩提心，僅以此就不會斷絕大菩提道的緣分，而發小乘心者在沒有放棄它之間，沒有緣分趨入大乘的道果。

壬三（以有無慢心而分）分二：一、應取；二、應捨。

癸一、應取：

守戒迴向大菩提，無驕慢心不讚自，
盡除我想眾生想，菩薩住戒波羅蜜。

如果守護戒律並將此迴向大菩提，而對戒律無有相執的驕慢心，不以戒律等讚歎自己，全然斷除我想、眾生想，那麼這樣的菩薩，就稱為安住於戒律波羅蜜多者。

癸二（應捨）分二：一、真實應捨；二、宣說彼之對治。

子一、真實應捨：

若行佛道菩薩思，此等具戒此破戒，
起種種想是破戒，失戒不具清淨戒。

假設行持大乘佛道的某某菩薩思維：這些眾生是具戒者，這些是破戒者，起種種想而耽著，唯有這種想法就稱為破戒，因為依靠具有耽著而輕蔑別人等的垢染已經失壞了大乘戒，那位行者不具備清淨的戒律，因爲他的戒律以有緣之想已經失毀了。

子二、宣說彼之對治：

誰無我想眾生想，離想貪豈有惡戒？
誰無執戒非戒心，導師說此是戒律。

任何行者，具備無有我想、眾生想——人無我的證悟，如此遠離了耽著我之想和由它所生的貪執，那怎麼會有惡戒——破戒的現象呢？因爲所有不善業就是由貪執我之想的根本所致，如果沒有了我執，自然就不會有罪業產生，因爲因不存在的緣故。任何行者，通過了知諸法無自性而無有執著戒非戒、具戒破戒二法的心，導師佛說這就是菩薩的戒律。如果具足這種戒規，則遠離所有惡行，具足聖者歡喜的戒律，也是無有緣執，因此完全清淨。

庚五（宣說布施度）分二：一、了知發放布施之功德與未發放布施之過患後當歡喜布施；二、如何發放布施之理。

辛一（了知發放布施之功德與未發放布施之過患後當歡喜布施）分三：一、菩薩發放布施之方式；二、平凡者沒有如此發放之過患；三、如是了知後當樂於布施之理。

壬一、菩薩發放布施之方式：

清淨有情具戒律，不見可愛不可愛，
施頭手足無怯心，布施所有恆無執。
知法無性我不實，縱捨自體無怯心，
爾時況施身外物？無有慳吝之是處。

相續清淨的某某有情，如剛剛所講遠離想和貪執而具足清淨戒律，他對於可愛不可愛一切不視爲某某相，布施頭顱、手足給他眾，當時，沒有無能爲力的怯懦心，以這種方式捨施自己所擁有的一切，恆時也不會對所擁有的一切有耽著，如此了知諸法無自性、無我、依緣而起、空而不實之後，縱然施捨自己的軀體尚且不生怯懦之心，當時更何況說布施身外之物了？何時何地都無有慳吝的情況，因爲無有貪執之故。

壬二、平凡者沒有如此發放之過患：

我想執物爲我所，貪愚焉有施捨心？
吝嗇轉生餓鬼處，投生爲人亦貧窮。

原本無有而執爲我想，將眼睛等事物執爲我所具有貪執的愚者們怎麼能有如此施捨之心，他們沒有。具有吝嗇者將轉生到餓鬼趣，萬一有機會投生爲人，當時也成爲貧窮者。

壬三、如是了知後當樂於布施之理：

菩薩知眾貧乏已，渴求捨施恆博施，

四洲莊嚴如唾沫，施喜得洲非如是。

當時，諸位菩薩知曉一切眾生由於吝嗇所感而貧乏之後，自己斷絕慳吝之心，意樂上渴求捨施，行爲上恆常無遮而慷慨博施。實際上，這個莊嚴的四大部洲如果沒有布施而置之，那麼就成了有爲法無常的自性，沒有可靠的實質性可言，如同唾沫也就是唾液吐出的細屑一般。如果認識到這一點，那就從無有實質中取受實質，將四大部洲布施給他眾之後菩薩滿懷歡喜，而獲得那些大洲並非如是歡喜，其原因，正是剛剛所述的那一點。

辛二（如何發放布施之理）分二：一、真實宣說；二、彼之功德。

壬一（真實宣說）分三：一、以悲心爲利他而施捨；二、以善巧方便而迴向；三、不圖異熟和事物而布施。

癸一、以悲心爲利他而施捨：

明智菩薩如此思，但願依此而布施，
三有眾生發放施。

明智的菩薩，哪怕只是布施一口食物，也以悲心作爲前提，想到：但願依靠這樣的布施，施予屬於三有的所有眾生，使他們擁有無罪的財富以及成就入於三乘之果，悉皆獲得無上佛果。進而發放布施。

癸二、以善巧方便而迴向：

利生迴向大菩提。

發放布施的福德，也爲了利益一切眾生界，爲了我與一切有情現前大菩提成佛而普皆迴向。

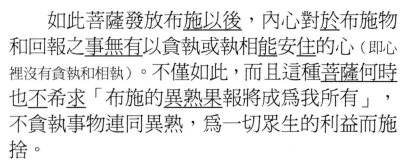

癸三、不圖異熟和事物而布施：

施已於事無能住，彼永不求異熟果。

如此菩薩發放布施以後，內心對於布施物和回報之事無有以貪執或執相能安住的心（即心裡沒有貪執和相執）。不僅如此，而且這種菩薩何時也不希求「布施的異熟果報將成爲我所有」，不貪執事物連同異熟，爲一切眾生的利益而施捨。

壬二（彼之功德）分二：一、總功德；二、別功德。

癸一、總功德：

如是知捨施一切，施少成多無有量。

如剛剛所述，這樣布施的菩薩具足善巧方便的作意而精通布施，不貪著而捨施財物與其異熟果報這一切，如此一來，即便是施捨少少的財物，也成了發放眾多不可估量的布施，而且它的異熟果也將變成如此多的數目，不可限量。

癸二（別功德）分二：一、具足悲心等善巧方便之布施功德；二、無貪而施捨之功德。

子一、具足悲心等善巧方便之布施功德：

三有無餘諸眾生，假設彼等無量劫，
供世間解佛羅漢，獨覺而求聲聞果。
善巧方便智菩薩，隨喜彼等做福事，
利生迴向大菩提，迴向勝過諸群生。
如硃砆寶縱成堆，一琉璃寶能勝彼，
眾生廣大諸布施，隨喜菩薩勝過彼。

三有之中所有的眾生無一餘留，假設他們在無量劫期間，廣興供養世間解佛陀出有壞、聲聞阿羅漢及緣覺，而爲了求得它的果聲聞菩提。如果某某精通大乘、善巧方便的智者菩薩，在心的一個成事刹那中隨喜剛剛所講的那些眾生所做的福德事，並且爲了利益一切眾生普皆迴向最極殊勝的菩提佛果，那麼僅僅依靠如此迴向的一念心，就勝過一切群生的善根。比如說，硃砆寶縱然積成大堆，可是一個琉璃寶王，就能勝過那所有的硃砆寶。同樣，其餘眾生的所有布施雖然極其廣大，可是以絕妙意樂作一次隨喜的菩薩已經勝過它。

子二、無貪而施捨之功德：

若菩薩於眾生施，不執我所不惜事，
彼生善根增大力，猶如無雲上弦月。

假設菩薩對一切眾生發放布施之後，對於布施的福德不執爲我所，對於所布施的事物也無有吝惜，如果以這樣全無貪執的方式慷慨博施，那麼發放這種布施的善根，就具足圓滿資糧、斷除障礙的大威力而與日俱增。布施的違品就是貪執所牽而懷有吝嗇，對此根本不讓貪執有機可乘，就像萬里無雲、具足白光的上弦月一樣。

第五品終

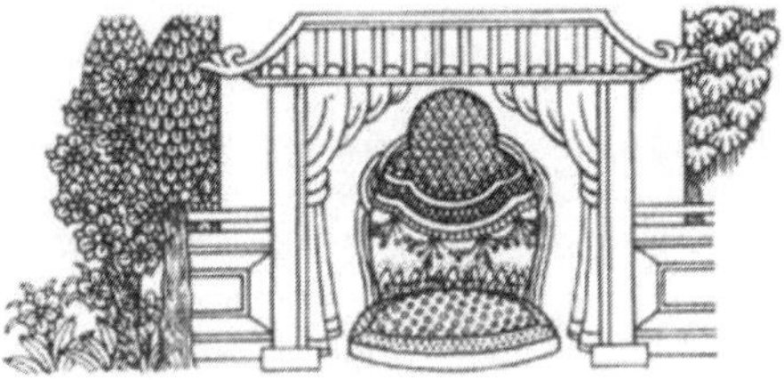

第六品

戊二（宣說道之果）分二：一、分別道之果；二、道圓滿之果。

己一、分別道之果：

菩薩布施離餓鬼，中止貧窮諸煩惱，
行時廣得無量財，布施成熟苦有情。

菩薩的一切道無不包含在六波羅蜜多中，因此大乘和廣般若的教義實際上也包括在六度中。

以上說明了這樣的六度實修法。

接著闡述六度的果：

菩薩依靠布施而斷絕轉生餓鬼趣的相續，而且也能中止受用貧乏和一切煩惱。自己憑藉發放無緣的布施，斷除吝嗇、無明等所有煩惱。依靠對他眾作法布施，也能斷除他們的一切煩惱。菩薩在行持（菩薩）行之時，生生世世能得到無量無邊、有增無盡、所需要的豐富圓滿、受用。財布施、法布施，歸納而言能成熟處於苦因及苦果中的一切有情。

依戒能斷旁生體，離八無暇恆得閒，
忍得廣大微妙相，宛如金色眾樂見。

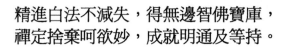

依靠戒律，能斷除旁生趣種姓、身相等各不相同形形色色的本體，不僅如此，而且還能遠離八無暇處，依靠持戒恆常獲得閒暇的殊妙所依身分。通過安忍，一直到能獲得相好莊嚴、廣大微妙的色相——佛身，宛若金色般可人、眾生樂見。

精進白法不減失，得無邊智佛寶庫，
禪定捨棄呵欲妙，成就明通及等持。

依靠精進使一切白法的功德不會減退而與日俱增的威力，將獲得無邊智慧佛陀的功德寶庫。依靠禪定，能捨棄由過患嚴重、安樂甚微、受到呵責的欲界欲妙，並且以現前成就三明[16]——宿命通、漏盡通、他心通，天耳通、天眼通、神境通三通[17]，總共六通，以及獅子奮迅等等持。

依慧遍知法自性，真超無餘諸三界，
人中之尊轉寶輪，爲盡苦於眾說法。

依靠智慧，能完全了知萬法自性空性，進而斷除實執，真正超離一切三界，成爲具足二

[16] 三明：此處說是宿命通、漏盡通與他心通，另有說是宿命通、漏盡通與天眼通。

[17] 三通：這裡說是天耳通、天眼通與神境通，另有說是天耳通、他心通、神境通。

第六品

身、人中之尊法王佛陀，連續不斷而旋轉駕馭所有世間界的事業寶輪，爲了永久滅盡一切痛苦，也爲眾生展示殊勝的妙法光明。

第六品終

第七品、第八品

己二、道圓滿之果：

此法圓滿彼菩薩[18]，受持淨土攝淨情，
受持佛種及法種，聖僧之種一切法。

住於大乘種姓的某位行者，從最初發菩提心起，在三大阿僧祇劫等期間，以善巧方便的方式實行所說的無餘（包含）六度大乘道的此法。其中善巧方便是指什麼呢？所有波羅蜜多不相脫離而歸爲一義，如此以相輔相成或一者具足一切進行實修，這一切也都是以成爲現空無別智慧波羅蜜多之本體的方式實地修持的。通過這樣實修，所有波羅蜜多的實修達到究竟圓滿以後，菩薩依靠一剎那的智慧就能現前無不齊全一切無漏法現空無別的法界，獲得十地相續末際的大智慧，依靠它而於無學大菩提地現前圓滿佛果。之後，憑藉證得的究竟轉依力，而受持天邊無際、不墮偏方、普皆清淨的剎土——自現密嚴剎土，攝受內清淨有情十地大菩薩爲眷屬。由於獲得了與諸佛平等的智慧身而受持十方世界遍虛空際本師三身自性佛陀的種姓——無有時空邊際的本性，也受持教法、證法的無邊法脈，還受持奉行佛陀之法十方世界

[18] 此法圓滿彼菩薩：這一句是第七品的內容，其餘三句是第八品。

中無邊無際的聖僧之種，以及依靠廣大事業受持屬於有寂利樂的一切法。法界所及的智慧身斷證究竟、恆常穩固、無有遷變，以如虛空、如摩尼寶珠般任運自成的大事業乃至輪迴際行持利樂，這就是獲得究竟的果。

丁三、以如是宣說之必要結尾：

療眾生疾大明醫，示慧說此菩提道，
攝功德寶菩提道，為眾生得說此道。

能通過徹底根除的方式療愈眾生身心的一切疾病、堪為之最的大明醫，就是佛陀，而作為疾患的一切痛苦的根本就是實執，從中產生的所有煩惱，以及煩惱障和所知障所產生的有寂一切衰敗，依靠所有如來的般若波羅蜜多正法甘露能夠恢復。這樣的醫王出有壞釋迦佛親口宣說所詮般若波羅蜜多，到底有什麼殊勝性呢？佛宣說了具足大乘的甚深、廣大所有法的這一殊勝菩提之道。此經的名稱，以世間、出世間之道果功德寶無餘歸集於此，故而稱為攝功德寶的大菩提道。

如此宣說的必要，就是為了讓無量無邊的一切眾生獲得才解說了這樣的道，這是從往昔無數劫以來「為了救度眾生我要現前成佛」的誓言已經圓滿的結果。以無緣大悲，將自己所領悟的甚深究竟之法為所化眾生宣講，當時近的所化眾生，直接聽受佛親口宣說，一切遠的所化眾生也間接聽到。通過這般聞法打開思路，依靠思維理解意義，憑藉觀修實地修行，逐步得以成佛。無邊無際智慧身平等性的一切佛陀，就是通過這種方式、以這種詞句和意義，將一切眾生安置於無上菩提道中。

第七品、第八品終

乙四（末義）分二：一、無餘宣說剩餘經義之句而總結；二、爲表明來源可靠而說譯師之譯跋。

丙一、無餘宣說剩餘經義之句而總結：

聖般若攝頌圓滿！

丙二、爲表明來源可靠而說譯師之譯跋：

印度堪布布雅嘎熱桑哈與主校譯師萬得拜則(即著名三大譯師之一的噶瓦拜則) **由梵譯藏並校勘抉擇。**

這以上《聖般若攝頌功德寶經》直接宣說的意義已經解釋完畢。

甲二、依照間接宣說道現觀而解釋：

對應道現觀次第的內容，當從他論（指麥彭仁波切著的《經論對照》）中了知。

此言：

善說經教之大海，堪爲精華之般若，
無價珍寶之精髓，是攝功德寶神珠。

妙相滿月之色身，深寂意界中安住，
吉祥喉中引生出，如此法理世希有。

當憶真實語佛陀，臨近入滅留遺囑：
所有法理寧失毀，般若隻言莫損失。

十地菩薩恆河沙，不表其智之一分，
善逝親口所說經，講聞著論興趣增。

且觀此法善男子，廣大甚深之寶藏，
圓滿二資佛智因，即此妙法當愛重。

實修現觀之次第，意義明了而直敘，
注疏無垢之妙論，憑依教理竅訣著。

願以此善生生世，悟深空性緣起義，
於如來喜之妙道，永時不復退轉也。

願我自此至成佛，世世得以增智慧，
依離自私之悲心，善巧方便行眾利。

願以思報佛恩心，受持如來諸法藏，
佛子普賢文殊同，弘揚佛業至有際。

願見聞思此論等，於我結善惡緣者，

速除見解之稠林，安住不復退轉地。

願依法爾善說此，真諦諸佛及佛子，
令受持此慧辯才，得以發揮勝諸方。

願此經函安放處，害佛教鬼野人等，
惡人非人眾眷屬，永息作害之心行。

願諸僞法之謬論，依此加持無遺摧，
正法璀璨光明力，利樂有情與日增。

願今時濁盛暗際，散發利他之涼光，
多種莊嚴得彰顯，勝心上弦月升起。

願持教尊久住世，佛法施主財富增，
佛教精華眾信奉，佛教珍寶至殊勝。

願普天下有情海，唯獨由我善安置，
般若波羅蜜妙道，一切皆成圓滿佛。

願此論興之方所，消除疾病貧困爭，
意願如法成吉祥，喜宴日日得增上。

無倒趨入佛母密意的此注釋，我從小就對此法有著殊勝信解，爲了使自相續中保存深法的善習等，有想撰著之心，以此作爲近取因，應前譯大圓滿瑜伽持明那湊揚珠以最大的誠心再三勸請，前譯自宗殊勝上師龍多也策勵勸請，多聞的多昂等諸多法師勸請，以此作爲俱有緣，對此法理具有堅固誠信的麥彭文殊歡喜金剛，依靠印藏注釋善說，於自壽四十七歲水龍年，於蓮花生大師加持的聖地嘎姆達倉（白色虎穴）吉祥給倉古瑪札士白班瑪得丹洲，自六月十四開始，每天持續，一有空閒就相應寫書，到本月二十八日吉時，緣起圓滿，撰著完畢，依此願遍及十方三時，無偏不斷殊妙弘法利生。願增吉祥！

2008 年 8 月 26 日
（藏曆土鼠年六月二十五）
譯畢於色達喇榮靜處

佛說佛母寶德藏般若波羅蜜經

西天譯經三藏朝散大夫試光祿卿明教大師臣法賢奉 詔譯

卷　上

行品第一

爾時世尊。為令四眾各得歡喜。說是般若波羅蜜經使獲利樂。即說伽陀曰

所有菩薩為世間　滅除蓋障煩惱垢
發淨信心住寂靜　當行智度彼岸行
諸江河流閻浮提　華果藥草皆得潤
龍王主住無熱池　彼龍威力流江河
亦如佛子聲聞等　說法教他方便說
樂最聖行求果報　此諸如來勝威德
云何佛說此法眼　令諸弟子如佛學
自證教他及方便　此亦佛力非自力
最上般若不可知　非心可知非菩提
如是聞已不驚怖　彼菩薩行知佛智

云何得名摩訶薩　得第一義眾生中
斷眾生界諸邪見　是故得名摩訶薩
大施大慧大威德　佛乘最上而得乘
發菩提心度眾生　是故得名摩訶薩
幻化四足俱胝數　多人眾前悉截首
一切世界皆幻化　菩薩知已得無怖
色受想行識纏縛　知不實已不求解
行菩提心無所著　此名最上諸菩薩
云何得名爲菩薩　乘大乘行度眾生
大乘體相如虛空　菩薩由得安隱樂
大乘之乘不可得　乘涅槃往諸方所
行已不見如火滅　是故名爲入涅槃
菩薩所行不可得　初後現在三清淨
清淨無畏無戲論　是行最上般若行
大智菩薩行行時　發大慈悲爲眾生
爲已不起眾生相　是行最上般若行
菩薩起念爲眾生　修諸苦行有苦相
是有我相眾生相　此非最上般若行
知自及諸眾生等　乃至諸法亦復然
生滅無二無分別　是行最上般若行
乃至所說世界等　名離一切生滅法
最上無比甘露智　是故得名爲般若

菩薩如是所行行　　了知方便無所求
知此法本性非實　　是行最上般若行
若不住色亦無受　　亦不住想亦無行
復不住識住正法　　是名最上般若行

帝釋品第二

歡喜地攝布施波羅蜜伽陀

常與無常苦樂等　　我及無我悉皆空
不住有爲及無爲　　住無相行佛亦然
若求聲聞緣覺等　　乃至佛果亦復然
不住此忍不可得　　如渡大河不見岸
若聞此法彼定得　　成等正覺證涅槃
見於一切如自身　　是大智者如來說

佛子當住四補特伽羅。是行大智行。一真實善法。二不退心。三應供離垢無煩惱無求。四善友同等

大智菩薩如是行　　不學聲聞及緣覺
樂學如來一切智　　是學非學名爲學
學不受色不增減　　亦復不學種種法
攝受樂學一切智　　若此功德出離者

色非有智非無智　受想行識亦復爾
色性自性如虛空　平等無二無分別
妄想本性無彼岸　眾生之界亦復然
虛空自性亦同然　智慧世間解亦爾
智慧無色佛所說　離一切想到彼岸
若人得離諸想已　是人語意住真如
彼人住世恆沙劫　不聞佛說眾生聲
眾生不生本清淨　是行最上般若行
佛說種種之語言　皆具最上般若義
過去佛為我受記　於未來世證菩提

持無量功德建塔品第三

無垢地攝持戒波羅蜜伽陀

若人常受持般若　所作上應諸佛行
刀劍毒藥水火等　乃至諸魔不能為
若人於佛滅度後　建七寶塔以供養
如是圓滿千俱胝　佛剎恆沙等佛塔
眾生無邊千俱胝　以妙香華塗香等
供養三世無邊劫　所有功德之數量
不及書寫於佛母　諸佛由此而得生
若受持讀誦供養　功德倍勝於佛塔

大明般若諸佛母　能除苦惱遍世界
所有三世十方佛　學此明得無上師
行般若行利有情　使學大智證菩提
有爲無爲諸快樂　一切樂從般若生
譬如大地植諸種　得和合生種種色
五波羅蜜及菩提　皆從般若所生出
又如輪王出行時　七寶四兵爲導從
若依佛母最上行　一切功德法集聚

功德品第四

發光地攝忍辱波羅蜜伽陀

帝釋有疑問佛曰　恆河沙數等佛刹
佛界圓滿如芥子　能受佛刹般若力
如是了知般若已　此界云何不供養
譬如人王人所重　住般若者合亦爾
佛界般若摩尼寶　具一切德價無比
經函安處經有無　供養悉獲寶功德
佛滅供養於舍利　不及供養於般若
若樂受持供養者　是人速得證解脫
首行布施波羅蜜　次戒忍進及禪定
受持善法不可壞　彼一一生一切法

如閻浮提種種樹　　百千俱胝無數色
雖一一樹影皆別　　無量影同一名攝
五波羅蜜五名異　　般若波羅復一名
一切迴施爲菩提　　一味同歸菩提名

福量品第五

焰慧地攝精進波羅蜜伽陀

彼色受想行識等　　菩薩觀照悉無常
各各現行而不知　　非法非生智者見
無色無受想行識　　是法無得復無生
了知一切法皆空　　是名最上般若行
如化恆沙等佛刹　　諸眾生證羅漢果
若能書寫此般若　　令他受持功德勝
如佛修行云何學　　信重般若諸法空
速證聲聞及緣覺　　乃至無上正覺尊
世間無種不生樹　　枝葉華果悉無有
無佛誰指菩提心　　亦無釋梵聲聞果
如日舒光照諸天　　普使成就種種業
佛智菩提心亦然　　從智生諸功德法
如無熱池無龍主　　即無河流閻浮提
無河華果悉不生　　亦無大海種種寶

世間無佛無大智　無智功德不增長
亦無佛法諸莊嚴　無菩提海等等寶
譬如世間螢有光　一切螢光集一處
比日一光照世間　微塵數分不及一

隨喜功德品第六

難勝地攝定波羅蜜伽陀

所有聲聞眾功德　布施持戒觀照行
不及菩薩發一心　隨喜福蘊之少分
所有俱胝那由他　無邊佛剎千俱胝
過去現在佛說此　法寶爲斷一切苦
先發最上菩提心　至成正覺及入滅
彼量所有佛功德　咸成方便波羅蜜
及彼聲聞學無學　有漏無漏諸善法
菩薩等一普迴施　當爲世間證菩提
菩薩施已不住心　住心即名眾生相
有見有念名著相　非是菩薩之迴施
如是施非無相施　是法當知有滅盡
若作非法非施心　乃可得名爲迴施
作有相施非真施　無相迴施證菩提
如上妙食雜毒藥　自法著相亦如是

是故迴施應當學　　如佛眾善悉當知
若生若相若威力　　悉皆隨喜而迴施
以功德施佛菩提　　菩薩之施皆無相
此施佛許而印可　　如是得名勇猛施

地獄品第七

現前地攝智慧波羅蜜伽陀

無量盲人不見道　　無一得入於城郭
修六度行闕般若　　無力不能成菩提
譬如畫像不畫眼　　因無眼界無功德
若有受行於智慧　　得名有眼及有力
有爲無爲黑白法　　如微塵等不可得
智慧觀照如虛空　　故名般若出世間
菩薩諦信行佛行　　度那由他苦眾生
如是若著眾生相　　此非般若最上行
菩薩若行最上行　　過去未曾求大智
今聞般若如佛想　　速證寂靜佛菩提
過去信佛那由他　　不信般若波羅蜜
或生嗔恨或誹謗　　是人少智墮阿鼻
若人樂證諸佛智　　不能信重諸佛母
如商入海欲求寶　　返失於本而復還

清淨品第八(此品攝第九歎品)

遠行地攝方便波羅蜜伽陀

色清淨故果清淨　　果色二同一切智
若一切智清淨時　　如虛空界不斷壞
菩薩出過於三界　　斷盡煩惱而現生
無老病死現滅度　　斯即是行般若行
世間欲色之淤泥　　愚人處中如風旋
亦如鹿在屋中轉　　智者如禽飛虛空
若不著色無受想　　亦無行識乃清淨
如是離諸煩惱垢　　解脫名佛大智行
菩薩如是行大智　　得離諸相脫輪迴
如日解脫羅睺障　　光明普遍照世間
火燒草木及樹林　　如一切法性清淨
作如是觀亦非觀　　如是最上般若行

稱讚功德品第十

不動地攝願波羅蜜。善慧地攝力波羅蜜伽陀

帝釋天主問佛言　　云何菩薩行智慧
佛答微塵數蘊界　　無此蘊界之菩薩

菩薩久行應可知　於俱胝佛作勝緣
新學聞此生邪疑　或不樂求而不學
又如人行深惡道　忽見邊界牧牛人
心得安隱無賊怖　知去城郭而非遙
若聞最上般若已　復得樂求佛菩提
如獲安隱得無怖　心超羅漢緣覺地
譬如人住觀大海　先見大山大樹林
見此所愛祥瑞境　必達大海知非遠
菩薩若發最上心　聞此般若波羅蜜
雖未授記於佛前　此證菩提亦非遠
如見春生諸草木　知有華實而非遙
若人手得此般若　得證菩提亦非遠
亦如女人懷其妊　十月滿足必誕生
菩薩若聞寶德藏　速成正覺之祥瑞
若行般若波羅蜜　見色非增亦非減
見法非法如法界　不求寂靜即般若
行者若不思佛法　不思力足及寂靜
離思非思無相行　是行最上般若行

魔品第十一

法雲地攝智慧彼岸伽陀

佛告善現汝諦聽　凡夫聲聞緣覺地
斯即名爲如來地　一切如一彼無疑
所有稱讚離言說　從彼遍照如來時
乃至成所之作智　住持大金剛佛地
觀察無相住虛空　應知不斷佛種故
善現白佛言世尊　云何菩薩之魔事
佛言菩薩魔事多　我今爲汝略宣說
有無數魔種種變　當書最上般若時
速離天宮如電滅　來於世間作魔事
或有示現樂欲說　或不聽受返嗔恨
不說名姓及氏族　如是魔事咸應知
愚癡無智無方便　無根寧有枝葉等
聞般若已別求經　如棄全象返求足
如人先得百味食　或得稻飯爲上味
菩薩先得般若已　棄捨樂求羅漢果
或爲樂求於利養　心著族姓留種跡
捨彼正法行非法　是魔引入於邪道
若人聞此最上法　當於法師深信重
法師知魔不應著　身適悅及不適悅
復有無數種種魔　嬈亂無數苾芻衆
欲求持誦此般若　不能獲得無價寶
佛母般若實難得　初心菩薩欲樂求

若十方佛而攝受　　一切惡魔不能爲

卷　中

現世品第十二

如母愛子子疾病　　當令父母心憂惱
十方諸佛般若生　　般若攝受亦復爾
過現未來三世佛　　遍十方界亦復然
皆從佛母般若生　　眾生心行無不攝
如是世間諸如來　　乃至緣覺及羅漢
迨及般若波羅蜜　　皆一味法離分別
過現大智諸菩薩　　各各住此法空行
彼諸菩薩如實已　　是故如來名作佛
般若園林華果盛　　佛依止故甚適悅
十力諸根等淨眾　　乃至聲聞眾圍繞
般若波羅蜜高山　　十力諸佛而依止
三塗眾生悉救度　　度已不起眾生相
師子依山而大吼　　諸獸聞已皆恐懼
人師子依般若吼　　外道邪魔悉驚怖
如日千光住虛空　　普照大地諸相現
法王住般若亦然　　說度愛河之妙法

色無相以受無相　乃至想行亦復然
識亦如是五法同　是法無相佛佛說
起虛空見眾生相　虛空無相不可得
佛說法法非相應　不說非有非無相

不思議品第十三

若如是見一切法　一切我見悉皆捨
佛行法及聲聞等　皆從般若而成就
如王不行於國邑　所有王務而自辦
菩薩離相依般若　自然獲佛功德法

譬喻品第十四

若菩薩發堅固心　修行最上般若行
超過聲聞緣覺地　速能證得佛菩提
如人欲渡於大海　所乘船舫忽破壞
不依草木命不全　若得依附達彼岸
若人不發堅信心　依於般若求解脫
溺輪迴海無出期　處生老死常苦惱
若有信心持般若　解有無性見真如
是人獲福智有財　速證最上佛菩提

如人擔水用坏器　知不堅牢速破壞
若用堅牢器盛水　而無破壞無憂怖
不見具信諸菩薩　遠般若行求退墮
能發信心持般若　證大菩提超二地
未有商人欲入海　不造堅固大船舫
依堅固船無怖畏　獲多珍寶到彼岸
信心菩薩亦如是　離般若行遠菩提
若修最上大智行　當得無上菩提果
如百歲人復病患　是人不能自行立
若得左右扶侍者　隨意行往無所怖
菩薩般若力微劣　往菩提岸不能到
兼行最上方便行　得佛菩提無罣礙

天品第十五

所有菩薩住初地　發信心行般若行
爲求無上菩提故　親近善友及智者
大智功德云何獲　當從般若波羅蜜
如是一切諸佛法　功德皆從善友得
修行六度般若行　一一迴施於菩提
佛蘊非有不可求　勿爲初地如是說
菩薩修行功德海　救度世間無度者

求菩提意離顛倒　說最上法如電光
發於最上菩提心　不求名稱不嗔恚
離蘊識界及三乘　不退不動不可取
於如是法得無礙　達甚深理離妄想
聞般若信及化他　知此菩薩住不退
彼甚深法佛難知　無有人得不可得
爲利益故證菩提　此非初心眾生知
眾生愚癡復盲冥　樂住世間求境界
法無所住無取得　從無所住生世間

如實品第十六

東方虛空界無邊　南西北方亦如是
乃至上下及四維　無種種相無分別
過去未來及現在　一切佛法及聲聞
一切如實不可得　不可得故無分別
菩薩樂求如是法　應行方便般若行
離種種相即菩提　菩薩離此無由證
如鳥能飛百由旬　折翅翼故飛無半
忉利天及閻浮人　忘失般若故自墜
難修前五波羅蜜　經多俱胝那由劫
復以廣大願資持　離方便墮聲聞位

樂行佛智心平等　　猶如父母觀一切
當行利益及慈悲　　常宣善軟妙言教

不退地祥瑞品第十七　此品攝普遍光明佛地

時須菩提瞻仰問　　不退菩薩何殊勝
離言聲相云何說　　願佛說彼功德藏
不住沙門婆羅門　　及行十善離三塗
大智離於種種相　　如山谷響聲相應
若欲法無礙行化　　一向善說諸言教
行住坐臥四威儀　　一念觀心悉通達
三業清淨如白衣　　不爲利養故樂法
降魔境界及化他　　觀四禪定而不住
不求名譽無嗔恚　　乃至在家塵不染
或爲富貴及脫命　　不染纖毫之欲塵
本來寂靜無所有　　更互相相業所緣
若求清淨不退時　　當行最上般若行
求正遍知心柔順　　不求二地離邊地
爲法捨命如須彌　　是名不退之菩薩

空品第十八

色受想行識甚深　本來寂靜而無相
如海之深杖莫測　得般若蘊亦如是
菩薩知此甚深法　住真如乘不可染
六塵十二界體空　無蘊寧有所得福
如人思彼染欲境　心著女色如目見
乃至日日心所行　菩薩思覺亦如是
若多俱胝劫布施　羅漢緣覺持戒者
不如說行般若法　百千萬分不及一
若菩薩觀般若理　安住說法而無相
迴施一切證菩提　彼三界師無有等
所說成就而無相　非空非實不可得
若如是行名覺智　得受成就義無邊
於一念知一切法　信佛所說及他說
演說俱胝那由劫　法界不增亦不減
此得名佛波羅蜜　菩薩於中而說法
如名施已心不著　亦不言證無上覺

昂誐天姊品第十九

譬如燈光從眾緣　假以膏油芯火等
光非芯火及膏油　非火非芯光不有
或有菩薩初發心　不求無上菩提果

豈唯不得證菩提　亦復不得寂靜故
從種生樹及華果　無種華果悉皆無
發心不爲佛菩提　修行終遠菩提果
從種子生麥穀等　彼果非有亦非無
佛菩提果亦如幻　離彼有性及無性
譬如涓滴水細微　漸次必能盈大器
初心爲求無上果　久修白法終能證
行空無相無願行　不求寂靜無行相
亦如船師善濟渡　不著兩岸非中流
菩薩修行無所著　乃得受佛菩提記
若了菩提非所有　此即是行佛般若
譬如疾疫飢饉道　菩薩中行無怖畏
小人知已悉往來　得無苦惱如微塵

善解方便品第二十

菩薩奉行佛般若　了知本來蘊不生
佛法眾生界悉空　以空三昧起悲智
如人有德力最勝　善解一切幻化法
乃至器仗及工巧　而能一向爲世間
彼人父母妻及子　遊行遠路多冤中
是人勇猛眾所知　安樂還家無怖畏

大智菩薩爲眾生　安住第一三摩地
降伏四魔離二乘　亦復不求佛菩提
譬如虛空無所有　風水火地皆依住
世間眾生得快樂　虛空無意住非住
菩薩住空亦如是　現於世間種種相
以眾生智及願力　非彼寂靜非空故
若菩薩行大智時　住空寂靜三摩地
此中不見一切相　亦復不見彼非相
菩薩行此解脫門　非求寂靜非行相
如鳥飛空而往來　非住虛空非住地
亦如有人習射法　習之不住經多歲
射法久習得盡妙　一一箭發無不中
最上般若行亦爾　修習智慧及方便
直至眾善悉圓滿　方獲最上神通力
若苾芻證神通力　現神變化住虛空
行住坐臥四威儀　經俱胝劫不退倦
住空菩薩亦如是　修無相行到彼岸
行種種行現世間　經俱胝劫不退倦
如人經險遇大風　二手持蓋心專注
是人怖險不能行　直至無風乃前進
大智菩薩住大悲　智慧方便爲二手
執空無相願法蓋　見法不住於寂靜

如人求寶往寶洲　獲寶安隱而還家
是人心足而快樂　豈有眷屬心苦惱
詣空寶洲亦如是　獲得根力禪定寶
菩薩不住歡喜心　令諸衆生離苦惱
商人爲利悉所經　聚落國城諸里巷
雖達寶所亦非住　大智善道而復還
大智菩薩悉了知　聲聞緣覺解脫智
乃至佛智亦非住　何況行彼有爲道
大智菩薩爲世間　住空無相願三昧
若得寂靜無所著　乃可得知於無爲
譬如人生人未識　稱其名故衆乃知
菩薩若行解脫門　於解脫門衆知識
菩薩聞彼甚深法　而於諸根悉照明
住空無相無願法　無退無思無授記
觀於三界如夢幻　不求聲聞緣覺地
如佛說法爲世間　名不退地應授記
知諸衆生墮三塗　發願刹那滅惡道
以真實力滅火蘊　名不退地應授記
諸惡宿曜及鬼神　作種種疫惱世間
真實願力悉滅除　無我能作應授記

魔業品第二十一

我得授記非能所　是實願力得增長
若見授記及能所　是名執著及少智
菩薩有執魔即知　現親友相來嬈惱
或作父母七代人　言汝名此佛可證
魔所現作無數相　皆云愍汝作利樂
菩薩聞已有所忻　是名少智魔所著
或住城隍及聚落　山林曠野寂靜處
自稱己德毀他人　應知少智爲魔作
雖住城隍聚落中　不求聲聞緣覺證
此心爲度眾生故　我說是名爲菩薩
五百由旬山險深　共諸惡獸多年住
若見逼迫著我慢　若無分別知菩薩
菩薩住彼爲世間　得力解脫三摩地
彼著山野寂靜行　此亦知彼魔所作
雖住城隍及山野　樂佛菩提離二乘
修如是行利世間　一念如秤名菩薩

善友品第二十二

有大智者依師學　速疾得證無上覺
亦如良醫除眾患　學從善友心無疑

菩薩行佛菩提行　依彼善友波羅蜜
此最上地能調伏　為二種事證菩提
過去未來十方佛　行此正道無異路
行佛菩提最上行　說波羅蜜如電光
如彼般若空無相　知諸法相亦如是
了知一切法皆空　此即名行佛般若
繫著色欲及飲食　常在輪迴不休息
此愚迷人所見倒　於不實法生實想
譬如得食疑有毒　以虛妄見而不食
愚人妄心生我想　以我想故有生死
亦如恆說諸煩惱　於諸煩惱不著相
煩惱清淨俱無有　如是菩薩知般若
如閻浮提諸眾生　皆發無上菩提心
多千俱胝劫布施　迴施一切證菩提
若復有人於一日　奉行最上般若行
千俱胝施不及一　行般若功無為故
菩薩大悲行般若　度眾生故不起想
恆行乞食於國城　是得一切名大智
菩薩欲度於人天　乃至三塗極苦眾
皆令速到於彼岸　晝夜勤行於般若
如人欲求無價寶　必過大海諸險難
無心忽爾而獲得　憂惱皆除喜無量

求菩提寶亦如是　勤行般若諸功德
得無取捨無上寶　菩薩速證於菩提

卷　下

法王品第二十三

日出光明照世間　雲幻焰散黑闇滅
所有螢光及眾星　乃至滿月皆映蔽
菩薩住空無相願　行於最上大智行
羅漢緣覺證皆超　一切邪見俱能破
譬如王子施財寶　自在能利諸眾生
眾生歡喜悉隨順　無疑當得嗣王位
菩薩勤行大智行　施甘露法利群生
一切人天悉愛樂　決定當證法王位

我品第二十四

魔恐菩薩證法王　雖處天宮常憂惱
放火掣電現諸相　欲令菩薩生退懼
大智菩薩心不動　晝夜常觀般若義
如鳥飛空心泰然　一切魔事無能為

菩薩若起嗔怒心　於晝夜分或鬥諍
時魔歡喜而精勤　菩薩是遠於佛智
菩薩或諍或嗔怒　毗舍左鬼得其便
入彼菩薩身心中　令退菩提魔所作
菩薩授記未授記　或起嗔怒或鬥諍
乃至心念皆過失　知已倍更勤修行
菩薩思念於諸佛　皆從忍辱證菩提
懺悔如說持正行　是如佛法而修學

戒品第二十五

若學戒法有作相　而於戒法不善學
知戒非戒無二相　如是乃名學佛法
若有菩薩住無相　受持不離名持戒
於佛法學樂承事　是名善學而無著
是大智者如是學　心永不生不善法
如日虛空而往來　放百千光破黑闇
若學般若住無爲　能攝一切波羅蜜
六十二見身見攝　般若攝受亦復爾
譬如有人具諸根　命根滅故諸根滅
若諸菩薩行大智　亦行一切波羅蜜
聲聞緣覺諸功德　大智菩薩悉皆學

雖學非住亦非求　　所學之學此爲義

幻化品第二十六

若發志心而隨喜　　最上菩提不退行
三千須彌重無量　　隨喜善法重過彼
眾生爲求解脫法　　一切隨喜作福蘊
作佛功德法迴施　　當爲世間盡諸苦
菩薩不著諸法空　　了知無相無罣礙
內心亦不求覺智　　是行最上波羅蜜
如虛空界無障礙　　無所得故亦不有
大智菩薩亦復然　　住寂靜行如虛空
如有幻師作幻人　　眾人見幻而皆喜
幻人雖現種種相　　名字身心俱不實
行般若行亦復然　　爲世間說證菩提
乃至種種所作事　　如幻師現悉無著
佛佛化現諸佛事　　所作皆無彼我相
菩薩大智行亦然　　一切現行如幻化
如木匠人心善巧　　一木造作種種相
菩薩大智亦復然　　無著智行一切行

妙義品第二十七

大智菩薩行如是　天人合掌恭敬禮
乃至十方佛刹中　亦得功德鬘供養
假使恆河沙佛刹　所有眾生皆作魔
一一毛變無邊相　不能嬈動於菩薩
大智菩薩有四力　而彼四魔不能動
空行亦不捨眾生　菩薩慈悲處利樂
佛母般若波羅蜜　菩薩了知深信重
內心真實而奉行　應知是行一切智
法界如實不可得　由如虛空無處所
如天宮殿應念生　亦如飛禽思果樹
大智菩薩如是行　住彼寂靜之功德
法不可見亦無說　菩提非得非不得
所有聲聞及緣覺　修行寂靜三摩地
愛樂寂靜得解脫　唯佛超出於一切
菩薩依禪到彼岸　不住寂靜行如空
如禽飛翔不墮地　如魚水中行自在
菩薩若爲諸眾生　當求未曾有佛智
施與最上第一法　此名最上行行者

散華品第二十八

如來說戒波羅蜜　一切戒中爲第一
智者欲奉一切戒　當學佛戒波羅蜜
今此法藏諸佛母　爲最第一快樂所
過現未來十方佛　生此法界而無盡
一切樹林華果等　皆從大地而生長
大地不厭亦不著　不減不增復不倦
佛及聲聞緣覺等　天及世間安隱法
皆從般若之所生　般若無增亦無減
世間上中下眾生　一切皆從無明生
因緣和合轉苦身　無明無增亦無減
乃至方便諸法門　皆從般若所生出
彼方便法隨緣轉　般若無增亦無減
菩薩了知十二緣　乃至般若無增減
如日雲中放光明　破無明障證菩提

聚集品第二十九

大菩薩修四禪定　如所愛樂而無住
或復不住於四禪　當得最上之菩提
得最般若住禪定　四無色等三摩地
爲得最上大禪定　而復不學諸漏盡
此功德藏未曾有　行三摩地而無相

住彼不破於我見　有心所思生欲界
譬如南閻浮提人　未生諸天生北洲
見彼境界而求生　作彼住已而復還
菩薩所修之功德　三摩地行而相應
雖同凡夫住欲界　由如蓮華不著水
菩薩度脫於衆生　圓滿淨土波羅蜜
不求生於無色界　而求菩提波羅蜜
譬如天人獲寶藏　雖得不生愛樂心
或言天人而起心　欲收彼寶不可得
大智菩薩不樂住　四禪寂靜三摩地
出彼寂靜三摩地　而入欲界爲世間
若菩薩行三摩地　不樂羅漢及緣覺
乃至散亂兇惡心　無知迷亂無功德
色聲香味觸五欲　及彼緣覺聲聞等
如是之法悉遠離　等引不離菩提心
菩薩一向爲衆生　修行精進波羅蜜
由如奴僕事其主　利於衆生亦如是
如僕事主心專注　雖被嗔辱而無對
凡所動止常在心　唯恐彼主責其過
菩薩爲求佛菩提　如奴事主利衆生
證得無上菩提已　利生如火燒草木
晝夜勤行利他行　利已內心無我相

如母愛子常衛護　　寒暑雖苦心無倦

常歡喜品第三十

菩薩愛樂爲眾生　　修治佛刹清淨行
恆行精進波羅蜜　　無如微塵心退倦
大智菩薩俱胝劫　　久修苦行爲菩提
不離精進波羅蜜　　無懈怠心終得證
從初發心爲菩提　　乃至得獲寂靜證
恆於晝夜行精進　　大智菩薩應如是
有言能破於須彌　　方證無上菩提果
聞已懈怠而退心　　是彼菩薩之過失
大智菩薩聞是言　　謂須彌盧甚微小
於一念間可破壞　　亦不住證佛菩提
於身心語行精進　　度脫世間作大利
或著我相起懈怠　　而不能證佛菩提
無身心相無眾生　　離諸相住不二法
爲求無上佛菩提　　是行精進波羅蜜
大智菩薩行利樂　　令人聞言悉歡喜
說法無說無聽人　　名最上忍波羅蜜
譬如寶滿三千界　　施佛緣覺及羅漢
不如知法忍功德　　百千萬分不及一

持忍菩薩得清淨　　三十二相到彼岸
一切眾生悉愛樂　　聞法信受而調伏
或有眾生以栴檀　　塗菩薩身爲供養
或有持火遍燒然　　行平等心無嗔喜
大智菩薩持是忍　　或爲緣覺及聲聞
乃至世間諸眾生　　悉皆迴向佛菩提
譬如世間貪五欲　　甘忍三塗無邊苦
菩薩爲求佛菩提　　今何不勤持忍辱
割截首足劓耳鼻　　禁縛捶拷諸楚毒
如是苦惱悉能忍　　是住忍辱波羅蜜

出法品第三十一

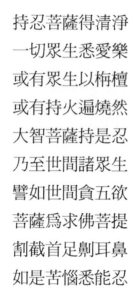

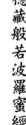

持戒當得高名稱　　亦復證得三摩地
持戒爲利諸眾生　　後當證於佛菩提
心重緣覺及聲聞　　及見破戒說他過
雖實持戒爲菩提　　是名持戒行五欲
欲證菩提功德法　　持戒具足行利樂
若行毀破於尸羅　　是則滅壞於菩提
菩薩雖樂受五欲　　歸命佛法及聖眾
念我當證一切智　　是住尸羅波羅蜜
菩薩經歷俱胝劫　　奉行十善無間斷

心樂緣覺及羅漢　是犯波羅夷重罪
持戒迴向佛菩提　而不作念求自益
但念利他諸眾生　是則持戒波羅蜜
菩薩若行諸佛道　於眾生離種種相
不見破戒諸過患　此爲最上善持戒
菩薩要離於諸相　無我無人及壽者
不著戒相及行相　是則持戒之殊勝
如是具足而持戒　一切無礙無分別
頭目手足施無吝　一切所愛皆無著
了知法本空無我　乃於此身無戀著
況外財物而不捨　及彼非處而嫉妒
於內外施生我慢　是菩薩病非爲施
或起嫉妒生鬼趣　或得爲人處貧賤
知彼眾生貧賤因　菩薩發心恆布施
施如四洲草木數　如是廣大亦無相
大智菩薩行施已　復念三有諸眾生
菩薩亦爲彼眾生　悉皆迴向於菩提
如是行施無所著　亦復不求於果報
名大智者爲一切　施因雖少果無量
乃至三有諸眾生　一切皆以尊重施
如供養佛及菩薩　緣覺聲聞之功德
大智菩薩以方便　用彼施福行迴向

當令一切眾生類　　皆悉證得無上覺
如假琉璃寶大聚　　不及一真琉璃寶
迴施世間一切眾　　不及迴施無上覺
菩薩行施於世間　　不作我慢無所愛
修行而得大增長　　如月離障出雲中

善護品第三十二

菩薩布施濟貧乏　　令得富盛度苦惱
果報永滅餓鬼趣　　及得斷除諸煩惱
持戒遠離畜生趣　　捨八非念得正念
忍辱當得最上色　　如金世間悉愛樂
精進善法獲無邊　　所有功德不可盡
修行禪定離五欲　　從等持得神通明
智獲無邊佛法藏　　慧了諸法本來因
佛知三界諸過咎　　爲轉法輪滅諸苦
菩薩此法得圓滿　　佛刹清淨眾生淨
受持佛種並法種　　聖眾種及一切法
醫世間病最上師　　以智慧說菩提方
寶德藏有種種藥　　令眾生服悉證道

八大佛塔

蓮花塔

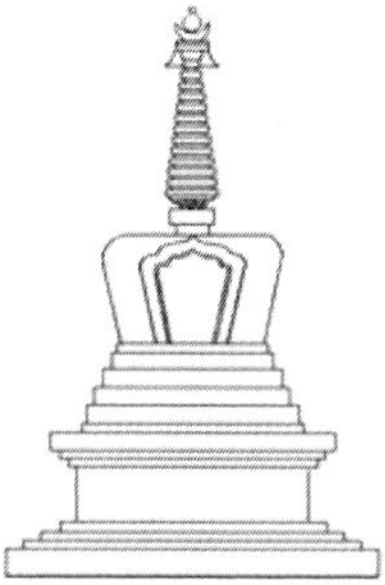

菩提塔

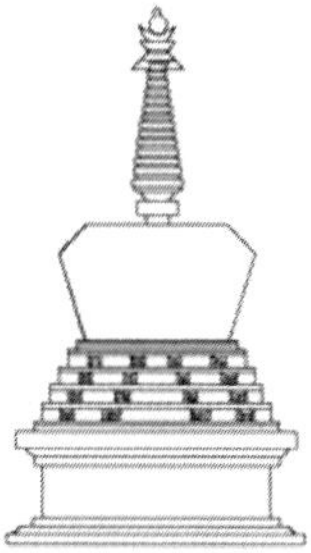

轉法輪塔

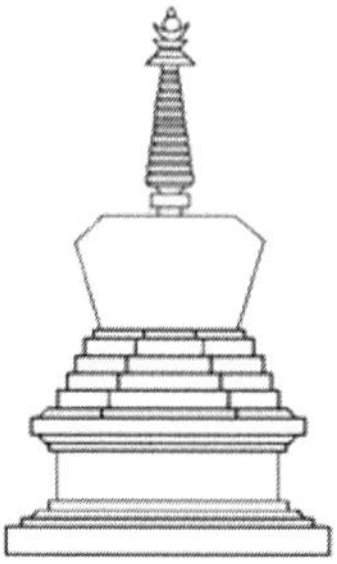

神變塔

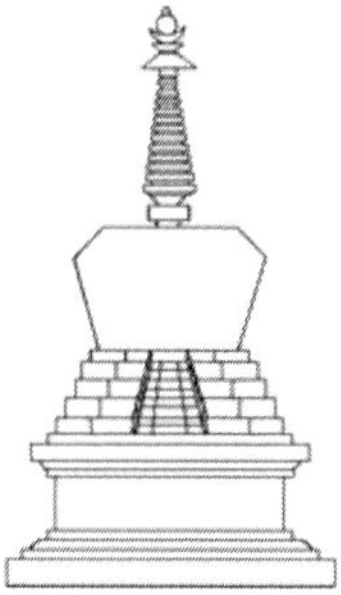

天降塔

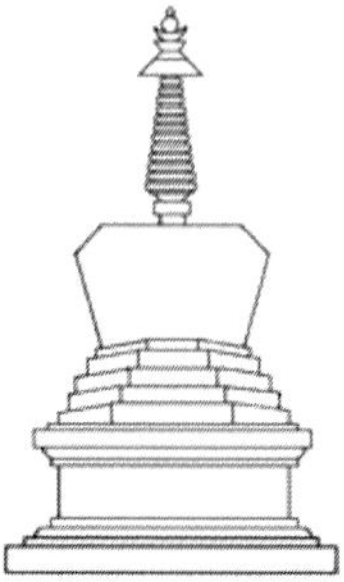

和合塔

尊勝塔

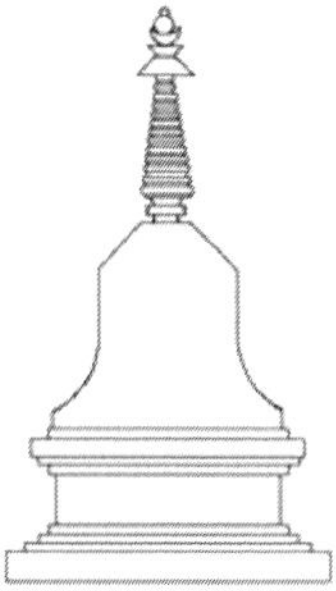

涅槃塔

書名：般若攝頌--攝功德寶經釋
系列：心一堂彭措佛緣叢書·索達吉堪布仁波切譯著文集
作者：全知無垢光（龍欽巴）尊者
譯者：索達吉堪布仁波切
責任編輯：陳劍聰

出版：心一堂有限公司
地址/門市：香港九龍尖沙咀東麼地道六十三號好時中心LG六十一室
電話號碼：(852)2781-3722 (852)6715-0840
傳真號碼：(852)2214-8777
網址：www.sunyata.cc
電郵：sunyatabook@gmail.com
心一堂 彭措佛緣叢書論壇： http://bbs.sunyata.cc
心一堂 彭措佛緣閣： http://buddhism.sunyata.cc
網上書店： http://book.sunyata.cc

香港及海外發行：香港聯合書刊物流有限公司
香港新界大埔汀麗路36號中華商務印刷大廈3樓
電話號碼：(852)2150-2100
傳真號碼：(852)2407-3062
電郵：info@suplogistics.com.hk

台灣發行：秀威資訊科技股份有限公司
地址：台灣台北市內湖區瑞光路七十六巷六十五號一樓
電話號碼：(886)2796-3638
傳真號碼：(886)2796-1377
網絡書店：www.govbooks.com.tw
經銷：易可數位行銷股份有限公司
地址：台灣新北市新店區寶橋路235巷6弄3號5樓
電話號碼：(886)8911-0825
傳真號碼：(886)8911-0801
網址：http://ecorebooks.pixnet.net/blog

中國大陸發行·零售：心一堂·彭措佛緣閣
深圳流通處：中國深圳羅湖立新路六號東門博雅負一層零零八號
電話號碼：(86)0755-82224934
北京流通處：中國北京東城區雍和宮大街四十號
心一堂官方淘寶流通處：http://shop35178535.taobao.com/

版次：二零一三年八月初版，平裝

定價：
港幣 一百三十八元正
人民幣 九十八元正
新台幣 四百八十元正

國際書號 ISBN 978-988-8266-25-8